仕事とライフ・スタイルの心理学

NEW INDUSTRIAL PSYCHOLOGY
NIP研究会

西川 一廉・森下 高治・北川 睦彦
三戸秀樹・島田 修・田井中秀嗣
森田 敬信・足立 明久・田尾 雅夫

福村出版

Ⓡ〈日本複写権センター委託出版物〉
本書を無断で複写複製(コピー)することは、著作権法上の例外を除き、禁じられています。本書をコピーされる場合は、事前に日本複写権センター(JRRC)の許諾を受けてください。
JRRC〈http://www.jrrc.or.jp　eメール:info@jrrc.or.jp　電話:03-3401-2382〉

まえがき

　新しい世紀が始まった。1985年にNIP研究会が発足して15年。生活者としての勤労者を主役として考える新しい産業心理学を模索したいという希望をもって，共同研究を続け折にふれて研究発表し，4冊の本を出版してきた。
　1997年の最近刊『21世紀の産業心理学——人にやさしい社会を求めて』から4年。この間，経済の停滞が続くなか，社会情勢の変化はきわめて速く激しい。大企業は分社化を進めるなどして対処しようとしているが，倒産企業は増え，金融再編成が進んでいる。各企業は仕事を再構築し人員の整理（リストラ）をさらに進め，雇用のアウトソーシングも加速している。勤労者には早期退職が求められ，従来の終身雇用・年功序列制から成果主義への移行が急である。中高年の自殺や過労死が増えるなど，勤労者の仕事と生活への影響は大きい。
　そして，労働関係の法律の改正や新法の施行もなされた。1999年4月に労働基準法が51年ぶりに抜本的に改正され，男女雇用機会均等法，育児・介護休業法，労働者派遣法などが改正・施行され，裁量労働制もその職種が拡大された。また，2000年4月に介護保険法が，5番目の社会保障制度として施行された。
　さらに，仕事の進め方の変化もこの4年間で激しい。情報技術（IT）が労働の随所に取り入れられ，インターネットや携帯電話などの通信技術も仕事の手段として欠かせないものになってきた。また，女性の就労意欲が高まっているが，就職氷河期が依然として続き，フリーターやパート勤務者の増加が著しい。そして，少子高齢社会の進展にともなって，老親と子どもの間で仕事と家庭の両立をはかろうとする生活者としての勤労者も，仕事と生活に大きな影響を受けている。
　本書は，このような近年の社会情勢の変化と法律の改定をふまえて，当初は『21世紀の産業心理学』のデータを新しいものに差し替えて改訂版を出版する計画で出発した。しかし，そのような改訂だけでは，現代勤労者の仕事と生活の現状にふれ，解決策を示唆できないことから，前書をベースに新版を刊行することとした。
　したがって，本書では，旧版から一部章構成や節構成を変更した。4章に「女性労働・家族・企業社会」，また，前著では2つの章に分けて述べていた産業ス

トレスとメンタルヘルスをひとつの章にまとめた。5章の「高齢社会の労働と健康」では介護と介護労働の節を新設し，老親の扶養や介護にかかわる生活者としての勤労者に生じている問題と，介護の現場で仕事をしている勤労者がかかえている問題とその解決策についてふれた。3章の「現代の雇用問題」にはフリーターの項を設け，7章の「コンピュータ化・情報社会と産業社会」では最近2～3年の急激な変化を追記した。そして，12章に「働く人のライフ・スタイル」の章を新設して，NIP研究会で取り組んでいる新版による調査結果を紹介し，10年前に行った旧版による結果との比較から，仕事・生活・社会活動の変化を通して勤労者生活の変貌とその背景要因の考察を試みた。

　本書が，近年の産業界と勤労者に生じている問題に対して，十分な答えを示すことができたとは決して思わない。しかし，問題を考える手がかりやヒントはある程度示すことができたと思う。産業心理学を学ぶ人々の入門書として位置づけているが，問題意識をもち自らのライフ・スタイルも考えながら本書を読み，仕事や産業心理について考えると興味深く学ぶことができるだろう。そして問題を深化して考えることができるのだと申し添えたい。

　なお，本書とあわせて，『新しい産業心理——21世紀のライフ・スタイルを求めて』（福村出版，1990），『現代ライフ・スタイル分析——新しい労働と余暇の心理』（信山社，1995），『安全の行動科学——人がまもる安全・人がおかす事故』（学文社，1992），『21世紀の産業心理学——人にやさしい社会を求めて』（福村出版，1997）も参照していただければ幸いである。ちなみに，本書の図表の引用にあたっては，元号を西暦表示に改める等の若干の改変を加えたものもあることをお断りしておきたい。本書の上梓にあたり，多人数からなる筆者たちとのやりとりを実に手際よく進められ，さらに遅れがちなプロセスを克服して，上梓下さった福村出版編集部の方々にこの場をお借りしてあらためて深謝申し上げます。

2001年1月15日

NIP研究会を代表して
北川　睦彦
（58回目の誕生日に）

目　次

まえがき

1章 ■ 勤労者の生きがい……………………………………………9
　1節　豊かさと労働意識の変化………………………………10
　2節　職務満足から生活の満足へ……………………………15

2章 ■ 労働時間構造の変化と労働…………………………21
　1節　労働基準法の改正と労働時間の現状…………………22
　2節　ゆとりある勤労者生活のために………………………23
　3節　労働時間短縮と労働意識………………………………31

3章 ■ 現代の雇用問題………………………………………………33
　1節　労働市場の現状…………………………………………34
　2節　適性と人事選抜…………………………………………44
　3節　これからの適性・適応問題……………………………59

4章 ■ 女性労働・家族・企業社会…………………………65
　1節　女性労働の特徴…………………………………………66
　2節　企業社会と家族…………………………………………73

5章 ■ 高齢社会の労働と健康…………………………………79
　1節　高齢者の労働と生きがい………………………………80
　2節　ミドルエイジの生活・労働と健康……………………87
　3節　介護と介護労働…………………………………………92

6章 ■ 産業ストレスとメンタルヘルス…………………103
　1節　産業ストレスの現状……………………………………104
　2節　ゆとりと事故……………………………………………106
　3節　ストレスの理論…………………………………………110
　4節　産業ストレスの要因……………………………………113
　5節　これからの対策…………………………………………117

7章 ■ コンピュータ化・情報化と産業社会 …… 129
- 1節　コンピュータ化・情報化と労働環境の変化 …… 130
- 2節　コンピュータ作業と安全・健康 …… 142
- 3節　安全・健康・快適な労働をめざして …… 149

8章 ■ 職場の安全とヒューマンファクター …… 155
- 1節　事故とヒューマンファクター …… 156
- 2節　ヒューマンファクター・物的・環境的要因の複合と事故 …… 165
- 3節　安全教育・訓練 …… 169

9章 ■ 働く意欲 …… 175
- 1節　ワークモチベーション理論の歴史的発展 …… 176
- 2節　従来の経営組織における動機づけ管理の基本的原理 …… 182
- 3節　経営組織における動機づけ管理の歴史的展開 …… 185
- 4節　行動科学的管理論の特徴と代表的な理論 …… 188
- 5節　行動科学的管理論の手法 …… 190
- 6節　動機づけ管理の動向 …… 191

10章 ■ 人事管理と能力開発 …… 193
- 1節　定義と内容 …… 194
- 2節　人事管理・能力開発の新しい考え方 …… 197
- 3節　人事管理・能力開発の動向 …… 200
- 4節　今後の課題 …… 203

11章 ■ 職場のなかの人間関係 …… 207
- 1節　組織のメンバーになること …… 208
- 2節　職場集団の形成 …… 210
- 3節　対人葛藤 …… 216
- 4節　リーダーとフォロワー …… 218
- 5節　人間関係の活用 …… 222

12章 ■ 働く人のライフ・スタイル …… 225
- 1節　ライフ・スタイル分析構想 …… 226
- 2節　ライフ・スタイル分析結果 …… 229
- 3節　1999年と1989年の調査結果との比較（同一企業の結果から） …… 234

13章 ■ 人にやさしい社会をめざして……………………243
   1節　現代日本社会と労働者………………………………244
   2節　産業革命と労働者……………………………………247
   3節　産業心理学の出発……………………………………249
   4節　21世紀の労働と人間——人にやさしい社会をめざして………250

引用・参考文献
人名索引・事項索引

◉ Essay 一覧 ◉

1　動物—人間—労働・くらしとの接点——犬的要素と猫的要素の二元論………　64
2　日米パック旅行比較……………………………………………………　78
3　働く人と地域スポーツ…………………………………………………　102
4　働きざかりのメンタルヘルス…………………………………………　128
5　研究所の人事評価制度導入をめぐって………………………………　154
6　心 の 視 野……………………………………………………………　174
7　最近の労働事情断片……………………………………………………　206
8　嫌な奴とのつきあい方…………………………………………………　224
9　ついに来たストレス疾患とその対処——大学研究者の例…………　242

■1章■
勤労者の生きがい

　人は何のために働くのか。マズロー（Maslow, A. H.）の欲求階層説をもち出すまでもなく、勤労者がめざしているのは、モノやカネだけではない。「生きがい」に代表される精神的歓びである。生きているという手ごたえ、充実感である。本当の自分がそこにあるという実感である。豊かな時代といわれるようになって、ますます働くことの意味が問われるようになってきた。しかし実際問題として、企業中心の産業社会にあって、勤労者が生きがいを確保し、労働と余暇のバランスをとるのは容易なことではない。物質的豊かさを確保するためのライフ・スタイルが習い性になってしまっているからである。そしてバブル経済の崩壊は状況をいっそう困難なものにした。
　本章では、現代の勤労者が生きがいをどのようにとらえているのか、これまでの生き方をどのように変革しようとしているのか、職務満足だけではなく、生活の満足、人生の満足を実現するための手がかりについて考える。

∥1節∥ 豊かさと労働意識の変化

●1　生きがいのありか

　今後の生活の仕方について，「物質的にある程度豊かになったので，これからはこころの豊かさやゆとりのある生活をすることに重きをおきたい」とするこころの豊かさか，「まだまだ物質的な面で生活を豊かにすることに重きをおきたい」とする物の豊かさかの調査が，総理府によって行われ始めて以来，長らく優位にあった物の豊かさがこころの豊かさと拮抗し始めたのが1976年である。そしてそれが逆転し，明らかにこころの豊かさが優位に立ったのが1980年である。それから両者の差は次第に拡大し，最近の結果では物の豊かさが30.1％に対し，こころの豊かさが56.3％にもなっている（総理府，1998）。

　戦後50年間は，欧米に追いつけ，追い越せと経済繁栄一筋にやってきた。今日の日本社会をみると，さまざまな問題が山積しているにしても，やはりその物質的豊かさには目を見張らざるをえない。しかし他方では，こころの豊かさが今後の生活の目標であると公言されるまでになったのである。

　ふり返ってみれば，日本人の働きすぎが批判されるなか，仕事を生きがいとして，長時間にわたる過酷な労働条件にも耐えてきた。とくに中高年以上の仕事人間ぶりには，職場がいかに重要な人生の場であったかが思い知らされる。オイルショックや円高不況など，景気の好・不調に翻弄されながらも，会社の繁栄を通して自己の人生を語るやり方が，多くの人々の習い性となってきた。たとえば35～74歳のサラリーマンおよび定年退職等の経験者からなるサラリーマンOBを対象に，生きがいを10要素に分解し，それぞれが主としてどこで得られるかを調べたシニアプラン開発機構「サラリーマンの生活と生きがいに関する調査」(1993) は，現役，OBに限らず，「仕事・会社」が生きがいを得る場所であることを明らかにした。生きがいが仕事・会社にこそあったのである。同時に「心の安らぎや気晴らし」「活力やはりあい」あるいは「生活の目標や目的」を与えてくれるのは家庭であること，そして「地域・近隣」や「世間・社会」との関係は希薄であることをも明らかにした。仕事人間，会社人間と揶揄されるのも当然のことであった。

　またホワイトカラーの生産性研究委員会（1997）は，これまでの人事インセン

ティブシステムを総括して「新規学卒者として一括採用された従業員は『同期』入社者として同じスタートラインに立ち，まずは課長クラスへの昇進をめざして15年や20年にもわたる長期間の昇進競争を開始する。このしくみは『雇用の安定』『ゆくゆくは管理職になれる』『若いころは低くても将来高い賃金を受け取れる』というインセンティブのもと，管理職昇進をめざす長期全員参加型競争システムと呼ぶことができる」と述べている。

しかしそうした勤労者の意識も次第に変化しつつある。たとえば，先のシニアプラン開発機構は第2回調査（1996）で，いずれの角度からも生きがい形成の主要因が

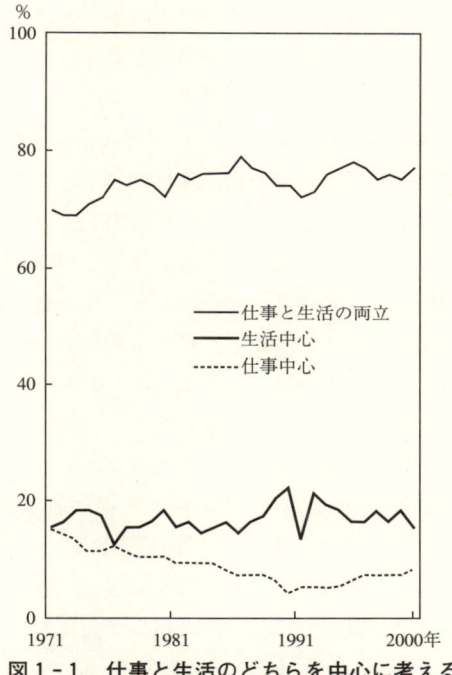

図1-1　仕事と生活のどちらを中心に考えるか（社会経済生産性本部，2000）

「仕事・会社」から「家庭」に移行していると報告している。その傾向はとくに若年層に顕著である。図1-1は毎年新入社員に対して行われる社会経済生産性本部「働くことの意識調査」（2000）から仕事中心か生活中心かを聞いた結果である。現在の不況で若干仕事中心が増加し，生活中心が減少しているが，一貫して仕事と生活の両立が希望する職業生活の多数であり，どちらかといえば生活中心に傾いているのがわかる。もっとも，いまや企業の中堅となったベビーブーマー世代の勤労意識の移り変わりをみると，現在の若者がそのままこうした意識をもち続けるのか疑問の余地もあるが，豊かさのなかで育った彼らが相当のインパクトを与えるのも確かであろう。

● 2　滅私奉公からの離脱と仕事人間の変容

　企業中心社会のなかで，仕事一途にやってきた中高年勤労者がバブル経済の崩

壊後，リストラクチャリングの波をかぶって今日に至っている。リストラクチャリングとは本来事業の再構築を意味したが，今日では人減らしとほとんど同義に使われることが多いのが実状である。これまでの長期雇用慣行とは裏腹に，賃金水準の高い中高年管理職が雇用調整の主たる標的となった。図1-2は正規従業員の過不足感を部門別，年代別にみたものである。部門では管理企画事務部門，年代では50歳以上の過剰感が突出している。前節で述べた人事インセンティブシステムがもはや成り立たないことは明らかである。早期退職優遇制度なども優遇開始年齢は年々低下傾向にある。しかし一方で，こうした制度に応募する社員が増加してきているという事実も新たな兆候を示唆するものとして見逃すことができない。ただやみくもに企業にしがみついてばかりいるのではなくなりつつあることを暗示するように思われる。

　会社に忠誠を尽くして，そのなかで昇進を果たしていくことが人生の成功につながるというこれまでの考え方が，若年層を中心に次第に変化しつつある。表1-1は管理職・監督職への昇進についての考え方を聞いたものである。昇進が以前ほど魅力ある事柄ではなくなってきているのがわかる。明らかにこれまでの横並び意識，管理職志向は減少傾向にあるといえる。

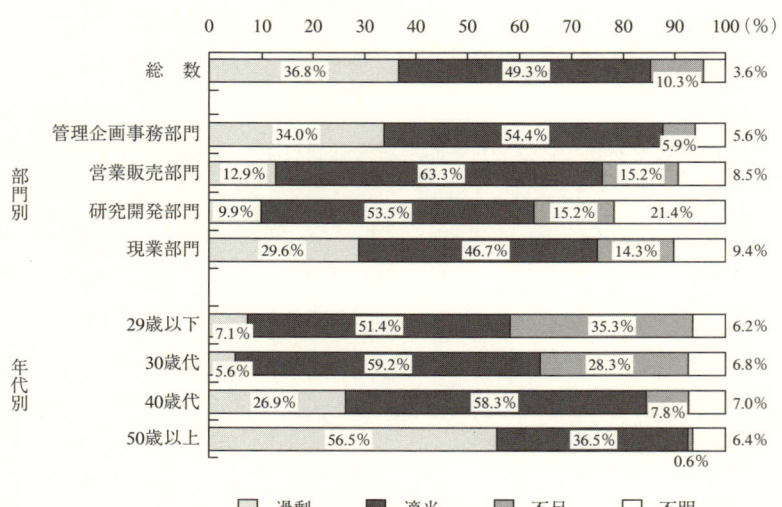

図1-2　正規従業員の過不足感（日本労働研究機構，1998，一部改変）

表1-1 管理職・監督職への昇進についての考え方（労働省，1998）

(単位：%)

区分・年		計	はい	いいえ	不明
(年齢)					
男性・30歳未満	1985年	100.0	31.7	65.8	2.5
	98	100.0	44.4	55.2	0.4
男性・30～39歳	1985年	100.0	32.8	62.6	4.6
	98	100.0	52.4	47.3	0.3
男性・40～49歳	1985年	100.0	33.8	59.6	6.6
	98	100.0	55.8	43.9	0.4
男性・50～59歳	1985年	100.0	39.6	46.9	13.5
	98	100.0	61.2	37.3	1.5
男性・60歳以上	1985年	100.0	54.8	26.2	19.0
	98	100.0	57.1	42.9	－

(資料出所) ㈳雇用問題研究会「日本的雇用慣行と勤労意識に関する調査」（労働省委託，1985）
日本労働研究機構「構造調整下の人事処遇制度と職業意識に関する調査」(1998)

(注) 1 「管理職・監督職のポストに（管理職の方はより上位のポストに）つけなくても構いませんか」という質問に対する回答。
2 1985年調査の年齢別集計は男性のみのため，98年も男性の数値で比較。
3 1998年調査の合計には，職種，性別，年齢不明の者を含む。

　それでは若年層に明確に会社離れが起こっているかといえば，そうともいえない。自己の能力を発揮できる仕事をしたい，とくに専門的能力を身につけ，専門職として企業に貢献するという，装いを新たにした仕事人間が生まれつつあるように思われる。すなわち仕事が生きがいの源泉であり続けるが，それは直接的能力発揮からもたらされる歓びであり，会社の発展を媒体とした間接的能力発揮ではない。会社のため，ひいては自分のためといった従来の仕事人間が，自分のためが前面に出た仕事人間に変容しつつあるといえる。問題は，はたしてそのような仕事のしくみを企業が作れるかである。現在多くの企業が行っている対症療法的な業績主義，成果主義への移行などでは，こうした地殻変動に対応できないことは明らかである。いずれにしても滅私奉公タイプの働き方は魅力をもたず，そのような仕事人間は次第に主役の座をゆずらざるをえないであろう。

● 3　ライフ・プラン

　それでは，現代の勤労者ははたしてどのような人生を送ろうとしているのであろうか。人生80年時代といわれ，高齢社会の到来が喧伝されて久しい。すでに平均寿命が男性で77.10歳，女性で83.99歳，65歳以上人口が17.2％（1999年現在）を占めるという時代にあって，定年退職した勤労者にはさらに長い人生が待っている。ちなみに，60歳定年の企業が平均で91.2％（5,000人以上規模企業が98.3％，30～99人規模が89.6％）である（労働大臣官房政策調査部，2000）。定年後を視野に入れた人生設計が必要になっている。図1-3は生涯の時間配分パターンの現実と希望を示している。いかに従来型時間配分が多いか，そしてそうした時間配分，つまり生き方を変えたいと思っているかも明らかである。そのめざすところは多様な生涯である。画一的な従来型で，はたして多様な価値観にもとづく生活の質（quality of life）が確保されるだろうか。

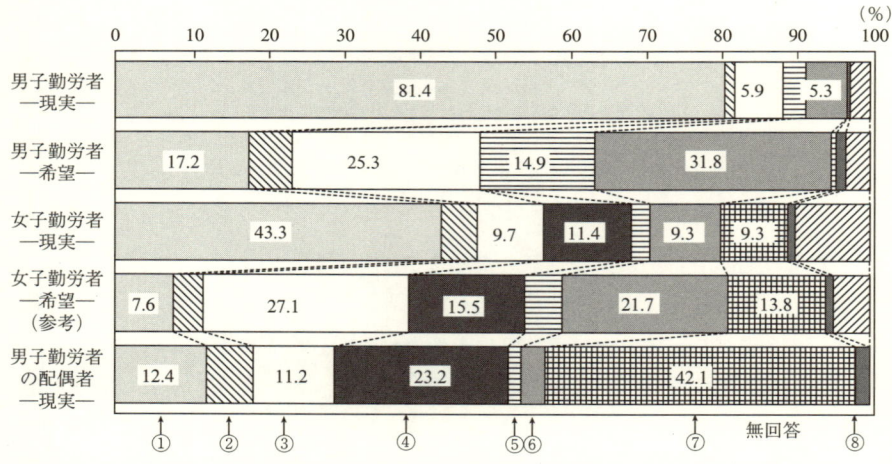

① 「従来型」……20歳前後まで教育を受け，社会に出て60歳前後まで働き，引退後に余暇を楽しむ。
② 「繰り返し型」……仕事を何回か中断し，新しい知識や技術を習得したり，家事育児の時間をもつ。
③ 「私生活パラレル型」……1日の労働時間を短くし，働きつつ学んだり，家事育児をすることを継続する。
④ 「育児中断型」……育児のため一時仕事を中断した後仕事に戻る。復帰後は労働時間を短くする。
⑤ 「第2のキャリア型」……40～50代まで働き，人生の後半で別の職業につく。
⑥ 「先憂後楽型」……若いうちに仕事中心に働き，早く生活の基礎を作り，その後は好きなことをする。
⑦ 「こしかけ型」……結婚や出産まで働き，そのあとは家事・育児や好きなことをする。
⑧ 「モラトリアム型」……できるだけ長く遊学し，その後に働く。

図1-3　生涯の時間配分の現実と希望（労働省労政局勤労者福祉部，1995）

2節 職務満足から生活の満足へ

●1 労働と余暇

　物質的豊かさが現実になるに従い，生活の質の向上を考え始めるのは当然のなりゆきである。人々は精神的豊かさ，ゆとりを求めるようになってきた。余暇ということばが無理なく使われるようになってきた。これまで余暇とは文字どおり労働の後に残された余りものであった。労働によって疲れ果てた身体を癒し，明日の労働への英気を養うのが主目的であった。上述したとおり，労働が生涯の大部分を占める生活においては，余暇は労働の付属物でしかなかった。しかしどうやら労働と余暇のバランスが問われるようになってきたのである。

　そこで，まず余暇とは何かについて，パーカー（Parker, S., 1971）らの定義によって考えておきたい。彼は労働とくらべ余暇の定義はきわめて困難である，なぜなら余暇というのは，それがいかにあるべきかが各人各様の考え方によっているからであると述べている。しかしいずれにしても労働と余暇の定義には時間次元に関係したものと，活動とか存在の仕方に関係したものがあるという。彼は時間と活動に関する次のような諸概念を使って，生活空間における労働と余暇の関係を図1-4のようにまとめた。

（1）労働，労働時間，売却された時間，生計時間：もし出来高給ならば，従業員は労働，つまり労働の産物を売り渡すのである。もし時間給ならば，労働時間を売り渡すのである。生計時間は労働の目的，すなわち生計を立てることが強調されている。

（2）労働義務，労働に関係した時間：人は職場への往復や労働への準備に時間

時間	活動 拘束 ←―――――――――――→ 自由			
	労　働	労　働 （雇　用）	労働義務 （雇用と関連）	「労働としての余暇」
	非労働	生理的ニーズ	非労働義務	余　暇

図1-4　時間と活動にもとづく余暇の分類
（Parker, 1971を一部改変）

を費やす。それらは労働に関係した時間というよりも，新聞や本を読んだり，同僚と話をするなど，余暇の一部であると考えられる。いわば労働と余暇の中間にあるような活動である。

(3) 生理的ニーズを充たす生存時間：睡眠や食事，洗濯，排泄など生存に必要な最小限度の時間である。それを越えた部分，たとえば歓びのための食事などは余暇活動に近づく。

(4) 非労働義務，セミレジャー：余暇から発生するが，程度によって義務的性格をもつ活動はセミレジャーといわれる。ペットや家の手入れ，庭仕事，あるいは子どもとの遊びのような活動は，時には義務にもなりうるし，楽しみにもなりうる。

(5) 余暇，自由時間，スペア時間，拘束されない時間，自由裁量の時間，選択的時間：余暇以外の用語は余暇がもつ諸側面をあらわしている。いろいろな拘束や義務から自由な時間が余暇の定義の最善のものであるが，そのほか，スペア時間はスペアタイヤのようにいつもは使われないが，いつでも使える時間である。拘束されない時間は文字どおり労働からも非労働義務からも解放された時間である。自由裁量あるいは選択的時間は自分自身の裁量で使い，自分自身の選択にしたがって使えるという意味で，おそらく余暇の本質的部分である。

(6) 労働としての余暇：余暇は拘束—自由尺度上では明らかに自由の端にあると考えられるが，時には労働と労働としての余暇は同じ活動からなるかもしれない。その差は後者がそのことのために選択されている点にある。また余暇時間と雇用時間が重複することはないが，労働として売却された時間を買い手（雇用者）が反対しなかったり，知らなかったり，あるいはその事態をコントロールできないとき，売り手（被雇用者）が余暇タイプの活動に使うこともありうる。

サラリーマンが日曜日に会社の同僚や得意先とゴルフに興ずるのは労働か余暇か。カンドーら（Kando, T. *et al.*, 1971）は労働・非労働の意味と形式を区別することの重要性を指摘した。ケリー（Kelly, J. R., 1972）もまた諸活動を余暇であるか労働であるかを決めるのは，その内容や場所ではない，むしろそこへ参加する個人が自分自身の活動について「どのように感じるか」にもとづいて，その活動の意味を評価することであるとしている。自由か束縛か，歓びか義務かが，余暇か労働か，あるいはそのいずれでもないかを決定することになる。

いずれにしてもこうした余暇の理解によって，接待ゴルフや半強制的な社内旅

行などは，余暇の本質である自由裁量と内的モチベーションを欠いているがゆえに，純粋余暇（Neulinger, J., 1974；1981）とは似て非なるものであることがわかる。

●2　勤労者の余暇活動

　労働と余暇がバランスよく勤労者の生涯に配分されるためには，自由時間の確保が最優先課題である（2章参照）。自由時間が確保されれば，次に充実した自由時間の過ごし方が探索されねばならない。図1-5は自由時間の現在と今後どのような時間にしたいかの希望を聞いたものである。自由時間の現在は先の余暇の定義でみたような純粋余暇とはほど遠い。ケリー（Kelly, 1978）の定義によれば，補償的あるいは元気回復的余暇ということになる。すなわちそこでの活動は将来の労働のための準備，あるいは過去の労働からの回復のいずれかであり，労働が精神的にも，肉体的にも非常に消耗的なために何かをするという選択もで

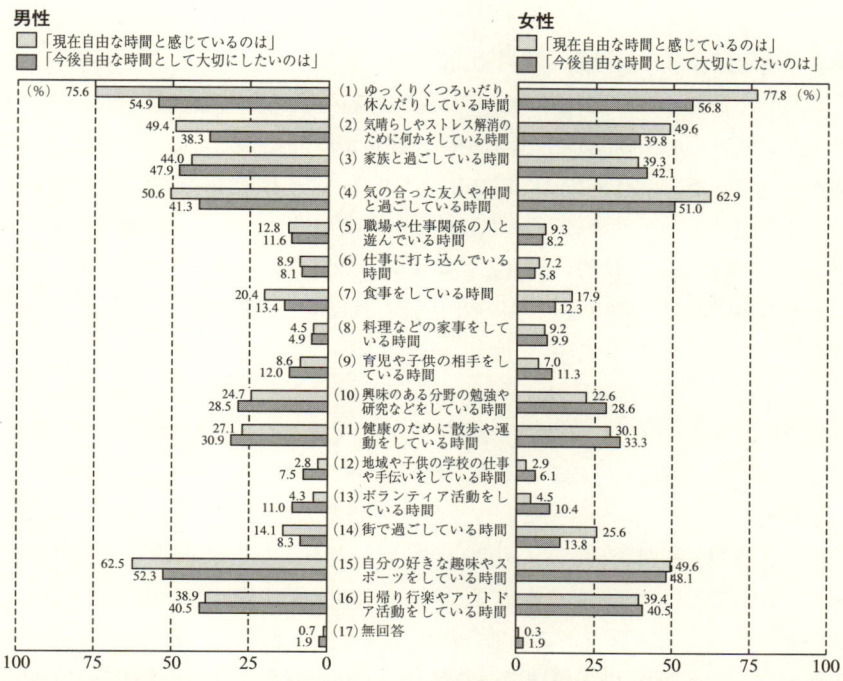

図1-5　自由時間をどのような時間にしたいか（3つまで複数回答）(余暇開発センター, 2000)

きず，ただ回復が求められるのである。重要な点は選択の欠如であり，自由裁量というよりも受動的に要求されるということである。しかし勤労者の余暇活動はまだ過渡期にあるために克服しなければならない困難は多い。経済企画庁「余暇・生活文化委員会」（1990）は余暇充実に対する問題点としてすでに以下のような点を指摘している。

(1) 労働を重視するあまり，余暇を軽んじる傾向が強い国民意識
(2) 欧米にくらべかなり長い労働時間と少ない自由時間
(3) これまでの働きすぎ社会の弊害として，余暇の活用に不慣れな人が中高年を中心に少なからず存在する等の余暇享受能力の不足
(4) 利用者を満足させるような魅力ある催しの不足，魅力ある余暇空間・施設の整備の遅れ，余暇サービスに関連する人材の不足
(5) 余暇施設の利用料金や交通費，宿泊費等の余暇コストが高いこと
(6) 余暇に対する公的対応の遅れ

図1-6は余暇活動に満足していない理由である。

●3 満足度からみた労働・非労働関係

こうした労働・余暇関係は今日では労働・非労働関係として論議される。労働・非労働（work/nonwork）なる用語の使用が一般化してくるのは1970年代初頭からであるが，カバノフ（Kabanoff, B., 1980）はそれまでの労働・余暇関係に関する研究をレビューするなかで，区別が必要な場合以外は「労働・余暇」を「労働・非労働」と互換的に使うと述べている。それまでの「労働・余暇」は，いわゆる余暇研究は別にして，1970年代におおむね「労働・非労働」に置き換わったといえる。

ところでライスら（Rice, R. W. et al., 1979）は勤労者の生活領域を労働・非労働に分け，次にそれぞれについて事態の構造に関連した客観的側面と，構造に対する反応である態度や行動からなる主観的側面に分割した（図1-7）。

彼らのモデルに照らせば，これまで産業・組織心理学で主として研究されてきたのは客観的労働変数と主観的労働変数の関係であり，非労働変数と関連づけて考えられることはほとんどなかった。たしかに主観的労働変数である職務満足については長い研究の歴史があるし，勤労者にとって重要な問題である（西川, 1984）。しかし労働以外の領域での満足，つまり生活の満足もまた十分に考慮さ

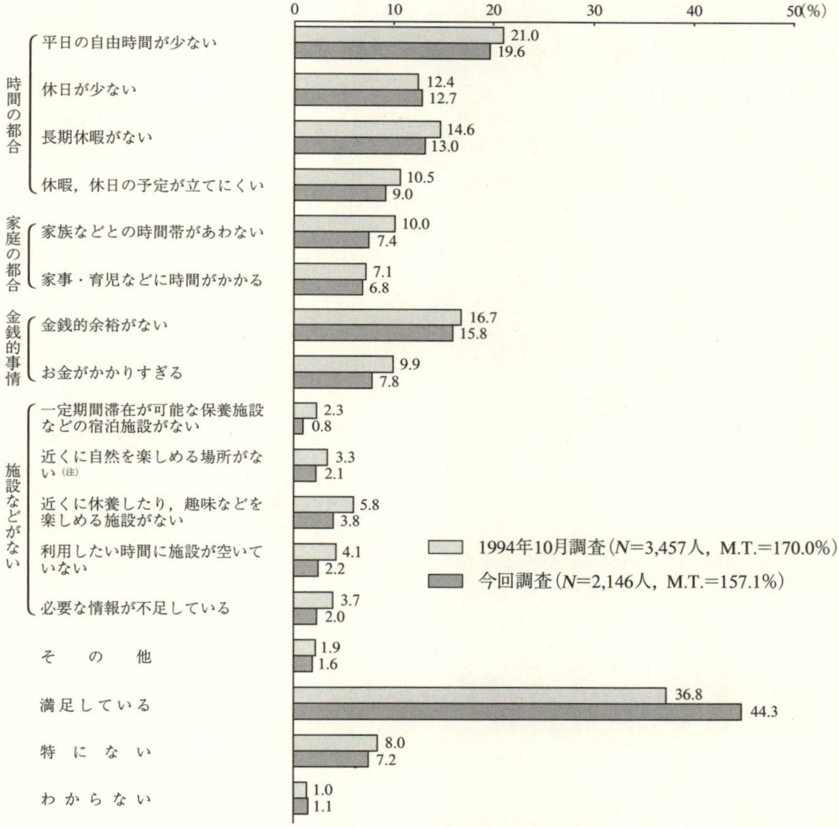

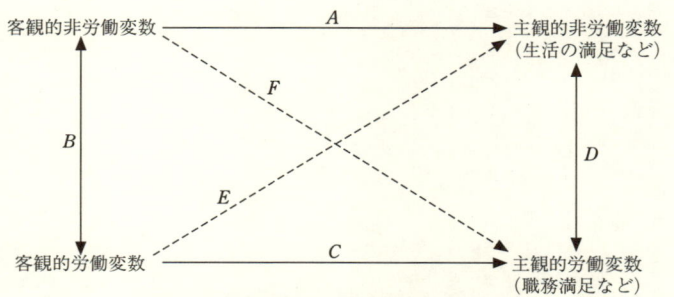

（注） 1994年10月調査までは，「近くに自然に親しめる場所がない」となっていた。

図1-6　余暇活動に満足していない理由（複数回答）（総理府，2000a）

図1-7　労働・非労働関係の2次元モデル（Rice et al., 1979）

れなければならない。そして最終的には職務満足と生活の満足の両者を包含した全般的生活満足（general life satisfaction）が追求されなければならないのである。

■2章■
労働時間構造の変化と労働

　自ら経済大国とよぶようになって久しいが，人々は一向に豊かさが感じられないと訴え続けてきた。その原因がゆとり，とくに時間的ゆとりのなさにあるとの指摘も再三にわたってなされた。その結果，労働時間短縮が産業社会の共通の課題になった。労働基準法の改正もなされた。さて，それで勤労者の生活はゆとりあるものになっただろうか。残念ながら，先進諸国との比較でみれば，道遠しの感がある。
　本章では，労働時間の現状分析とともに，どのようにすれば，ゆとりある勤労生活を確保できるかをさぐる。すなわち企業は労働時間の枠組みをどのように組み替えるのがよいか，勤労者の意識に改革の必要はないのか，どのようにすれば人間らしい働き方ができるのか，そしてライフ・スタイルをどのように設計すればよいのかについて考える。

1節 労働基準法の改正と労働時間の現状

　ゆとりある勤労者生活について，労働時間の視点から考えるのが本章の目的である。そのためにはまず1988年4月および1994年4月から施行されている改正労働基準法についてみておかねばならない。労働基準法についてはこれまでもしばしば見直しが行われてきたが，労働時間に関しては1947年に制定されて以来，実に40年ぶりの改正になるからである。長きにわたって1日8時間労働，1週48時間労働が定着してきた。当時とすれば最低労働基準を法制化したものとして相当の役割を果たした。しかし経済が拡大した今日，国内的にも国際的にも，もはやそれは適正水準でなくなってきた。表2-1は製造業における労働時間等の国際比較である。減少傾向にあるとはいえ，日本は総実労働時間，年間休日等で明らかに見劣りがする。サービス残業など表に出ない所定外労働時間を加算すれば，決して満足できるものではない。実際，労働時間統計には2種類あり，表2-1の日本の数字は労働省による「毎月勤労統計調査」の結果で，1997年の平均週間就業時間は38.2時間である。一方，総務庁による「労働力調査」では42.7時間で，4.5時間長い。この差は前者が企業調査であり，後者が個人調査であることに起因する。つまり前者は支払った賃金からの換算値であり，賃金の支払われない

表2-1　労働時間等の国際比較（製造業生産労働者，1997年）
（日本労働研究機構，2000）

（単位：時間，日）

	日本	アメリカ	イギリス	ドイツ	フランス
総実労働時間	1,983	2,005	1,934	1,517	1,677
所定内労働時間	1,804	1,755	1,747	1,449	—
所定外労働時間	179	250	187	68	—
年間休日等の日数	121	126	136	144	139
週休日	94	104	104	104	104
週休以外の休日	18	9	8	9	10
年次有給休暇	9	13	24	31	25

（資料出所）　ECおよび各国資料，労働省賃金時間部労働時間課推計
（注）　1　フランスの所定内，所定外労働時間は不明。
　　　2　事業所規模は日本は5人以上，アメリカは全規模，その他は10人以上。
　　　3　常用パートタイム労働者を含む。

サービス残業などはカウントされないからである（日本労働研究機構，2000）。

いわゆる「前川レポート」（国際協調のための経済構造調整研究会，1986）において，欧米先進国なみの年間総労働時間の実現と週休2日制の早期完全実施を図るといわれたのは1986年のことであるから，以来，実に15年になる。当時，経済企画庁「労働時間短縮インパクト委員会」（1989）は長時間労働を許容している意識構造には次のような背景があると指摘した。すなわち忙しさを誇りとする意識があること，企業・労働者双方に時間への意識が薄いこと，労働者と職場の関係が帰属感などウェットな意識に支えられていること，自由時間活用の基盤の不十分さ，評価の低さなどである。そして自由時間活用基盤の不十分さの原因として，学校の週6日制による親子のスレ違い，自由時間活用のためのソフトウエア不足，地域社会の受け皿不足，低い居住水準，楽しい職場，高い余暇活動費用，労働者の休暇などが集中しているために起こる混雑が自由時間の楽しみを阻害，一緒に自由時間を楽しむ仲間の不足などをあげた。当時の状況から改善されたとはいえ，大筋において，これらの指摘はいまだに有効である。

たとえば経済企画庁「国民生活選好度調査」（1998）は時間的ゆとり不足の原因が，職場や学校の拘束時間が長い（21.0％），家事・育児に忙しい（6.7％），仕事・学校のための学習・研究に忙しい（5.0％），通勤時間が長い（2.0％），つきあいに忙しい（1.8％）などにあると指摘している。

‖2節‖ ゆとりある勤労者生活のために

●1　法定労働時間と有給休暇

改正労働基準法の骨子は法定労働時間，変形労働時間，労働時間の算定，年次有給休暇，賃金退職金関係の規定の整備のほぼ5点にまとめることができる。ここでは労働時間短縮に直接関係する有給休暇について考える。

まず，法定労働時間としては，すでに1994年から原則週40時間，すなわち週休2日制に移行している。ただし一定規模以下あるいは一定業種については，猶予措置（週44時間）または特例措置（週46時間）がとられてきた。しかし，これも1997年より全面的に週40時間労働制となっている（一部の特例措置を除く）。なお1日の法定労働時間は8時間で従来どおりである。

また，年次有給休暇制度については，勤続6カ月の労働者に対する最低付与日

数が10日，そして1年6カ月以上継続勤務したときには，6カ月を超えた段階から1年につき1日ずつ，3年6カ月以降は2日ずつ加算し，最高20日の有給休暇を与える。またパートタイマーなど所定労働日数が通常の労働者にくらべて少ない者には，通常の労働者の所定労働日数（6日）と当該労働者の労働日数との比率に応じた日数の有給休暇を与える。さらに労使協定によって年次有給休暇を計画的にとれるように配慮し，有給休暇取得者が不利益をこうむらないようにしなければならないとしている。

総理府「今後の新しい働き方に関する調査」(1996) によれば，前年度に有給休暇を取得した日数は，1～5日が21.9%（正規社員が26.1%，非正規社員が10.5%，以下同様），6～10日が20.9%（23.6%，13.7%），11～15日が11.8%（14.1%，5.4%），16日以上が12.3%（14.7%，5.4%），わからないが2.3%（1.4%，4.6%）である。驚くべきことに，0日が10.3%（11.6%，7.0%），付与されなかったが20.5%（8.4%，53.4%）もいるのである。図2-1は労働者1人平均の年次有給休暇の推移であるが，これほど労働時間短縮がいわれてきたにもかかわらず，ほとんど変化していない。しかも三和総合研究所「長期休暇に関する労使の意識調査」(2000) によれば，2年の時効が過ぎ，失効した年次有給休暇は「そのまま消滅している」(64.2%)，「特別な休暇として積み立てられている」(20.4%)，「会社の制度上繰り越される」(8.5%) という。「特別な休暇として積み立てる」目的は「病気休暇」(83.2%)，「家庭看護休暇」(24.1%) などに備えてである。

それでは有給休暇を何に使ったかといえば，「旅行」が39.2%，「休養」が31.2%，「冠婚葬祭」が27.2%，「スポーツ・レジャー」が21.0%，「趣味・娯

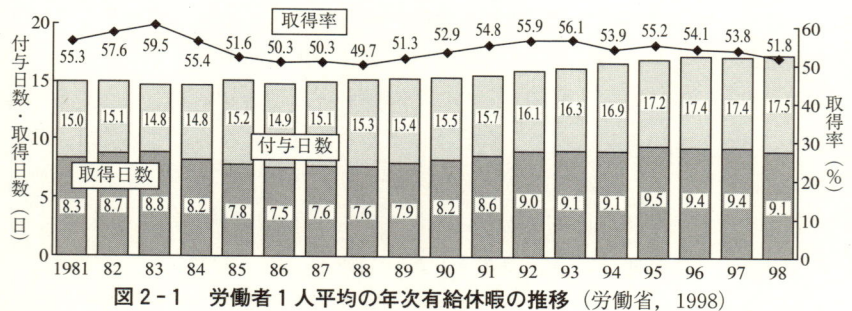

図2-1　労働者1人平均の年次有給休暇の推移（労働省，1998）

楽・学習活動」が20.1％，「自分の病気などの治療」が19.7％，「家族との団らん」が15.7％，「家事・育児」が12.2％，「家族の病気などの治療や看病」が12.1％，「飲食・ショッピング」が6.4％，「ボランティア活動などの社会貢献」が4.3％，「寝たきりの家族などの介護」が1.6％，「その他」が3.6％などである（複数回答）。図2-2は「5日以下」しかとらなかった人にその理由をたずねた結果である。休まないことを前提にした人員配置，休めない職場風土など，改正労働基準法の趣旨とかけ離れた実態が明らかになる。しかもその傾向はますます強くなっている。これはもはや法律そのものの問題ではなく，それを運用する人

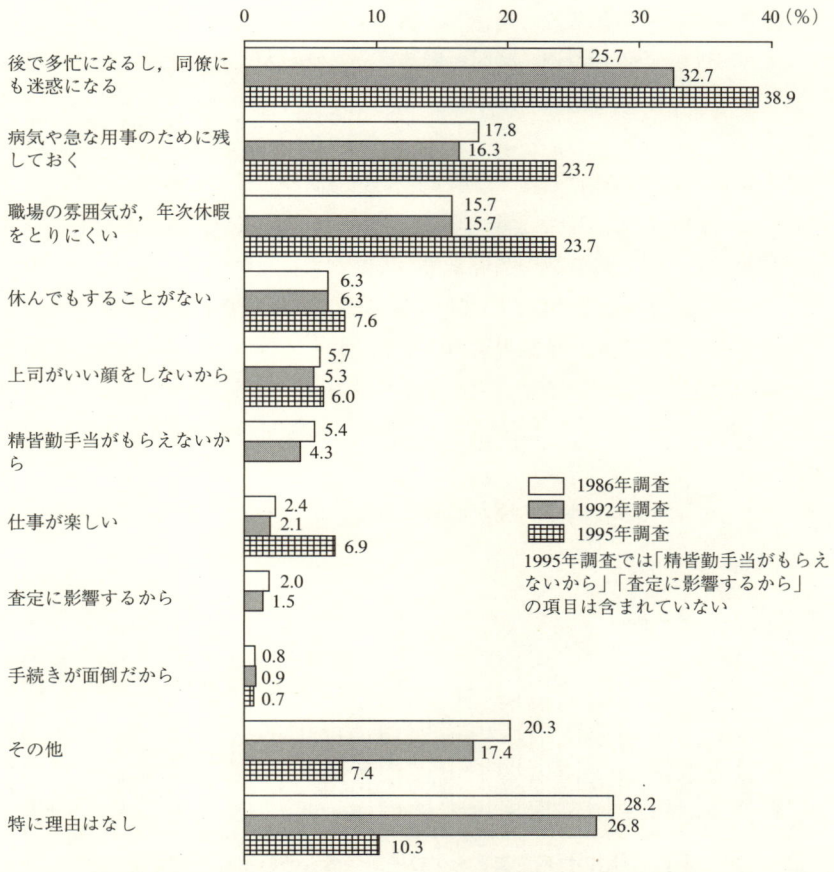

図2-2　年次休暇を5日以下しか使わなかった理由（複数回答）（総理府，1992，1996より作成）

間の側の問題である。先の三和総合研究所調査（2000）によれば，有給休暇完全取得のために企業が実施している活動は「休暇残日数の通知制度」「有給休暇の計画的付与」「休暇取得時期の調整」「管理者に対する意識改革教育」「記念日に休暇を取得することの促進」などが上位を占めるが，一方，必要だと考えられる活動としては上記以外に「業務の見直し」「完全消化を前提とした人員配置」がある。完全取得に近づくためにやるべきことはもうよくわかっているのである。

● 2　週休2日制と所定外労働

　勤労者の労働時間短縮を実現する方策の最大のものは，おそらく連続休暇を主たる柱とする年次有給休暇と，週休2日制および所定外労働の削減であろう。改正労働基準法で定められた週40時間労働制は，これらがどれほど実現されるかにかかっているといっても過言ではない。しかもこれらは並行して実施されてこそ意味をもつのである。

　いくら週休2日制に移行しても，所定の勤務時間終了後に長時間の残業をしていたのでは労働時間の短縮は困難である。図2-3は30人以上規模企業の週休2日制採用企業と適用労働者数の割合を示している。企業数で90.5％（完全週休2日制は35.2％），適用労働者数で95.6％（同じく59.2％）である。

　しかし現状では，産業や企業規模の格差がなおも大きい。ちなみに10〜29人規模の企業では，企業数で48.7％（完全週休2日制は26.1％）にすぎない（労働省，1998）。統計にかかりにくい中小企業が見過ごされる傾向があることには注意を要する。

　それではなぜ週休2日制の実施が困難であるのか。そこでは「同業他社があま

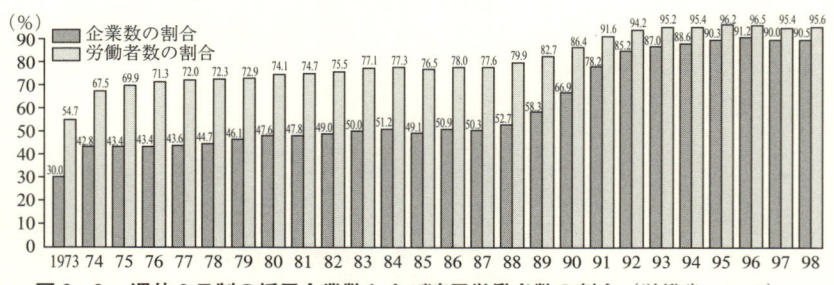

図2-3　週休2日制の採用企業数および適用労働者数の割合（労働省，1998）

り実施していない」といった横並び意識や「関連企業・取引先との関係」といった本来自社の問題であるべき制度を，自社で決められないといった矛盾，さらに「人件費が上がる」「生産高，売上高の減少」など企業の休暇観が如実にあらわれる。

ところで，矢野ら（1995）は日本の週休2日制が平日の犠牲のうえに成り立っていると指摘している。彼らの調査によれば，有職男性の平日の仕事時間は完全週休2日制組で9時間5分，何らかの週休2日制組で8時間49分，週休1日制組で8時間34分である。完全週休2日制組は週休1日制組より平日に31分（5日に換算すると約2時間半）長く働いている。つまり平日の自由時間は短くなる。それは平日の同席者にも影響する。表2-2は週休制度別にみた有職男性の同席者である。週休2日制組は「配偶者や子ども」および「仕事の同僚」と過ごす時間が長く，家庭と仕事に限られる。一方，週休1日制組は「1人」「友人」「他の家族」などの時間が長く，多様な生活になっているという。要するに，総労働時間を短縮せずに，完全週休2日制を導入しようとするために生じる矛盾である。

それでは所定外労働はどうかといえば，週40時間制の全面適用によって所定内労働時間が減少傾向にあるにもかかわらず，横ばいか逆に微増状態にある（労働省，1998）。実労働時間の減少は所定内労働時間の短縮のみに起因するのである。ちなみに総務庁就業基本調査（1997）によれば，250日以上就業者で，週間就業時間が60時間以上の男性雇用者が19.6％（うち正規の職員・従業員が19.3％），女性雇用者が6％（同じく6.2％）いる。また社会経済生産性本部「労働時間短縮の雇用効果に関する調査研究」（1999）によると，恒常化しているサービス残業をゼロにし，その労働時間分を他の労働者に振り分けると92万3,000人の新規雇用が創出できるという（朝日新聞，1999年5月27日朝刊）。さらに長時間残業は国家公務員も同様で，国公労連「霞ヶ関官庁街の残業実態調査」（1999）によれば，週当たりの残業40時間以上が34.9％，75時間以上が16.7％あったという（週間労働ニュース，1999）。

表2-2　週休制度別にみた同席者（平日・有職男性）（矢野，1995）

(単位：時間．分)

	1人	配偶者・子ども	他の家族	親類	近所の人	友人	同僚
完全週休2日（N=60）	5.17	3.28	0.24	0.00	0.04	0.03	7.09
週休1日（N=68）	6.16	2.27	0.54	0.02	0.07	0.50	6.03

労働省「所定外労働削減要項」(1991) は，所定外労働時間削減の意義を①創造的自由時間の確保，②家庭生活の充実，③社会参加の促進，④健康と創造性の確保，⑤勤労者の働きやすい職場環境づくりと定め，当面（今後3年程度の間），毎年10％ずつ削減する，サービス残業をなくす，休日労働をやめるの3点を目標に掲げ，そのために労使が取り組むべき事項として，次のような点を指摘している。以来10年になるが，これらは今もなお大きな課題である。

(1) 労働時間に関する意識の改革
(2) 業務体制の改善
(3) 労使一体となった委員会の設置
(4) 「ノー残業デー」「ノー残業ウィーク」の導入・拡充
(5) フレックスタイム制や変形労働時間制の活用
(6) ホワイトカラーの残業の削減
(7) 時間外労働協定における限度時間の短縮
(8) 「原則限度時間」の設定
(9) 所定外労働を行う理由の限定
(10) 代休制度の導入や休日の振替

さらに，社会全体として取り組むべき事項として，次の点を指摘している。

(1) 企業系列や業界団体の取り組み
(2) 消費者意識の改革

●3　変形労働時間制とフレックスタイム制

変形労働時間制には1カ月単位と1年単位の変形労働時間制，および従業員30人未満の小売業など各日の業務に繁閑差が生じる事業場において認められる1週間単位の非定型的変形労働時間制，そしてフレックスタイム制がある。

フレックスタイム制は元来西ドイツで始められたものであるが，これまでも日本で行われていなかったわけではない。しかし変形労働時間制として労働基準法に明示されたのは1999年の改正によってである。フレックスタイム制は労働者がその生活と仕事の調和を図りながら効率的に働くために，就業規則その他これに準ずるものに規定することによって，1週とか1カ月といった一定期間の総労働時間を定めておいて，その範囲内で各日の始・終業時刻を自主選択できる制度である。その際，対象となる労働者の範囲，清算期間，清算期間中の総労働時間

表2-3 変形労働時間制の採用企業数および適用労働者数の割合
（労働大臣官房政策調査部，2000）

(単位：％)

企業規模・年	合計	変形労働時間制[注]1を採用している企業	1年単位の変形労働時間制	1カ月単位の変形労働時間制	(M.A.) フレックスタイム制	変形労働時間制を採用していない企業
〔企業数割合[注]2〕						
1,000人以上	100.0	65.7	20.5	29.9	33.9	34.3
100～999人	100.0	60.6	34.8	21.8	7.7	39.4
30～99人	100.0	52.3	34.6	15.4	3.2	47.7
〔労働者数割合[注]3〕						
1,000人以上	100.0	45.5	11.2	21.0	13.4	54.5
100～999人	100.0	51.8	28.9	17.8	5.1	48.2
30～99人	100.0	48.6	33.0	13.8	1.5	51.4

(注) 1 変形労働時間制の種類は主な形態のみである。
2 全部または一部の労働者に変形労働時間制を適用している企業の割合である。
3 実際に変形労働時間制の適用を受けている労働者の割合である。

（所定労働時間に相当するが，それは清算期間を単位として決められる）などを，労使協定において定めておかねばならない。

こうしたフレックスタイム制のもとでは，1日の労働時間はフレキシブルタイムとコアタイムに区分される。前者は労働者が自らの選択によって労働することのできる時間帯であり，後者は必ず労働しなければならない時間帯である。なお休憩時間帯は使用者の決定に従わねばならない。そして清算期間中の総労働時間よりも実労働時間が長い場合は，それに対して時間外割増賃金が支払われる。反対に不足していた場合は次の清算期間の総労働時間に不足分を加算して労働することができる。

表2-3は変形労働時間制の採用状況である。ここでもまた規模間格差が大きい。フレックスタイム制については新聞等で報道されているわりには普及していないように思われる。その理由として，たしかに通勤ラッシュの回避，無駄な拘束時間からの解放，主体性をもった労働などのメリットが指摘されるが，デメリットとして計画的作業や職場の意思疎通あるいは職場規律の困難さなどがあげられる。

● 4 みなし労働と裁量労働

みなし労働制は事業場外労働のみなし労働制として，これまでも改正労働基準

法で定められてきたものである。すなわち労働者が事業場外で労働し、労働時間の算定が困難なとき、所定労働時間労働したものとみなすというものである。ただし所定外労働が必要な場合、「当該業務の遂行に通常必要とされる時間」労働したものとみなすか、またはその時間が労使協定で定められているときには、その時間を労働したものとみなすのである。また裁量労働時間制もいわゆる技術革新や経済のソフト化・サービス化など社会の変化にともなって改正労働基準法に定められたものである。すなわち新商品や新技術の研究開発、情報処理システムの分析や設計、あるいは記事の取材・編集など、業務の性質上、その遂行方法を大幅に労働者の裁量にゆだねる必要があるとき、その業務を遂行方法および時間配分の決定が困難な業務として定めて、その業務につく労働者には労使協定で定めた時間を労働したものとみなすというものである。加えて、2000年4月からそれまでの限られた専門業務だけではなく、一般企業のホワイトカラーが担ってきた「事業運営上の企画・立案・調査・分析業務」もまた裁量労働に含められることになった。これらの改正は今日の働き方の多様化や成果主義の普及に沿ったものであることは明らかで、要するに働いた時間ではなく、どれだけの成果を上げたかによって評価しようとする成果主義賃金制度導入と軌を一にするものである。たしかに工場など生産現場での労働と違い、時間の長さが成果と連動しないホワイトカラー業務の場合、裁量労働がふさわしいともいえる。無駄な残業が減り、時短に貢献する。しかし一方で残業代のつかない長時間労働が公認される懸念もある。「働く時間の管理を本人に任せる裁量労働制を採り入れると、長い時間働いて、精神面の健康に障害を起こす人が増える可能性が高い」とする研究もある（朝日新聞、2000年4月22日朝刊）。現在の裁量労働制の採用状況は表2-4のとおりであるが、成果主義の拡大にしたがってさらに増加することも予想される。新裁量労働制は諸刃の剣ともいえる。

●5 連続休暇とリフレッシュ休暇

週休日、それ以外の休日、有給休暇などを利用した3日以上の、いわゆる連続休暇は年末・年始、ゴールデンウィーク、夏期休暇に代表されるが、1企業平均連続休暇日数は、それぞれ約1週間である。また特別休暇制度のある企業割合は病気休暇で23.1％、有給教育訓練休暇で4.7％、リフレッシュ休暇で11.7％、ボランティア休暇で2.0％にすぎない（労働大臣官房政策調査部、2000）。長期休暇

表2-4 みなし労働時間制の採用企業数および適用労働者数の割合
(労働大臣官房政策調査部, 2000)

(単位：%)

企業規模・年	みなし労働時間制を採用している企業	うち，事業場外労働のみなし労働時間制	(M.A.) うち，裁量労働のみなし労働時間制	みなし労働時間制を採用していない企業
〔企業数割合〕				
1,000人以上	16.1	13.3	5.7	83.9
100～999人	13.7	12.6	2.7	86.3
30～99人	5.6	4.8	1.7	94.4
〔労働者数割合〕				
1,000人以上	6.3	5.7	0.7	93.7
100～999人	4.8	4.4	0.4	95.2
30～99人	2.4	2.1	0.4	97.6

制度と家庭生活の在り方に関する国民会議（2000）は1週間程度を最低単位として2週間程度の休暇がとれるように「長期休暇（L休暇）」の普及・定着を提案している．その目的は，①働く人が人生設計を見直すことができるゆとりのある生活の実現，②家庭の団らんやきずなの回復，③地域社会の活動への参加促進，④自己啓発など職業能力の開発・向上，⑤人材を確保し成長させることによる企業の活性化，⑥国民経済の活性化などである．しかし時短促進法の再延長の可能性が報じられる現状において（朝日新聞，2000年9月23日朝刊）は，まずすでにある休暇をいかに取得するかに専念すべきであろうと思われる．

3節 労働時間短縮と労働意識

　これまで時間という視点から勤労者の労働環境をみてきた．いくらかの改善はなされてきたものの，前川レポートにうたわれたレベルには，道遠しの感がある．決して生活大国といえる状況ではない．第1章でみた図1-5は自由時間をどのようにしたいかをたずねた結果であった．そこでは多様な使い方が表明されていたが，男女共通して今後自由時間として「休養やくつろぎのための時間」「気晴らしやストレス解消のための時間」を大切にしたいという回答は減少していた．自由時間が労働に起因する身体的，精神的疲れを癒すためだけでは，余暇が欠落した，労働だけのさびしい人生であるといわなければならない．回答者は少なく

ともそのことを自覚し，変えたいと思っているのである。生きがい，働きがいの条件整備の問題である。このあたりになると何を豊かさの指標と考えるか，どのようになれば豊かで，ゆとりある人生と考えるのかといった生き方の問題が浮上してくるように思われる。

　余暇開発センターがまとめた自由時間政策ビジョン「時間とは，幸せとは」(1999)は仕事の余りもの意識が強い「余暇」を「自由時間」に置き換え，時間の角度からライフ・スタイル創造の手段を模索している。そのために①明日の労働のためのレクリエーションの時間，②経済成長の成果を余暇・レジャーとして享受するための時間といった「余暇」から，①個人の楽しみのための時間（消費的自由時間），②将来の生活や社会の充実につながる活動時間（投資的活動時間），③ボランティア等他者のために行う活動時間（移転的活動時間）からなる「自由時間」へ考え方の拡張が必要だとしている。そして「自由時間」を「労働や教育など義務的，拘束的な活動から自由になる時間」と再定義し，図1-5にあるような現状と希望の差異を消費的自由時間から投資的・移転的自由時間への志向性の変化であるとしている。余暇から自由時間へというパラダイムについては検討の余地は残されているが，労働時間短縮の今後の方向を示唆している点で意味がある。

■3章■
現代の雇用問題

　今日ほど労働・雇用をとりまく環境の変化が激しい時代はない。産業の空洞化でリストラクチュアリングがいっそう進み，企業同志の合併や異業種間の提携などが急速に進み，雇用動向は正規雇用が抑制，削減され，非正規雇用の増加が著しい。すなわち，雇用のアウトソーシング（社外からの人材登用）が進んでいる状況にある。こうしたなか，今世紀は高齢者問題をはじめとして，労働・雇用に関するさまざまな課題がふき出してくる。

　人は，生きるために職業・仕事につき，自己実現を図るが，とくに，人と職業・仕事との望ましいあり方は，現在仕事にある人やこれから仕事につこうとする人にとってきわめて重要である。

　本章では雇用問題がどのような現況にあるのか。また，個人が職業生活のなかで適性をどのように考えるか，就職行動，採用から適応へのプロセスの問題，障害者の人たちの問題などとりあげることにする。そして，ひとりひとりが豊かなキャリアの実現を創造したいものである。

1節 労働市場の現状

●1　就業構造

　労働力人口（自営業主，家族従業者，雇用者，完全失業者）と就業者の動向について，総務庁統計局「労働力調査」によると，1999年は男子が4,024万人，女子が2,755万人，計6,779万人で前年より14万人減った。この数字は，1974年以来（前年差16万人減）の減少となった。

　労働力人口を15歳以上の人口で割った労働力率は，男子が76.9％，女子が49.6％で計62.7％を示す。

　また，就業者数は6,462万人で，そのうち，自営業主，家族従業者，それに雇用者は各々754万人，356万人，5,331万人である。産業別では，農林漁業は335万人を数えている。それ以外の産業では，製造業が1,345万人，卸売・小売業・飲食店（業）は1,483万人，サービス業1,686万人とこれら3大産業で約70％を占めている。続いて，建設業657人，運輸・通信業406万人，金融・保険業・不動産業が251万人，公務は214万人である。

　男女別，年齢別就業者数について，1999年の男子の年齢階層別結果を5歳きざみでみると，50～54歳が455万人で最も多く，45～49歳が454万人，続いて25～29歳が452万人である。逆に，20歳未満は62万人で最も少なく，60～64歳も246万人，55～59歳が391万人，20～24歳は304万人である。

　一方，女子も45～49歳が334万人で最も多く，次に50～54歳が322万人，25～29歳が314万人で就業者数が多く認められた。20歳未満は57万人で男子と同様最も少なく，30～34歳は子育ての時期とも重なって228万人と少ない。

　企業規模について，非農林業雇用者数は5,298万人であるが，30人未満の規模が1,742万人で最も多い。次に，30～99人は843万人，100～499人が890万人，500人以上は1,256万人という結果である。これから30人未満が最も多く，500人以上の企業規模が次に多い。また，これ以外に，官公庁勤務者が540万人を数えている。

　次に，失業の動向について，1999年の完全失業率は4.7％，内訳は男性が4.8％，女性は4.5％である。具体的な人数としての完全失業者数（仕事をせず，求職中のもの）は，317万人で男性が194万人，女性は123万人である。完全失業者の動き

を求職理由別にみると，勤め先や事業の都合で仕事を中断，現在求職中の非自発的な離職者は55万人，自分，または家族の都合で仕事を中断，現在求職中の自発的離職者は83万人を数えている。

これに対して，無業者比率（就職者および無業者に占める無業者の比率）は，高卒で30％を超えた。大卒・短大卒でも25％を超え，学卒無業者は約30万人に達している。大学，短大の新規学卒就職率（卒業者のうち就職者総数の占める割合）について，2000年大卒者の就職率は，55.8％となり，過去最低を記録した。短大卒も56.0％できわめて低い水準にあった。

●2　今日の産業・就業構造の問題

産業構造の動向について，前述の産業別結果を1990年の実態と比較すると，以下の通りである。

1990年の就業者数は，6,173万人に対して，第1位が製造業で1,454万人，23.6％（1999年には第3位で1,345万人，20.8％，以下（　）内は1999年の結果）である。

第2位はサービス業が1,389万人，22.5％（1,686万人，第1位で26.1％），続いて第3位は卸売・小売業・飲食店が1,383万人，22.4％（1,483万人，第2位で22.9％）を数えている。以下，第4位は建設業が519万人，8.4％（657万人，第4位で10.2％），第5位は農林漁業が438万人，7.1％（335万人，第6位で5.2％）となっている。

これから，1990年から1999年のなか，第1次産業である農林漁業の就業者数は，全就業者に占める割合でみると，1.9％の落込みがみられることがわかった。一方，増加を示した産業はサービス業で3.6％の大幅な伸びを示している。

将来に対する予測として，1990年から30年後のわが国の産業・雇用（労働）がどのように推移するかについて，日本労働研究機構の研究報告（1995）からみる。

まず，労働力人口と就業者数の予測を図3-1に示す。図から2010年になると，30歳未満の就業者数が減少する代わりに，55～64歳の年齢層，さらに65歳以上が増える。1990年を基点にみると既に2000年においても65歳以上の高齢者が確実に増加の傾向にある。

また，就業構造の推移について，表3-1に示す。表からして，第1次産業の農林漁業は2020年では構成比が2.1％でかなり少ないことがわかる。第2次産業

の製造業も，20.9％で90年が23.6％であったのに対して2.7％の減少を予測している。

全体的には，第1次産業は7.1％から2.1％で5％の減少，第2次産業は33.2％

図3-1　労働力人口，就業者の推移（日本労働研究機構，1995）

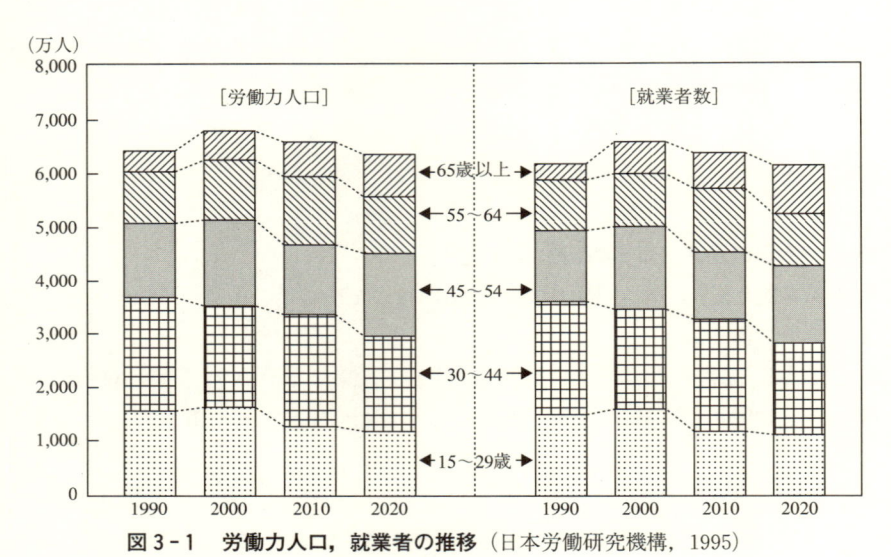

表3-1　産業大分類別就業者数および構成比の推移（日本労働研究機構，1995）

(単位：千人，％)

	実数				構成比			
	1990	2000	2010	2020	1990	2000	2010	2020
就業者計	61,734	65,296	63,151	60,241	100.0	100.0	100.0	100.0
第1次産業	4,383	3,350	2,078	1,244	7.1	5.1	3.3	2.1
農業	3,899	2,915	1,743	984	6.3	4.5	2.8	1.6
林業	111	106	86	76	0.2	0.2	0.1	0.1
漁業	372	330	249	184	0.6	0.5	0.4	0.3
第2次産業	20,516	21,589	19,892	18,289	33.2	33.1	31.5	30.4
鉱業	66	52	34	21	0.1	0.1	0.1	0.0
建設業	5,906	6,386	6,134	5,671	9.6	9.8	9.7	9.4
製造業	14,544	15,151	13,723	12,597	23.6	23.2	21.7	20.9
第3次産業	36,469	40,023	40,899	40,466	59.1	61.3	64.8	67.2
電気･ガス･熱供給･水道業	345	350	270	206	0.6	0.5	0.4	0.3
運輸・通信業	3,695	3,919	3,492	3,336	6.0	6.0	5.5	5.5
卸売・小売,飲食店	13,832	15,106	16,869	16,568	22.4	23.1	26.7	27.5
金融・保険業	1,964	1,912	1,833	1,614	3.2	2.9	2.9	2.7
不動産業	707	767	870	885	1.1	1.2	1.4	1.5
サービス業	13,857	15,868	15,492	15,723	22.4	24.3	24.5	26.1
公務	2,070	2,101	2,073	2,135	3.4	3.2	3.3	3.5
分類不能な産業	366	334	283	242	0.6	0.5	0.4	0.4

から30.4％で2.8％の減少に対して，第3次産業は59.1％に対して，67.2％で8.1％増という大幅な伸びを予測している。具体的な産業としてサービス業をとりあげると，1990年が就業者数6,173万人に対して，22.4％を示したが，2000年では就業者数6,530万人に対して，24.3％を予測，2020年では就業者数が6,024万人に対して，26.1％を予測している。このように過去，現在，未来の産業別就業構造をみると，産業による消長がはっきり認められる。

● 3　女性の雇用・職業問題

　1999年の女性の雇用者数，2,116万人を5歳きざみの年齢階層でみた場合，25～29歳の層が296万人で，女性の全雇用者の14.0％を占め最も多い。次に，20～24歳が284万人，13.4％，45～49歳が273万人で12.9％である。とくに，30歳代の前・後半の年齢層は，ともに10％を切り子育ても影響して少ないことがわかった。

　産業別結果は，サービス業が757万人で女性の雇用者数に占める割合が35.8％で最も高い。次いで第2位は，卸売，小売業，飲食店の606万人28.6％，第3位は製造業の407万人19.2％となっている。

　法的問題としては，男女雇用機会均等法（1986，以下均等法）が施行され，2000年で15年目になる。同法は，また1988年から施行された改正労働基準法とも連動している。とくに，女子の時間外労働や休日労働，あるいは深夜勤務等についても規制が緩和された。

　就業意識については，男女共同参画に関する世論調査（1995）でとりあげられているが，出産後も就業を続ける就業継続型の割合が増加している。他方，再就職型といわれる結婚・出産による一時退出，のち再就職を希望する割合も依然として多い。これとは考えを異にする「結婚するまでは職業をもつ方がよい」と回答した者は減少しており，就業意識も徐々に変わりつつあるといえる。

　また，雇用形態別雇用者の過去10カ年の推移をみると，1989年が正規の従業員・職員が役員を除く女性全雇用者100に対して64.0％，パートが27.1％，アルバイトが5.6％であった。95年は正規従業員・職員が60.9％，パートが28.1％，アルバイトが7.4％，2000年では正規の従業員・社員は53.6％，パート33.0％，アルバイト9.1％で，パートおよびアルバイトの割合は，年ごと増加の傾向にある。

　均等法が成立して15年経過した今日，配置や昇進については，女性が男性と同

等の活躍や昇進をするために早急に是正すべき課題として，女性社員では「男性中心の業界慣行」「会社の女性社員育成方針」「女性にチャンスを与えたがらない」をあげるものが多い。また，男女勤労者に育児休業を認める「育児休業に関する法律」が，1992年から施行されたが，95年から30人以下の事業所にも育児休業法が適用され，休業給付金が実現して，条件の整備が図られている。

●4　パートタイム労働者の問題

　パートタイム労働者（パートタイマー）の定義は，労働省賃金構造基本調査により次のようにとらえている。
(1)　1日の所定労働時間が一般の労働者より短い。
(2)　1日の所定労働時間が一般の労働者と同じで一週の所定労働日数が一般の労働者より少ない。

　法制面では，「パートタイム労働指針」(1989)が制定され，続いて「短時間労働者の雇用管理の改善等に関する法律」が1993年に施行された。いわゆる，パートタイム労働法であるが，ねらいは，短時間労働者が能力を有効に発揮できるようにし，福祉の増進を図ることである。この労働法によって規定されるパートタイマーに対して，呼称パートタイマーがある（勤務先における呼称による）。

　女性パートタイマーの年齢構成について，総務庁統計局の就業構造基本調査(1997)からみると，35～54歳の層が41.5％，55歳以上が38.8％，25～34歳は18.6％，24歳以下が6.9％で，35歳以上になると80.3％にもなり8割を占めている。

　1999年総務庁統計局「労働力調査特別調査」によると非農林業週就業時間35時間未満の雇用者は，男女合わせて1,138万人となった。うち，男性は364万人，女性は773万人である。これから3分の2が女性短時間雇用者で占められている。短時間雇用者をさらに詳細に見ると，役員を除く雇用者は男性が2,917万人，そのうち正規従業員・職員は2,594万人，一方パート・アルバイト・嘱託等の短時間雇用者は323万人である。実際，パートの占める割合は13.6％，アルバイトは50.5％，嘱託・その他が35.9％であった。

　次に，女性は1,996万人のうち，正規従業員・職員は1,093万人，短時間雇用者は902万人である。女性の短時間雇用者のパートの占める割合をみると71.2％，アルバイトは19.4％，嘱託・その他が9.4％であった。男性はアルバイトが半数

を占め，また定年以降の雇用契約が主な嘱託も35％強であったのに対して，女性はパートが短時間雇用者全体の70％を超えていたことは男女間の違いとして注目される。

また，正規，非正規従業員の割合は，男性で正規が88.9％，非正規が11.1％である。これに対して，女子は正規が54.8％，非正規が45.2％である。これから，女子は非正規従業員の割合が高く，しかも上述の通りパートタイマーが7割以上を占めている。

さらに，産業別では卸売・小売業，飲食店が最も多く，次いでサービス業，そして製造業に短時間雇用者は雇用されている。

1999年の労働省がまとめた「就業形態の多様化に関する総合実態調査」によると，パート労働を選んだ理由の第1位は，自分の都合のよい時間に働けるからが43.1％，第2位は，家計の補助や学費等を得るためが41.3％，第3位は勤務時間や労働日数が短いからが37.3％である。

●5　派遣労働者の問題

労働省「労働者派遣事業報告集計結果」によると派遣労働者の登録数は，1992年が約65万人であったのに対して，1998年には約90万人に達している。実際に就業している数は，1999年9月末現在で約52万名を超えている。もともと労働者派遣法（1986）は，第1条に，派遣労働者の雇用の安定とその他福祉の増進を図ることを目的とするため，①職業安定法と相まって労働力の需要の適正な調整を図るため労働者派遣事業の適正な運営の確保に関する措置を講ずること，②派遣労働者の就業に関する条件の整備等を図ることのこれら2つの柱を基礎としている。

労働者派遣事業のしくみを図3-2に示す。派遣元，派遣先，それに労働者の三者でもって，自己の雇用する労働者を当該雇用関係のもとに，かつ，他人の指揮命令を受けて当該他人のために労働に従事させることを業として行うのが，派遣事業であるとみることができる。産業別では，金融・保険業が他の産業に比べて最も多く，次にサービス業が続いてい

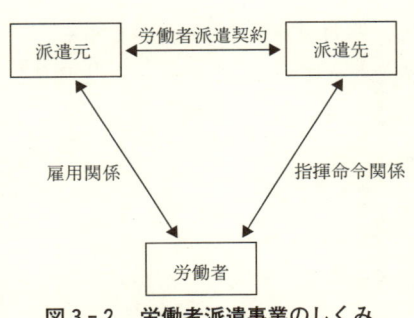

図3-2　労働者派遣事業のしくみ

る。

●6　外国人労働者の問題

　外国人労働者の1995年時点でのわが国の方針は,「まず,外国人労働者については,経済社会の活性化や,国際化を図る観点から,専門的,技術的分野の労働者については可能な限り受け入れる。一方,いわゆる,単純労働者の受け入れは,高齢者問題もあることから慎重に対応することが重要である」ことで現在進められている。

　実際の雇用状況は,彼らを直接に雇用している場合(直接雇用)と,または外国人労働者が請負などにより,事業所内で就労している場合(間接雇用)の2つの形態がある。

　1999年の事業所からの報告結果から直接雇用の外国人を産業別にみると,製造業が6.9万人(59.8％)で圧倒的に多く,次いで,サービス業で2.7万人(23.9％)である。これら2つの産業で約85％を占めている。なお,卸売・小売業・飲食店は9千人(8.0％)の実態である。その他の産業も含めると,約11.5万人を数える。一方,間接雇用の産業別結果は,製造業が6.9万人,サービス業は3千人,その他産業を入れると約7.6万人である。

　1999年度の外国人労働者(直接雇用)の男女の内訳は,男子が7.2万人,女子が4.3万人である。

　彼らの出身地域は,ブラジル,コロンビアなどの中南米諸国が5.8万人で50％を占め第1位,次に中国,韓国,ベトナム,タイなどの東アジアおよび東南アジアが4.1万人で36％,アメリカ合衆国を中心とする北米が7千人,6％となっている。

　これ以外に,短期滞在の在留資格で入国し,期間が過ぎている,いわゆる,不法外国人残留者は2000年1月現在で,25万人を超えている。これからを勘案すると,就労者の人数は,合法および不法を含めると少なくとも約70万人(留学生,就学生のアルバイトをも含む)と見込まれる。

●7　障害者の問題

　障害者を支える法律であった心身障害者対策基本法(1970年)が1995年に障害者基本法に改められた。

この法律の対象となる障害は身体障害，精神薄弱（知的障害に改定）または精神障害である。

法律の目的は，障害者の自立と社会，経済，文化，その他あらゆる分野の活動への参加の促進を規定し，障害者の「完全参加と平等」をめざすことにある。

とくに，障害者の雇用等については，第15条で以下のことを規定している。

「国及び地方公共団体は，障害者の雇用を促進するため，障害者に適した職種又は職域について障害者の優先雇用の施策を講じなければならない。」

つまり，公共的施設の利用および情報の利用等の分野における国および地方公共団体の責務と，事業主に対しては，これらの分野における所要の努力義務を定めている。また，1997年には，障害者プラン――ノーマライゼーション7カ年戦略――が策定され，現在に至っている。

障害者総数は，1996年度が576万人を数えているが，内訳として18歳以上の身体障害者は約308.7万人，うち在宅は293.3万人，知的障害者30.1万人，精神障害者18歳未満も含む全年齢層約217万人である。

障害者雇用に関して欧米より遅れをとっているものの，1960年の身体障害者雇用促進法制定以来，国としての取り組みが図られた。当時の雇用率は，あくまで努力義務であったが，1976年の法改正で達成が義務化され，それを補完するために雇用納付金制度が設けられた。1981年の国際障害者年を機に障害者の自立意識の高まりと，社会全体へのノーマライゼーション（正常化―特殊化しないこと）の理念の浸透もあって，実雇用率は着実に改善されつつある。現在は，障害者の雇用の促進等に関する法律（1984，障害者の範囲の拡大）で障害者の雇用問題が運用されている。

1998年7月より「障害者の雇用の促進等に関する法律」にもとづき法定雇用率は，従来の身体障害者に知的障害者が加えられたことを受けて一般の民間企業が1.8％以上，国・地方公共団体は2.1％，ただし，都道府県等の教育委員会は2.0％障害者の雇用を義務づけている。なお，重度身体障害者および重度知的障害者については，それぞれ1人の雇用をもって2人の身体障害者，または知的障害者を雇用しているものとみなされる。また，重度障害者または知的障害者である短時間労働者（週20時間以上30時間未満）を雇用する場合は，1人の身体障害者または知的障害者を雇用しているものとみなされる。

1999年6月現在，雇用されている障害者数は，30.2万人，また，56人以上雇用

する一般企業は25.5万人である。雇用される障害者数を常用労働者数で割った値を示す実雇用率は，10年前の90年が1.32％であったのが，99年は1.49％，63人以上の基準に換算し直すと1.48％を示し，これまでの最高の値を示した。

また，企業規模では，1,000人以上が1.52％であるのに対して，56～99人の企業規模は1.72％，100～299人は1.41％で100人未満の企業規模の会社の方がかえって率が高い。

いずれの企業規模も昨今の社会・経済環境が影響してか1.8％の法定雇用率を下回っているところに問題がある。

そこで，障害者にとって，自立と社会のあらゆる分野への活動への参加が求められる環境作りをするために，全国で第3セクター方式による重度障害者雇用企業の育成事業が現在積極的に展開されつつある。

第3セクター方式の育成事業とは，まず，都道府県と設置都市が企業設立研究委員会を設立し，次に官民の共同出資による会社作りを図る事業である。特に，上記主旨にもとづいて重度障害者および知的障害者に対して，民間の活力と経営ノウハウを生かしつつ，地域社会や地域経済との密接な連携のもとに運営される企業をいう。

第3セクター方式の重度障害者雇用企業は，1999年現在34カ所895人の障害者が働いている。また，形態は違うが身体障害者福祉工場は35カ所1,757人，知的障害者福祉工場は35カ所990人，精神障害者福祉工場は8カ所230人である。これ以外に，身体障害者入所，通所施設，重度身障者授産施設，精神障害者，知的障害者授産入所，通所施設がある。すべてを通しての授産施設は，1,540カ所である。

なお，18歳以上の在宅身体障害者の障害の種類は，総数293.3万人（1996年身体障害者実態調査）のうち，視覚障害30.5万人，聴覚・言語35.0万人，肢体不自由165.7万人，内部障害62.1万，重複障害（再掲）17.9万人を数えている。障害の原因については，事故・労災が54.1万人，出生時の損傷，感染症，中毒性疾患が198万人である。

● 8 　**海外勤務者の問題**

労働力の供給が容易な海外で合弁を中心とする会社・工場の設置が急速に進んでいるが，それは，国際経済の相互依存性を背景にしている。ここでは，東洋経済新報社の海外進出企業総覧（1998年）と1999年に日本労働研究機構でまとめら

れた海外派遣勤務者の調査結果の一部にふれてみる。ここ1，2年の日本企業の海外進出は1997年にタイで発生した通貨危機を契機とするアジアの経済危機の影響でややテンポは落ちているが，それでも1998年時点のわが国から海外に派遣されている勤労者は，55,400人を数えている。派遣地域は，アジア地域が約27,000人，北米が約17,000人，次にこれらの2つの地域で73％を占めている。それに3位はヨーロッパが8,400人である。93年が46,300人，95年は50,700人ではじめて5万人を突破した。とくに，95年のアジア地域が20,600人，99年が27,000人と増加傾向が著しい。年齢層は，35～49歳の年齢層が中心で，20歳代は5％弱，55歳以上は8％を示し派遣者全体のわずか10％程度である。また30～34歳，50～54歳の年齢層も15％である。

現地での家族の状況は，家族帯同が58％であるのに対して，単身赴任が23％，一部帯同が12％である。

また，現在の海外勤務について，海外派遣への本人の希望については，約50％のものが自ら希望していたとズレはなかったが，5分の1の20％足らずが希望せず，明確に拒否を示した。

さらに，本人に事前研修の効果をたずねた質問では，事前の現地視察が40％弱，駐在経験者との座談会・個人別相談会が20％，それに語学の研修が役立ったと高く評価している。

赴任にあたっての本人との調整，仕事の面での適応はもちろんのこと，何よりも現地での生活適応に配慮がなされた派遣企業の取り組みがいっそう要求される。

● 9　いわゆるフリーターの問題

フリーターの定義は，年齢は15～34歳の年齢層で勤め先の呼称がアルバイト，またはパートである雇用者と現在無業者で家事も進学もせず，アルバイトやパートの仕事を希望する者とする。総務庁統計局の「就業構造基本調査」から推計すると，1997年時点では151万人で男性が61万人，女性が90万人である。

年齢層では，20～24歳が最も多く82万人，次いで25～29歳が35万人，15～19歳は20万人である。

実際，フリーターの有業者は1997年では133万人，88.1％である。なお，最終学歴別ではリクルート・リサーチによる「アルバイターの就労等に関する調査」（2000年）をみると，高卒が35.0％，大学・大学院卒業が17.1％，高専・短大卒

が12.7%である。フリーターの就業意識は，リクルート・リサーチによると，おおまかに4つに分類される。
(1) 確固とした将来の目標を目指して，それに向けた努力をしているが，常に生活のための収入を得るタイプ
(2) 将来に対して漠然とした目標はあるが，展望はもたず現状に流されているタイプ
(3) 現在，将来ともフリーターを継続して行こうとするタイプ
(4) フリーターのうち家庭に入ろうとするタイプ

また，これとは別の日本労働研究機構が行ったフリーターの意識と実態に関する報告（2000年）によると，フリーターを次の3つに分けている。

①離学，離職のモラトリアム型，②芸能志向，職人・フリーランス志向の夢追求型，③止むを得ず型，この型は正規雇用志向型と期間限定型，それにプライベート・トラブル型にさらに下位分類されるが，①および②が問題となる。リクルート・リサーチの結果でも展望はもたず流されている(2)とフリーターを継続していこうとする(3)が問題になる。

森下（2001）による日本と中国の勤労者のゆとりに関する調査では，時間的ゆとりがどの程度あるかをたずねた結果，日本の男性は「ある」の回答は36.2%，女性は52.1%であった。これに対して，中国の男性は「ある」が43.4%，女性は46.0%で日本の男性は4対象のなかでは最も時間的ゆとりがなかった。一方，経済的ゆとりは日本の男性は「ある」が50.2%，女性が55.6%，中国の男性は22.4%で，女性も25.6%で半分以下であった。

とくに，日本の男性は時間的拘束からの解放がフリーターをしてフリーターにならしめていることが考えられるが，女性は経済的・時間的ゆとりがあるなかでフリーターが現実に生まれていることから豊かさもその背景にあるものと推察できる。

2節　適性と人事選抜

●1　職業適性とは

就職を控えた学生や働く人たちが，自らの仕事に行き詰まりを感じたとき，どのような仕事が自分に向いているのか適性について真剣に考えることがある。人

が職業・仕事を選ぶ場合に、あるいはついている仕事を自分のなかでもう一度考える場合に、向いている、向いていないという、必ずこの種の問題が起こってくる。

ここでいう適性は、ある職業に対する特定の適性という考え方で、実は職業適性に関する基本的な考え方をさす。すなわち、穴を職業にたとえ、人を栓にみると、丸い穴には丸い栓を、四角い穴には四角い栓をという考え方が生まれてくる。

広辞苑によると、適性は、「性質がその事に適していること、また、その性質」とある。また、適性検査（aptitude test）は一定の特殊活動に対し、どれほど適している素質をもつかを測定する検査であるとされている。

次に、内外の研究者から適性に関するいくつかの定義をひろってみる。スーパーら（Super, D. E. et al., 1971）は、心理学における適性の言葉は、「学習に対する能力（the capacity for learning）」を意味するとしている。氏は、適性に関連して職業適合性（Vocational Fitness）の概念を図3-3のように示した。この図は、適合に関する人間の主体的条件をあらわしている。

また、ゴールデンソンら（Goldenson, R., et al., 1984）のロングマン辞典によると、「適性（aptitudes）は、訓練により資格、または技能を獲得する能力と定め、たとえば、比較的容易にピアノを弾いたり、数学ができる人は、それらの諸活動に適性をもつとされる。美術などの特殊適性は、特定領域による可能性である。また、一般適性は、いくつかの領域における可能性である」と規定している。

一方、ジェコスキー（Gekoski, N., 1964）は、適性を能力以外に拡げ、広義の適性として適性をとりあげている。ジェコスキーは、知能、興味、パーソナリティ、特殊能力および態度の5つを適性の構成要素としている。

また、広井（1971）は、「適性とは、特定の仕事の遂行・成就に必要な、あるいは遂行・成就に関係のある人間側の諸特性である」としている。

そこで、対職業との関係をみると、人は自分のもっているものすべてを実際の仕事にぶつけるために、適性は能力だけのきわめて限定した枠から、非能力的側面をも含んだ人間の総合的諸特徴とみることができる。

要するに、適性検査のなかで、人が対仕事との関係で問題とされるのは各人の個性である。

職業適性の基本的な考え方は、差異心理学の理論の上に立っており、特性要因理論（Traits and Factors Theory）とよばれている。この特性要因理論は、理論

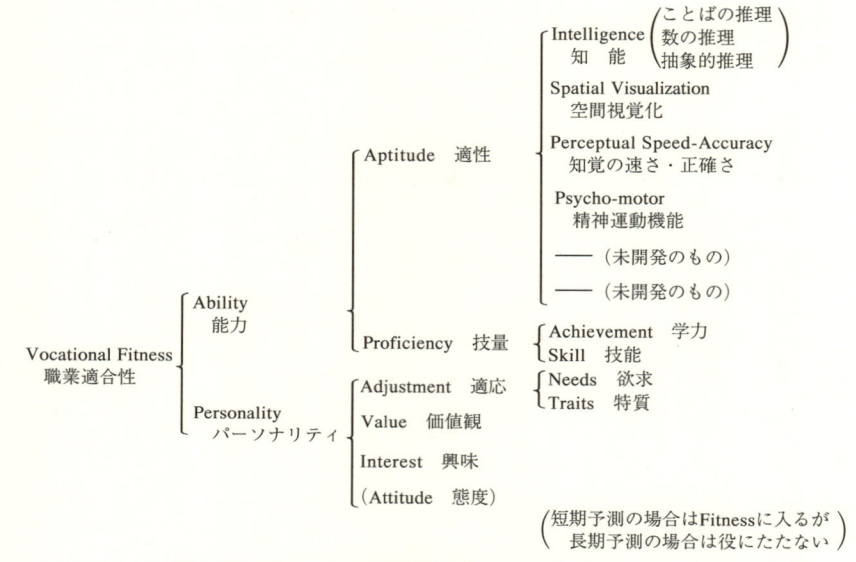

```
                                        ┌ Intelligence  ┌ ことばの推理 ┐
                                        │   知  能     │ 数の推理    │
                                        │              └ 抽象的推理  ┘
                                        │ Spatial Visualization
                                        │   空間視覚化
                               ┌ Aptitude  適性 ┤ Perceptual Speed-Accuracy
                               │              │   知覚の速さ・正確さ
                               │              │ Psycho-motor
                               │              │   精神運動機能
                    ┌ Ability │              ├── （未開発のもの）
                    │  能力   │              └── （未開発のもの）
Vocational Fitness │         └ Proficiency 技量 ┌ Achievement  学力
  職業適合性       │                            └ Skill       技能
                   │         ┌ Adjustment  適応 ┌ Needs   欲求
                   └ Personality              └ Traits  特質
                     パーソナリティ │ Value  価値観
                                   │ Interest 興味
                                   └(Attitude 態度)
                                                 ┌ 短期予測の場合はFitnessに入るが ┐
                                                 └ 長期予測の場合は役にたたない   ┘
```

図3-3　スーパーの職業適合性について（Super, 1969）

が成り立つ根拠として，以下の3点があげられる。

(1) 各人のユニークな心理学的特質によって，人は特定の仕事に最もよく適合する。
(2) 異なる職業に就く人たちは，異なった心理学的特質を有する。
(3) 職業適応は，個人の特質と仕事の要求との一致度によって変化する。

●2　個人差と職業差

人間は，人間性の観点からすべて等しい存在であるが，人間理解という問題からは，人それぞれ異なっていることは認められるところである。

とくに，身体の違い以外に個人の内的な差異，すなわち，嗜好などの興味，性格，能力，また態度など人と人との間で差異が生じる。ここで考える差異は，人間同士，個人間の違いで，これを個人差（Individual Difference）という。

a　個人差（Individual Differrence）について

フランスのビネー（Binet, A., 1905）は，知能には個人によって違いがあるとして，学習を円滑に図るために精神薄弱児の知能の測定を試みた。その後，アメ

リカ合衆国では，スチュワート（Stewart, N., 1947）が，第2次大戦時の兵役選抜で用いられたデーターを分析して知的能力による職業分布表を作成した。

b 職業差（Vocational Difference）について

いま仮に，機械的職業と対人・サービス的職業があるとするならば，機械的職業は電気や数学などの興味・能力が人間側に要求される。一方，対人・サービス的職業は，説得力，言語能力，人間に対する関心の強さが望まれる。これは，職業によってそれぞれが求める必要性能，資格要件が異なることを意味している。したがって，この職業間にみられる差異を職業差という。表3-2には，各職業群の適性能の基準と特定の職業に対する適性が異なっていることが示されている。

●3 さまざまな適性検査

適性は，上記のとらえ方からすると，能力が出発点であるが，今日では，それは職業・仕事の遂行を左右するさまざまな人間側の内的特性とみられる。この内的特性は，能力的適性と非能力的適性の2面をもつ。

a 能力的適性

もっとも基本的なものは，知的能力（知能）であるが，それを測定するテストとして，前述のビネーが医師のシモンの協力を得て作成したビネー式知能検査がある。その後，知能検査はアメリカで飛躍的な発展をみた。サーストン（Thurstone, L. L., 1947）は，因子分析による手法で知能の構造が，言語，語の流暢さ，空間，数，記憶，帰納推理，知覚の7因子で解釈されることを明らかにした。また，ウエクスラー（Wechsler, D., 1939）は，知能の定義を「個人が，目的に合うように行動し，合理的に思考し，自分をとりまく環境を効果的に処理する総合的な能力である」としている。したがって，人間が生きていくための基本的能力で適性のもとになるものである。

具体的な検査としては，個別式検査としてウエクスラーが開発したウエクスラー・ベルビュー成人知能検査がある。彼の知能検査は，WAIS（日本版，1958）やWISC-R（改訂日本版，1978）として公表された。また，集団式でよく使用されているものとして，言語によるA式と図形によるB式の両方を備えた京大NX15-知能検査がある。

次に，知的能力以上に直接職業・仕事に関係する諸能力としては，職業適性検査で検出される適性能力がある。アメリカ合衆国労働省の職業適性検査

表 3 - 2　職業群別適性能基準表（8領域40職業群の一部を掲載）
（労働省職業安定局，1987）

		適　性　能	知的 G	言語 V	数理 N	書記 Q	空間 S	形態 P	共応 K	指先 F	手腕 M
		適性能得点	86	110	122	95	69	75	125	103	128
		加算評価	+10 96	+10 120	+10 132	+10 105	+10 79	+10 85	+10 135	+10 113	+10 138
領域	職　業　群　名		G	V	N	Q	S	P	K	F	M
専門的・技術的職業	A-1 自然科学系の研究の仕事		125		125		100				
	A-2 工学，技術の開発応用の仕事		110		110		100				
	A-3 人文科学系の研究の仕事		125	125	100						
	A-4 診断，治療の仕事		125		125		100				
	A-5 養護，看護，保健医療の仕事		100			90					90
	A-6 相談助言の仕事		110	100	100						
	A-7 法務，財務等の仕事		125	125	100						
	A-8 著述，編集，報道の仕事		110	110		100					
	A-9 教育・指導の仕事		110	110		100					
	A-10 教習，訓練，指導の仕事		100	100		100					
	A-11 デザイン，写真の仕事						90	90			
	A-12 測定，分析の仕事				90		90	90			
事務的職業	C-1 専門企画の仕事		110	100	100						
	C-2 一般事務の仕事		90	90		90					
	C-3 経理，会計の仕事		90		90	100					
	C-4 簡易事務の仕事					75			75		
	C-5 事務機器操作の仕事		75			90			90		
販売の職業	D-1 専門技術的な販売の仕事		110		100		100				
	D-2 販売の仕事		75		75	75					
サービスの職業	E-1 理容，美容の仕事						75	75			75
	E-2 個人サービスの仕事		75		75						
	E-3 介護サービスの仕事		75								75

　（GATB：General Aptitude Test Battery, 1947）をもとにわが国の労働省が公表した労働省編一般職業適性検査（1952年を皮切りに，1983年に進路指導用，1987年に事業所用）では，一般知能，言語能力，数理能力，書記的知覚，空間判断力，形態知覚，運動共応，指先の器用さ，手腕の器用さの9つの適性能力が検出できる。前者7つは，紙筆検査で，後者2つは器具検査で測定される。器具検査の一部は，図3-4に示す。これ以外に，立位の姿勢で検査を受ける手腕の器用さを測定する検査がある。以下，いくつかの適性能について説明を加える。

　一般知能（G：General Intelligence）は，一般的学習能力をさす。すなわち，

図3-4 指先の器用さを測定するエフ・ディーボード
（座位による姿勢）

新しい環境にすみやかに順応する能力，説明・教示，諸原理を理解する能力，推理し，判断したりする能力をいう。

　書記的知覚（Q：Clerical Perception）は，言葉や印刷物，伝票類を細部まで正しく知覚する能力をいう。また，写し違いを見つけ，あるいは校正する能力をさす。

　形態知覚（P：Form Perception）は，実物，あるいは図解されたものを細部まで正しく知覚する能力をさす。

　指先の器用さ（F：Finger Dexterity）は，指を動かしたり，指で小さいものを速く，しかも正確にうまく扱う能力をいう。図3-4に検査の様子を示す。

　なお，短縮版として，GATB-Sがあるが，これは一般知能，言語能力，数理能力および書記的知覚の4つの適性能力を測定する。

　この他に，ある特定の職業や仕事に対する適性をみるテストとして，一般に対する特殊適性検査がある。たとえば，管理者の適性診断のための新管理者適性検査（NMAT）や芸術系のテストとして，音楽能力テストやレワレンツ美術基礎能力テストなどがある。

b 非能力的適性

　能力以外の面は，パーソナリティ（性格），興味，価値観，態度などがある。性格については，よく使われている検査として，抑うつ性，気分の変化，劣等感および神経質の情緒安定の問題から社会的外向までの12の特性を測定する矢田

部・ギルフォード性格検査がある。これは，ギルフォード・ジンマーマン気質検査がもとである。また，エドワード（Edwards, A. L.）が開発したEPPS性格検査（日本版，1970）がある。この検査は，達成から攻撃までの15の性格特性，欲求からその人のパーソナリティを把握するものである。
この他にキャッテル（Cattell, R. B.）の人格理論をもとにした16PF性格検査がある。

　次に，興味については，具体的な検査として，わが国では興味の領域，型および興味の水準の3つの角度から興味を把握する藤原（1986）の職業興味検査がある。また，公表以来かなり広く使用されているテストとして日本労働研究機構のVPI職業興味検査（1985）がある。VPIは，ホランド（Holland, J. L.）が職業興味を把握するために開発したもので，原著はVocational Preference Inventory（1965, 1975, 1978）である。彼は，「類は友を呼ぶ」ということわざから，同じ職業に集まる人たちは，何か共通の独特のパーソナリティをもつとした職業選択理論を提唱した。その考えをもとに，160の具体的な職業を提示した。テストは，それぞれに対する興味・関心の有無を回答させることにより，現実的，研究的，芸術的，社会的，企業的及び慣習的の6つの職業領域に対する個人の興味・関心の強さが測定できる。また，あわせて個人の心理的傾向をも把握できることから，パーソナリティ検査としてみることができる。

　さらに，総合的な適性検査として，SPI適性検査（人事測定研究所）がある。総合検査SPIは人物の特徴を性格・能力の観点から総合的にとらえる。性格的側面としては，①行動的側面，②意欲的側面，③情緒的側面，④性格類型の4側面からなる。

　①行動的側面は，行動として日常表面に表れやすい性格特徴を測定し，社会的内向，内省性，身体活動性，持続性，慎重性の5つの尺度で構成される。また，②意欲的側面は，目標の大きさや活動の機敏性を測定し，達成意欲と活動意欲が含まれる。さらに，③情緒的側面は，行動にあらわれにくい内面的な気持ちの動きを測定し，安定度など行動にあらわれにくい内面の気持ち，動きを測定するが，敏感性，自責性，気分性，独自性，自信性，高揚性からなる。また，ユングのタイプ論をベースとした④性格類型では興味関心の方向，ものの見方，判断のしかた，環境への接し方の計4つの尺度の組み合せにより性格特徴を16タイプに分類する。

これらに加え，能力的側面として，職務遂行能力の基礎となっている言語的，数量的，推理的な基礎能力と，実務上の基礎能力をとらえるバリエーションが提供されている。前者のバリエーションには，比較対象となる母集団の違いにより大卒を対象とするSPI-U，A，B，高校卒のSPI-H，企業人一般用のSPI-Gがある。また，後者のバリエーションには，実務基礎能力を測定するSPI-Rと事務能力を測定するSPI-Nがある。

また，前述のホランドのVPIの姉妹編であるSDSがあるが，これは彼のSelf Directed Search（初版1970, 1977）をもとに日本版としてSDS職業適性自己診断テストという名称で公表されている。

SDSは，興味的側面以外に能力的側面を加味したもので，①仕事に対する活動性，②具体的職業興味，③仕事に対する能力，④自己評価による能力2種の計5つから，現実的から慣習的の6領域の特徴（パーソナリティ・タイプ）をみようとする。

さらに，人間の性格を基本的性格（character basis），対人関係的性格（blannce in human relations）および達成動機的性格（accomplishment motive）の3層のレベルに分けているCAB職務適応テストがある。これ以外に，パーソナリティと職場適応に焦点をあてたDPI職場適応性テストもある。

興味やパーソナリティ以外に非能力的側面としては，価値（観）の問題がある。例えば，社会福祉的職業では，奉仕を重んじ，人のために働くという価値志向が実際の選択，それに続く適応に大きくかかわってくる。

次に，各種適性検査を図3-5に示す。

労働省一般職業適性検査（事業所用）手引（1987）にも記載の通り，結局のところ，個人が職業や仕事を通して個性の発揮，人間性の尊重，自己実現を求めるところに適性の問題が存在する。働きがい，生きがいの視点から，従来の伝統的な経営側による一方的な選択では限界が認められるため，より一層個人の選択を尊重，重視する考え方が，これからの雇用管理のなかで問われてくる。

●4　就職行動について──採用から適応へ

実際の採用，職場配置のなかで，仕事とのかかわりで人間側の問題対象となる要因を整理すると，将来，何ができるかの適性は，唯一，心理検査としての適性検査で個人の所有能力の測定ができる。

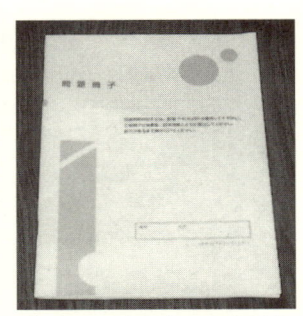

(上図の写真提供：人事測定研究所)

図3-5　各種適性検査

　一方，他の内的要因，外的要因（社会・経済的な内容など）は，すべて面接でもって把握できる。面接以外には，たとえば，学業は学力テスト，専門科目テスト，学校記録でもって，身体能力は体力測定や健康診断書，技能は，実技テスト，作業経験でそれぞれの測定が可能である。興味，価値観および人格標徴は，チェックリスト（評定）と心理検査でもって把握が可能である。

　日本労働研究機構の大卒者に関する研究（1992）では，採用政策・管理の実態について，12社にヒヤリング調査を行っている。

　採用にあたって適性検査を実施している企業（GATB，SPI，パーソナリティ・テストなど）は，12社のうち7社，また内定後に実施は2社みられた。

　面接は，12社すべての企業が行っている。これ以外に，一般常識テスト，専門科目試験，英語試験などの学力テスト，それに作文を3社が実施している。

　面接は，1次から3次まで面接を設定している企業があるが，2次面接までが最も多く，4次面接制をしいているところもある。個別面接は必ず実施されてい

るが，Kデパートのように5名1組の集団面接もある。集団面接は，討議・討論による面接が多い。1次は集団，2次以降個別面接を行う企業もある。

次に，各社共通している面接の内容は，志望動機・理由，大学での専攻，学生時代力を注いだこと，志望企業の魅力，入社後の抱負または自己実現の方法，休日の過ごし方がとりあげられる。

また，面接の評価ポイントとして，表現力，社会性，積極性，堅実性，適応性の5つの視点から5段階で評価し，これらを総合して「5．ぜひ採用したい」から，「1．ぜひ不採用にしたい」までの5段階で，最終は学業成績も含め，合議による判定で採用決定をくだす企業もある。企業によって，応募者がとくにバランス感覚を持ち合わせているか，柔軟な発想と前向きな姿勢があるかが評価のポイントとなる。

さらに，リクルーター制度を設けている企業があるが，OBが自分自身がこの会社を選んだ理由，また，入社後の実際の状況などを説明して，面談のなかから人事部の要請で応募者に人事資料を提出させ，採否の貴重な資料として活用する企業がある。これら12社とは別に，次に，採用の具体例をあげる。

A社（住宅・家電メーカー）の採用実態：応募段階で自己紹介書（専攻，成績，高校，大学でのクラブ活動，趣味・娯楽，長所，短所など）に加え，専攻，卒業研究，もしくは主として勉強した分野についての詳細な記述が求められる。また，入社の志望動機・その理由，入社後やってみたい仕事，それに抱負についても応募者から後述するインターネットWEB公開型で面接前に提出される。

A社の場合は，大卒，大学院終了予定者の応募があったなかでスクリーニングで2001年4月採用者は約20分の1に厳選され，絞り込まれた応募者には適性検査が実施される。それ以降徹底的な面接でさらに2分の1に絞り込まれ人材の確保を図っている。大卒文系学部は，自由応募，理系学部（大学院も含む）は学校推薦を経て人事部で面接による採用試験を実施している。

評価ポイントは，明朗さ，素直さ，忍耐強さ，感受性・感度，企画力・創造力，バイタリテイー，視野，表現力の計8つである。

適性検査は，計数感覚や英語力などの知的能力を測定するほか，努力志向かどうか，柔軟性，エネルギッシュな面があるかどうかなど性格特徴が把握される総合検査である。最終的には応募者ひとりひとりについて，面接者（2次選考）は得られた全ての情報を考慮し，面接所見を記入の上，採用の方向，判定しがたい，

不採用の方向の3段階の線上のなかで判定が求められる。

B社（医薬品製造・販売会社）の採用実態：応募者には採用試験として，まずSPI-Uを実施，スクリーニングののち，営業職は1次面接では，営業所所長に人事部スタッフが入り面接が行われる。次に，2次面接では営業のトップと人事部長でもって面接が実施される。

また，研究・開発職は適性検査に加えて，英語の学力テストを行い，合格者には面接（最終選考）が研究・開発部長，人事部長，必要に応じて当該職務担当課長の3名で実施される。B社の面接のポイントは，以下の通りである。

①打てば響くような受け答えを応募者がしているかどうか，②明るく明瞭に考えていること，感じていることを話しているか，③結論をしっかり述べ，また，それに対する理由も明瞭であるかどうか，④さらに，具体例から面接者に理解してもらえるよう努力しているかなどである。全般的には，協調性，外向性を持ち合わせているかを最重点に応募者の選考を行う。また，仕事内容によって持続性，慎重性を特に求める場合もある。

合否の判定は最終的に，採用したい，したくないの二者択一で面接結果と適性検査（学力テストも含む）でもって協議をし，決定する。大卒者以外の適性検査は，短期大学卒がSPI-N，高校卒がSPI-Hを実施している。

a　民間企業への採用の内定・決定に至るまでの就職活動

　ⅰ　資料請求（エントリー）からセミナー，会社説明会までのフローチャート

民間企業への就職のまず第一歩は，資料請求から始まる。現在大きくは，①ハガキによる資料請求と②インターネットによる資料請求（エントリー）がある。これまでは，ハガキとインターネットの資料請求の割合が2対3ぐらいであったのが，今後インターネットの比率が高まり8割〜9割ぐらいに達するものと思われる。

①のハガキによる資料請求は，就職を希望する学生が希望企業にハガキでもって先方企業の情報を入手する。その場合，文書ルールに則り丁寧に書き，当該企業に関心をもっていることを表すために一言感想や質問を書き添える。

②インターネットからアクセスし，資料請求（エントリー）する方法として，WEB受付型と公開型の2通りがあるが，受付型は志望業界や説明会開催日などのキーワードから自分にあった企業を探せる探索機能を使いエントリーする。

一方，公開型は積極的に自社のホームページから採用活動を行う企業のなかに

は，エントリーする際に質問形式や記述式，選択式などで選考をする形式がある。この形式は，コンピューター上の面接である。

前述のA社の場合は，生年月日や最終出身学校，TOFELなど，持っている資格の個人情報のほか，学生時代に熱中したこと，会社に入ったらどのようなことをしたいか（文理共通）やあなたの人生における最大の決断とその理由（文系のみ）を尋ね，書類審査に使っている。

また，B社も志望する業界の魅力をどのように感じとっているか，どれほど企業研究をしているかなどインターネットで回答を求め書類選考を行っている。

就職活動に役立つホームページでよく利用されているナビゲーションは，リクルートナビが最も多く，次に日経就職ナビや毎日就職ナビが使われている。以下，図3-6でもって流れを追う。

　ⅱ　エントリーシートについて

資料とともに，エントリーシートが送られてくる企業が多くあるが，エントリーシートは，その名の通りENTORY（参加・登録）するための用紙である。志望する企業については，エントリーシートを返送することが，受験の意思表示になる。エントリーシートでよく質問される内容は，自己PR，大学生活の様子，志望動機，入社後のあなた，あなたの生活，職業観，人生観，知的関心度などである。

実際，このシートで何が判断されるのかについては，第一に基礎能力のレベル，第二に入社への熱意，それに次に積極性，将来性，協調性，誠実さなどがみられる。次に，会社訪問，会社説明会，業界セミナーへの出席を通して，応募に必要な書類を整えてのちに採用試験が行われる。

第一関門は，筆記試験（英語，国語，数学などの基礎学力，時事問題）と性格，能力などの適性検査が7割から8割実施され，面接に進む。

　ⅲ　採 用 試 験
(1)　書類選考　　提出された履歴書・自己紹介書によって，求める人物像を照会しながら第一次審査を行う。
(2)　筆記試験　　一般常識，小論文・作文（大学時代にスポットをあてたテーマなど），英語，専門試験，アチーブメントテストなどがある。
(3)　適性試験　　能力測定，パーソナリテイテストを中心とする非能力測定，能力的側面・非能力的側面の両面からなる総合テスト。

(1) WEB受付型
就職情報会社のインターネットサイトに登録し，希望の会社に資料請求・メールエントリーをする方法
（リクルートナビ，日経ナビ，G-WAVE，就職解体新書，登竜門，DIGITAL BLAIN，JOBWEB JAPAN，DCN等）

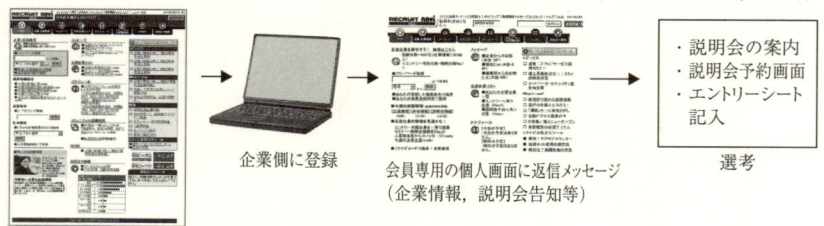

就職情報サイトより企業にアクセス
（会員ID・パスワードを登録）
→ 企業側に登録 → 会員専用の個人画面に返信メッセージ（企業情報，説明会告知等） →
・説明会の案内
・説明会予約画面
・エントリーシート記入
選考

(2) WEB公開型
企業が公開しているホームページに直接接続し，希望の会社に資料請求・メールエントリーする方法

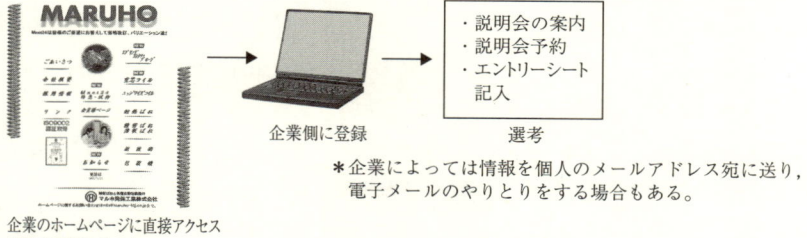

企業のホームページに直接アクセス
（必要事項を入力）
→ 企業側に登録 →
・説明会の案内
・説明会予約
・エントリーシート記入
選考

＊企業によっては情報を個人のメールアドレス宛に送り，電子メールのやりとりをする場合もある。

図3-6　インターネットによる資料請求（エントリー）からセミナー，会社説明会まで

(4) 面接試験　　面接試験は，5つ程度のさまざまな方法がある。
① 個人面接：受験者は一人ずつ3～5名の面接官による面接を受ける。
② 集団面接：5～7名程度の受験者を一同に会し，30分から60分程度の面接を受ける。面接での評価基準を次に示す。
③ 集団討論：一つのテーマについて，5～10名で討議を求められる。最近では，多くの企業で集団による討論・討議による面接試験が実施されている。
④ ディベート：ある論題に対して，肯定派と否定派に分かれて，第三者を説得することを目的として，それぞれの立場から論旨を発表し議論しあう。
⑤ プレゼンテーション：面接官の前で与えられた課題にもとづきグラフ，表，スライド等を利用して発表する。
(5) 健康診断　　健康あっての職業生活であるという視点から厳重に検査が行

われる。

b 公務員への採用の内定・決定に至るまでの就職活動

公務員には，国の業務に従事し府省庁，国会，裁判所などに勤務する「国家公務員」と都道府県や市町村などの地方自治体に勤務する「地方公務員」がある。図3-7に示すようにさまざまな公務員を列挙する。

これ以外に公団や事業団といった公益法人・特殊法人も準公務員として考えてよい。

公務員試験の日程などは，例年4月にそれぞれの試験ごとに公告されるが，多くの試験は5月に受験手続きをし，6月下旬から一次試験が行われる。合格発表は9月～10月頃である。

地方公務員の場合は，11月～12月に合格発表というところもある。

公務員になるには，人事院や各自治体の人事委員会の実施する採用試験に合格しなければならないが，合格の意味は，採用資格が単に得られたに過ぎないことを意味し，それを十分に心得ておく必要がある。

また，国家公務員はⅠ種およびⅡ種に分かれるが，Ⅰ種の仕事の内容は主として本省庁，研究所などに勤務し，高度の専門知識・技術等を必要とする事務・技術研究等にあたる。一次試験は専門と教養，二次試験は専門，総合，人物をみる。採用後は各省庁の係長クラスの管理職員，上級職員等として実務につく。

Ⅱ種は各省庁に勤務する将来の中堅幹部職員をめざした採用試験で，採用当初は各省庁の中級係員として事務や研究・技術等の仕事にあたる。Ⅱ種の一次試験は，専門，教養，それに（論文），二次試験は人物の選考が行われる。Ⅰ種，Ⅱ種とも一次合格発表と二次試験の間に「官庁業務合同説明会」が行われ，その後

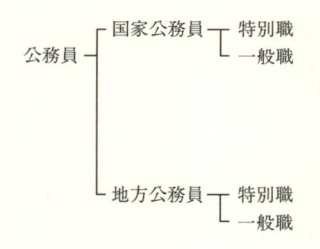

```
公務員 ┬ 国家公務員 ┬ 特別職   大臣，国会議員，防衛庁職員，裁判所事務官，国立国会図書館職員
       │            └ 一般職   行政職職員（国家Ⅰ，Ⅱ，Ⅲ種）
       │                      税務職職員（国税専門官）
       │                      公安職職員（入国警備官，法務教官，皇宮護衛官）
       │                      専門行政職員（航空管制官，特許庁審査官）
       │                      四現業職員（郵政，林野，印刷，造幣）
       └ 地方公務員 ┬ 特別職   都道府県知事，市町村長，議員
                    └ 一般職   都道府県・市町村の職員（上級・中級・初級）
                              教育職（公立学校の先生），警察官（都道府県）
                              消防官（市町村），公立図書館司書，公立博物館学芸員
```

図3-7　さまざまな公務員

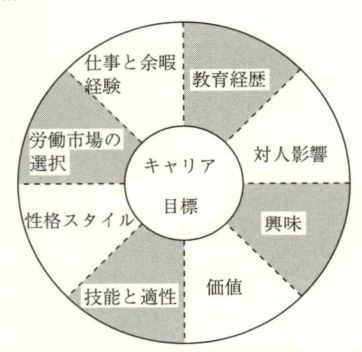

図3-8 キャリアにかかわる対象領域（Amndson, 1995 より作成）

図中：キャリア目標／教育経歴／対人影響／興味／価値／技能と適性／性格スタイル／労働市場の選択／仕事と余暇経験

「官庁訪問」することが必要である。

次に，一人の人間が適性を考慮したうえで，あるいは，されたうえで配置・配属が決まった場合，その人の行動自体はそれ以降の職業適応上に問題が移行する。

職業適応は，個人にかかわる能力と非能力的側面が問題となる。一方，仕事・職業環境からすると能力に対応する形で仕事・職務が要求する所要能力と非能力的側面に対応するそれらを満たす職務・職場環境があり，最終的には個人の職務満足や経営側がとらえる成果で個人の適応行動が動く。実際，入職後に個人があゆむ仕事・職務の影響過程で対象領域となるキャリアにかかわる要因を図3-8からみる。

アムンドソン（Amndson, N., 1995）が考える要因は，全部で8つある。図からして，まず対人影響は後述するように職場の上司がキーパソンである。上司以外は同僚，先輩，後輩，家族および友人があげられる。

興味は，動機づけ，意欲と大いに関連する人の行動の基底となる要因である。また，価値は，人生観，職業観，しいては生き方，あり方と直結する重要な要因である。技能（skill）と適性（aptitude）は，仕事が現在できるか，将来できるかの能力の部分で，対仕事，職業からすると能力を有することが将来につながる。

性格スタイルは，能力とならんで人がもつ内的要因で，パーソナリティ（性格）は重要な要因の一つである。教育経歴は，学校での専攻，専門，受けた教育訓練の種類・内容，学力などである。

さらに，仕事と余暇経験は，入職後の職務経験，また，これまでの余暇の過ごし方，当人にとっての余暇と仕事の関係がキャリアと当然関係が深い。

最後に，労働市場の選択は，外的要因の重要な要因である。とくに，当人がおかれている労働・雇用環境は次へのキャリアに大きな影響力をもつ。

以上，8つの要因がある時はたった一つの要因が将来を左右する場合もあるし，また，場合によって複数の要因が影響力をもつ場合がある。

3節 これからの適性・適応問題

●1　障害者雇用企業の実態と今後
a　障害者雇用企業の具体例

ここでは，家電用電子回路・機能部品の製造会社をとりあげる。

1995年より操業開始，障害者にやさしい工場をめざす立場から，建物部分については，次の点が配慮されている。

(1) すべての出入口には自動ドアーを設置
(2) 手すりの取り付け，車いすに対応する特殊ロッカーの設置
(3) 車いす対応シャワルームの設置
(4) 照明自動点滅センサーの取り付け
(5) 問診，静養，人工透析などに対応する健康管理室の設置
(6) 健常者トイレの2.8倍の広さ，温水洗浄便座，自動水栓の採用

従業員構成として，1999年10月現在49名のうち障害者は，男子19名，女子8名である。障害の内訳は，聴覚障害が男子2名，女子5名，肢体不自由は，男子10名，女子2名，内部障害が，男子1名で1級障害認定者7名，2級16名で，知的障害者B級3名，精神障害者1名である。健常者22名のうち，4名はパートタイマーである。

次に，実際の作業状況について図3-9～3-11より説明を加える。

左側の後ろ向き車椅子の男性は35歳である。以前勤務の会社で営業中，脳血栓で倒れる。その後，機能回復を図ったが上肢と左半身に障害が残り，職場では車椅子が必要。リードのカット作業を行っているが，技能は障害者のなかで低レベルの単純作業なら可能。2級の障害者認定を受けているが，会社の判断は1級レベルとみている。

右側の後ろ向き車椅子の女性は24歳。下肢障害による1級障害者，先天性外班拇指の障害で技能水準は中のレベルである。車椅子は，仕事時にのみ使用，手実装（部品をもってプリント基板に挿入）による作業。

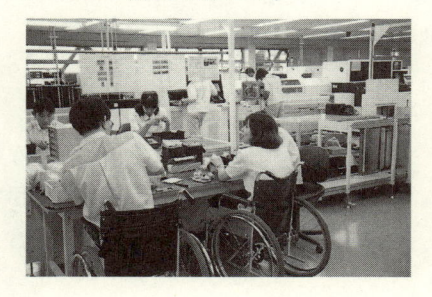

図3-9　オフラインの作業風景

30歳の男性は中途障害により両下肢障害，常時車椅子が必要。障害の等級は1級の認定であるが，技能水準は障害者のなかではトップ水準にある。技能検定で銅賞を受賞。写真は，はんだ検査の修正作業を行っており，リーダーとして活躍。

隣の女性は聴覚障害者で2級の認定。聴覚障害者の場合は上肢，下肢はほとんど問題がなく，手話によるコミュニケーションがうまくいけば，器用さと判断が要求される比較的レベルの高い職務の遂行は可能である。

図3-10　はんだ検査の作業風景

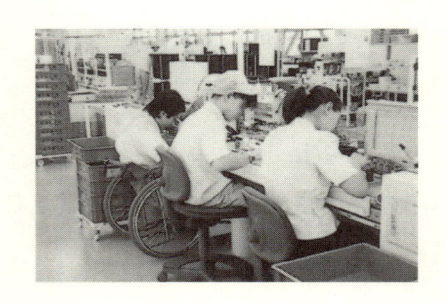

左端の男性は図3-9と同一人物で現在，多能工（一人が複数の仕事をする）として活躍。

中央の男性は脳出血による左上肢機能全廃，左下肢機能障害のため左手は使えないため，片手による作業のみ可能である。また，入社当初は，判断を伴う作業が難しかったが，ピストルタイプのはんだ鏝での訓練により簡単なはんだ作業が出来るようになった。今では，この作業を知ることにより検査など判断を要する作業をおこなうことが少しずつ可能となっている。

右端の女性は健常者。

図3-11　制御ラインの作業風景

b　障害者の適性

障害者福祉工場にみる事例の企業の採用・適性配置について，面接と適性検査としては，実技テストとパーソナリティ・テストが実施された。とくに，実技テストでは，職務内容が手指の細やかな動作が要求されることから，手，指先の器用さを測定するためにピンセットを用い，チップ部品を摘み，定められた枠のなかにおく作業を課している。作業を行うなか，障害者が取り組む仕事は，実際できる人とできない人の幅が広い。上・下肢機能障害者は，部位により職務遂行可能範囲がかなり異なる。たとえば，判断が必要な作業，力が必要な作業の場合，障害部位との対応が問題となる。また，手・指の器用さが要求されるハンダ付け，検査作業は，上肢に著しい障害がある場合は難しい。

また，身体的ハンディからすると職務遂行能力は，健常者より劣る部分もある

が，興味や欲求などの非能力的側面は，やや障害が重くても欲求や興味を中心とした適性は可能性をつなぐ。

聴覚障害者は，判断が要求される検査業務などができる。判断をともなう職務レベルは，比較的高く，ほとんどの聴覚障害者は，多能工として仕事につくことが可能である。当該企業では，20名のうち，12～14名に能力育成として，多能化を計画している。

また，当初計画では操業5年後の1999年には障害者数27名，健常者数27名の会社作りをめざし，重度障害者の全従業員の占める割合を50％以上においていたが，実際99年10月時点で障害者は27名，健常者22名で障害者の雇用割合は，55.1％でほぼ目標通りに推移している。

次に，1986年に日本労働研究機構が障害者就職レディネス・チェックリスト（Employment Readiness Checklist for the Disabled：ERCD）を開発し，公表した。このテストは，視覚，聴覚，上・下肢，運動機能障害者，また知的障害者などに適用が可能である。具体的なチェックリストは，表3-3の通りである。

表から能力面の評価のほかに，就業への意欲，職業生活維持のための項目が含められ，障害をもった人たちが実際の職業・仕事，職場で心理的・行動的条件をどこまで満たしてくれるかが明らかになる。したがって，求められた結果からは，よりよい仕事・職場への到達がはかられねばならないし，健常者と同等の仕事が確保されなければならない。

以上から，障害をもった人たちの職業問題（適性）は，できるだけ多くの職業・仕事への参加（機会の均等化への達成・到達）のなかから，ノーマライゼーションを基底に対処しなければならない。

C　障害者の人材養成，能力開発

単能から多能化（一人の障害者が複数の仕事——技術・能力を用いる——をする）へ，企業としてはこの面の開発に力を注いでいるが，現実には一人でも多くの障害者が多能化の方向を模索している。

たとえば，ハンダ検査ができることは，すなわち，部品取り付けが可能であり，また，外観検査もできるゆえに，多能化が実現する。

ただし，障害の部位，程度により難しい面がある。障害者の適性は，能力より非能力適性の把握に重点をおくべきであると言われている。とくに，能力面では将来何ができるかではなくて，絶対にできないものが何かを押さえることにより，

表3-3　ERCDチェックリスト項目の構成（日本労働研究機構，1987）

領域番号	領域名称	項目番号	項目名称	設定段階数	領域番号	領域名称	項目番号	項目名称	設定段階数
Ⅰ	一般的属性	1	現在の年齢	6	Ⅴ	社会生活や課題の遂行	23	課題の遂行	5*
		2	就業経験	3			24	社会生活の遂行	5*
		3	運転免許	2	Ⅵ	手の機能	25	手指の動作	3*
		4	資格免許	2			26	手指の連動速度	4*
		5	職業訓練	2			27	肩・肘・前腕の動作	3*
Ⅱ	就業への意欲	6	働くことへの関心	5			28	肩・肘・前腕の連動速度	4*
		7	本人の希望する進路	5			29	巧ちd性	3
		8	職業情報の獲得	3			30	上肢の筋力	4
		9	経済生活の見通し	5	Ⅶ	姿勢や持久力	31	姿勢の変化	3*
Ⅲ	職業生活の維持	10	身辺の自立	3			32	持ち上げる力	3*
		11	症状の変化	3			33	座位作業の持続	3
		12	医療措置	3			34	立ち作業の持続	3
		13	医療の自己管理	3	Ⅷ	情報の受容と伝達	35	視覚機能	5
		14	健康の自己管理	3			36	視覚弁別機能	5
		15	体力	4			37	聴覚機能	4
		16	勤務体制	4			38	コミュニケーションの方法	5
		17	本人を取り巻く状況	4			39	書字表現の方法	5
Ⅳ	移動	18	外出	4	Ⅸ	理解と学習能力	40	言語的理解力	5
		19	交通機関の利用	4			41	話す能力	5
		20	平地の移動	6			42	読解力	5
		21	階段昇降	4			43	書く能力	5
		22	歩行技術	3*			44	数的処理能力	5

（注）＊の評定段階は，動作（行動）の特性を示す下位項目の個数で示してある。

時間的にも多少要しても少しでもできるものを適性があるとみるべきである。

また，障害者の適齢期を迎えた結婚問題，障害者自身の高齢化による問題が，今後障害者雇用企業で大きな課題となる。

●2　今日の課題

これまで職業適性としてとりあげられてきた仕事の分野は，製造，営業，事務，研究開発などの分野であった。しかし，前述の通り，サービス業を中心とした労働の分野が急速に伸びている現状から，以下のことを考える必要がある。

とくに，環境的な条件を一定にでき，かつ，相互に環境と個人が影響を与え合うことが少ない場合の適性問題は，比較的容易である。以下，課題を4つとりあげることにする。

(1) 対人間（消費者）との相互作用過程が問題となるサービス業の適性問題は，むしろ，製造・生産職種のこれまでの能力的側面を重視した適性より，興味，態度，意欲，性格などの非能力的側面に焦点を当てることがポイントとなる。

(2) 次に情報化，高度化が進んだ職務の適性も大きな課題である。定型職務と非定型が二極化するなかで適性問題は，この2面を考える必要がある。事務職といわれた職務も情報機器を使用する比率が高まり，その影響で定型的な作業は少なくなり，代わって判断，企画，創造，折衝の所要能力が要求される。したがって，情報化・高度化をともなう職務の適性も当然問題となる。

(3) 採用・適応のところでも指摘した通り，キャリア（職業生活のなかでその人があゆむ過程）形成の大きな枠で適性問題を捉える必要がある。とくに，高いレベルの知識・技能的労働は，養成期間が長期にわたる場合がある。しかし，一方では急速な技術革新が進む。日進月歩の分野であればあるほど，人材の育成との関連性でどのような人間が合うかが問題となる。

(4) 従来の伝統的な特性要因理論（職務と人間——個人の特徴——とのスタティックな組み合せ）にもとづく適性問題は，次の点で見直しを図る必要がある。とりわけ，女性，高齢者，障害者の人たち，男性をも含むすべての人たちにとって，豊かなキャリア実現のために選択と適応に影響を与える要因，環境と内発的動機づけ，それに発達過程を考慮したダイナミックな視点からの職業適性問題を今後考えていくことが課題となる。

● Essay 1 ● 動物－人間－労働・くらしとの接点
―― 犬的要素と猫的要素の二元論

　わが家には，地域ミニコミ誌でもらった牡の子猫「もえぎ」がいる。4月末に家に来たので家内と娘が付けた名前である。もえぎ色の春の時節，これから夏に向かって成長していくことを願っての名前である。筆者は動物であれば，犬が好きである。一方，妻や子どもは大の猫好きである。

　母親代わりの妻は，愛情たっぷりで大事に猫を育てる。そのためか，性格は悪くはない。しかし，猫本来の本能で家の中を自由に，本当に自由気ままに天真爛漫に動いている。前に飼っていた猫（坂本龍馬にちなんで「龍馬」とよんだ）との飼い方の違いは，前の猫は外出が自由であったのに対して（外で野良猫とけんかをし，負傷がもとで病死），この「もえぎ」は朝夕一回，家内がひも付きでどう考えても散歩とはいえない散歩に連れていく。

　さて，猫の行動であるが，動物はよく相手（ひと様）を観察する。犬は，飼い主の顔をみておおむね素直に動く。感情表出を抑えるところに，人間が求める「よい子」「お利口な子」としての一面をかいまみることができる。片や，猫は本来の子どもの姿がある。それは，叱られても叱られても自らの行動を正さない，自由奔放な子どもの姿である。生きていくには，ある面ではこの図々しさ，どん欲さが必要かもしれない。

　最近この猫の行動でおもしろい光景に出くわした。外へは勝手に行けない家飼いによるからか，まだ成猫に至っていない成長過程にあるためか，この子猫，部屋の蛍光灯にぶら下がるひもをめがけ思いっきりジャンプして引っ張る。そのためうまくいくと消すことになる。ある時はつけたり，消したりで成就，達成の感覚を味わっているようでもある。全身を使っての跳躍は，本当に見事である。ここにも無邪気で，しかも果敢に挑戦する動物の姿がある。他方，寝そべる猫の姿があることも決して忘れてはならない。

　そこで，現実の社会をどのように生きていくか，その時に問題になるのが人間（相手も含め自分自身）をどうとらえるかである。本来なら，人間は怠惰で，怠け者か？　逆に，勤勉で善良か？　ここで，ふと孟子の性善説を思い浮かべる。人間は生まれながらにして善を行うべき道徳的本性を有する。したがって，善人である。もし悪人ととらえると全く自己がうかばれない。

　この二元論は，前述の犬，猫の問題と関連する。私たち"人間様の生活"は，猫的体質が全てでは生活そのものが成り立たない。しかし，犬の第一の特質であろう忠実さ，まじめさだけでは幅がなく面白みがない。21世紀を迎えた今日，バランスをとる意味でも時として猫的要素が人間生活に必要であるまいか。これは，現代社会をうまく乗り切る大事なポイントである。この世に生を受けた以上，犬的体質を基本に猫的要素である自らのもてるものを思いっきりぶつけていけたらと思う今日この頃である。

（森下高治）

■4章■
女性労働・家族・企業社会

　人間は働くためだけに生きているのではない。働きもし，遊びもし，さまざまな人と交わりながら，多様な生活を営むのが本来の姿であろう。しかし多くの人がサラリーマン化した企業中心社会では，労働と家族のバランスをとるのが困難になっている。働くことが生活の一部であるはずが，生活の中心になって，生活を支えるはずの家族が背景に後退してしまった。

　男性だけでなく，女性も職場に出ることが多くなったが，男性中心にできあがった企業中心社会で男女格差を解消していく作業は容易ではない。男女雇用機会均等法が施行され，改正されたが，10年余をへていまだ十分に機能しえていない。

　本章では企業社会における家族，そして働く女性が直面している諸問題について考える。

1節 女性労働の特徴

●1 サラリーマン化社会

　1999年度の就業者総数6,462万人のうち，自営業主が754万人，家族従業者が356万人，そして雇用者が5,331万人である（総務庁，1999）。実に82.5％が雇用者ということになる。公務員214万人を除いても約79％が企業に所属するという，まさに現代の日本は企業中心社会というにふさわしい。後述するように，女性の職場進出によって男性の3,215万人に対して，女性は2,116万人が雇用者である。男性だけでなく，女性もまた雇用者として職業生活を送っている（労働省，2000）。

　戦後50年が経つうちに，企業が社会のなかで極端に肥大化し，鎮座してしまった。父親が会社に行き，夕刻には家族が待つ家庭に帰るという伝統的家庭は様変わりした。共働きなど家族そのものも変貌した。生活の中心に家庭があって，そこからそれぞれ会社に出かけていくという構図から，会社が中心にあり，そこへ周辺にある家庭から人々が出かけていく，あるいは会社に生活の中心があり，そこから疲れを癒すためにひととき家庭に帰るという構図に変化したようにみえる。まさに心理学でいうところの中心転換が起こり，職場と家庭についての発想も逆転した。しかも長時間労働と長い通勤時間によって，職業生活が始まってから引退するまでの人生の中心的時期を会社とその途上で過ごすことになる。雇用者の増大した現代社会は，まさにサラリーマン化社会，あるいは会社人間化社会とよぶべきであろう。

　われわれの生活は本来，職場，家庭，社会の三者がバランスを保ちながら存在するのが好ましい。多くの人がそれを望んでいる。しかもこれら3つの場はそれぞれに独自の論理をもっている。経済効率，能率優先の職場の論理では家庭や社会は制御できないし，家庭の論理では職場や社会は制御できない。社会の論理も同様である。しかしサラリーマン化社会では企業が社会の中心に鎮座し，あまりに強力になったために経済効率優先の企業の論理が家庭や社会を支配するようになった。いいかえれば，会社とは一線を画して存立すべき家庭や社会が，企業に従属する格好になった。

　そこでは，たとえば人生の成功，あるいは生きがいは会社のなかにこそある，

会社あってこその私であり家族であるとさえ考えるようになった（1章参照）。会社の繁栄が私の幸福と考える風潮になった。「会社のため」と，「私のため」が同義語になった。会社はどこも同じ色をしているが，家庭はそれぞれに異なった色をもっている。ところが，あらゆるものが会社色に染まってしまったために，同じ色，すなわち画一化された人間が生まれることになった。もともと横並び意識の強い国民性が画一化に拍車をかけた。それは会社に入る前の段階から，大企業めざしての受験戦争を生み出した。しかも高校から中学校，そして小学校と次第に低年齢化した。家庭が大企業をめざして総力戦をする場となった。それは後述するように単身赴任の大きな理由となった。まるで高速道路ではクルマの流れに乗らないと危険であるように，多くの人が同じように，同じ方向に走っているのがサラリーマン化社会である。

● 2　**女性の職場進出**

　経済のソフト化・サービス化は女性の職場進出を促した。雇用者総数に占める女性の割合は39.7%に及んでいる（総務庁，1999）。労働力の女性化（feminization）といわれるゆえんである（竹中ほか，1994）。このように拡大しつつある女性労働であるが，明らかに男性とは異なった特徴をもっている。大淵(1995)はそれを日本的特徴として次の5点にまとめている。
　(1)　家族従業者，パート，アルバイトが多く，家計補助的である。
　(2)　とくに雇用者の場合，景気感応的であり，好不況に左右されやすい。
　(3)　ライフ・サイクルに応じた就業プロフィールをもつ。すなわち年齢別労働力曲線がM字型を描く。
　(4)　とくに有配偶女性の場合，出産と育児を含む家事労働と就業とがトレードオフの関係に立つ。
　(5)　職業選択の幅が狭く，特定の職業に集中する傾向がある。
　もちろんこれらの特徴は相互に関連している。それだけではなく，男性の生き方・働き方，企業の施策，社会のあり方，もっと広くは日本文化とも連動している。たとえば女性の職場進出によって上方にシフトし緩やかになってきたとはいえ，なおも存在するM字型の年齢別労働力曲線を考えてみよう（図4-1）。
　卒業を機に多くの女性が就業する。そのため20〜24歳で労働力率が急上昇し，最初の山を形成する。そして結婚，出産，育児のために退職する。それが30〜34

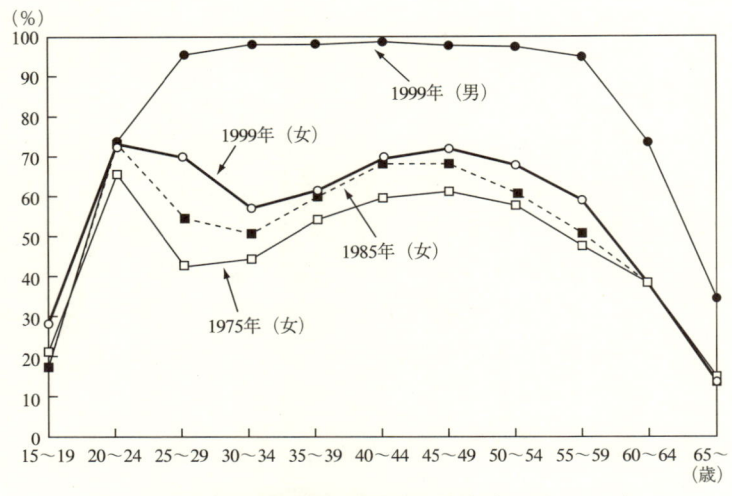

図4-1 男女年齢階級別労働力率の推移（総務庁，1999）

歳で谷を形成することになる。これが家事労働と就業がトレードオフの関係を形成することの意味である。なぜトレードオフの関係になるかは女性自身の考え方もあろうが，「男は仕事，女は家庭」といった従来からの性役割分業の考え方が深くかかわっている。こうした考え方に沿った行動を配偶者，企業，社会がとるために，働き続けたい女性も退職を余儀なくされる。実際，働き続けるだけのソフト・ハード両面の環境整備がいまだ十分ではない。育児休業制度，介護休業制度なども法的整備は進んだが，いずれも問題解決には至っていない。専業主婦に対する年金や税制上の優遇措置なども批判を受けながらなおも有効に機能している。男性の長時間労働も一因である。女性が労働市場から退却し，家事労働を引き受けることで，男性の長時間労働がひき続いて可能になるといった悪循環がある。いずれにせよ，さまざまな要因が絡まってM字型曲線の谷を形成することになる。

　その後，出産・育児を終えた女性が再び労働市場に登場することになるが，それが第二の山を形成する。年齢にして45～49歳である。各種調査によれば，女性が，女性の就業のあり方として望ましいと考えるのは「就職し，結婚や出産などで一時家庭に入るとしても，再び働きに出る」である。実際，女性の再就職意欲は強い。しかし企業が彼女たちを正規労働者として再雇用することは少ない。

日本労働研究機構「女性と仕事に関するアンケート」（1997）によれば，女性自身も再就職時に最も重視するのは，「勤務時間帯の都合がよいこと」（63.9％），「土日に休めること」（46.7％），「仕事内容」（45.0％），「勤務の場所」（25.4％），「休暇が取りやすいこと」（22.7％），「通勤時間が短いこと」（20.8％）であり（重要なものから3つの複数回答），仕事と家庭の両立が優先条件となる。しかしこのような条件を満たす職場を見つけるのは容易でない。その結果，無業者の希望する仕事の形態は，「パート・アルバイトとして働きたい」が62.2％，「正社員として働きたい」が22.0％，「自宅でできる仕事がしたい」が11.8％などとなる。結局，再雇用制度が整備されていない現在，こうした女性の多くはパートタイマー労働市場を形成することになる。パートタイマー問題は女性問題といわれるゆえんである。つまりM字型曲線の第1の山は正規労働者，第2の山は非正規労働者からなる。しかもパートタイマーが準社員化するという企業側の人事管理政策によって景気の調節弁となるのである。パートタイマーを正規労働者化する，いわゆる「オランダモデル」（長坂，2000）は参考になるかもしれないが，いましばらくは他国の話ということになろう。

● 3　男女雇用機会均等法

さて，女性の職場進出にとって，1986年4月に施行された男女雇用機会均等法と1999年4月から施行になった改正男女雇用機会均等法（以下，均等法）は大きな意味をもっている。そのねらいは同法の目的にもあるように，雇用分野での男女の均等な機会および待遇の確保，女性労働者の職業能力の開発および向上，再就職の援助，そして職業生活と家庭生活との調和と女性労働者の福祉の推進と地位の向上を図ることにある。具体的には募集，採用，配置，昇進，教育訓練，福利厚生，定年，退職，解雇などいずれも男女間格差は禁止となった。少なくともこの法律を機に，企業の女性労働に対する発想と施策の転換が必要であるし，男性はもちろんのこと，女性自身の職業意識にも大きな変革が要請されることになった。憲法で保障された男女平等を産業社会でどう実現していくかは今後の重要課題である。

同法はまた，1988年4月から施行された改正労働基準法とも連動している。女性労働との関係では，女性の時間外労働や休日労働，あるいは深夜労働などについても規制が解消された。いわば時間という枠組みにおいても，女性にとって仕

事能力を発揮する場が男性と同等に拡大したことになる。

こうしてスタートした均等法であるが，施行後10年余をふり返ってみて，全般的に決して楽観できる状況ではない。改善されたところも多いが，女性の就業には相かわらず厳しいものがある。たとえばそれは，バブル崩壊後の女性の求職活動の困難さをみればよくわかる。同法施行にともなって導入されたコース別人事管理なども女性労働をいっそうわかりにくくしている。21世紀職業財団「総合職女性の就業実態調査」(2000)によれば，コース別人事管理制度導入企業の総合職のうち，総合職女性は3.5%にすぎない。1企業当たりの総合職552人に対し，わずか19.2人であった。しかも「人事管理面で男女差あり」が女性総合職の60.6%であった。具体的には昇進が49.1%，給与が36.2%，仕事の与え方が32.8%，上司等の評価が20.7%，配置転換が19.0%などであった（複数回答）。もっとも，仕事への満足度では56.5%の総合職女性が満足し，不満は42.1%であった。満足の理由では「職務内容が自分に合っているから」(44.5%)，「やりがいを感じているから」(50.5%)，「職場の人間関係がよいから」(44.5%)，「責任ある仕事を与えてくれるから」(41.5%)などである。いずれにしても均等法の精神が達成されるには，いましばらく時間を要する。女性自身の意識変革はもちろんであるが，男性，企業，そして社会のあり方が変化しなければ，実質的に均等法が成立したとはいいがたい。これまでの男性優位，男性中心の産業社会を変えるには，多面的なアプローチが必要である。

図4-2は女性の活用にあたっての問題点別企業割合（複数回答）である。「家庭責任」「勤続年数」「時間外労働・深夜業」「職業意識」が目立つ。いずれも仕事と家庭の両立にかかわる項目である。

男女格差を生む要因のうち，ここでは女性労働者の勤続年数の短さをとりあげる。図4-3は勤続年数階級別女性労働者構成比の推移を示している。平均勤続年数は男性が13.1年，女性が8.2年で上昇傾向にある。しかし女性の勤続年数の内訳をみると，0年が11.4%，1～2年が19.4%，3～4年が13.8%，5年未満が44.6%（男性29.2%）である。企業側からは女性に責任ある仕事を任せられない，能力開発をしてもすぐに辞めるなどが男女格差の主たる理由のひとつとして指摘されている。男性の3割近くが5年未満で退職しているにもかかわらずである。いずれ辞めるとの予断によって，教育訓練が十分になされないなどの問題も指摘されている。それらが悪循環し，女性のモチベーションを弱める結果にもな

4章　女性労働・家族・企業社会　71

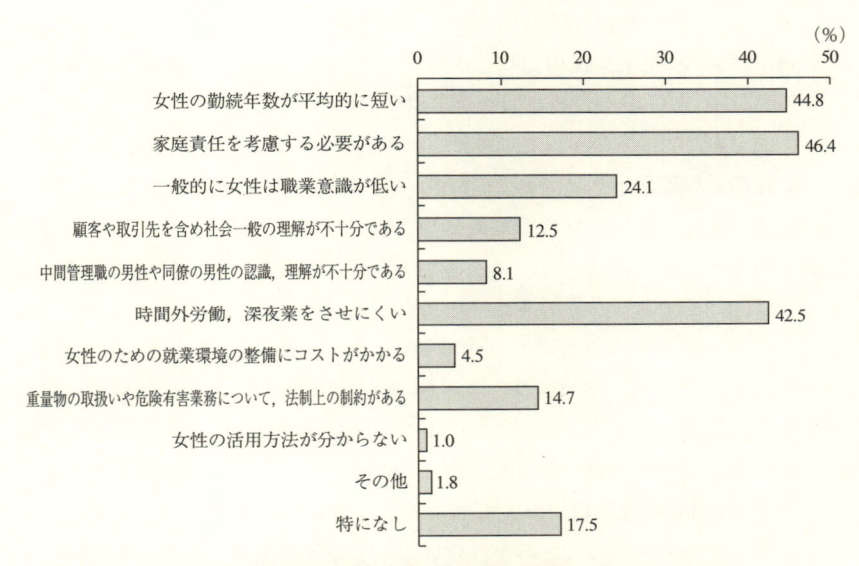

	(%)
女性の勤続年数が平均的に短い	44.8
家庭責任を考慮する必要がある	46.4
一般的に女性は職業意識が低い	24.1
顧客や取引先を含め社会一般の理解が不十分である	12.5
中間管理職の男性や同僚の男性の認識，理解が不十分である	8.1
時間外労働，深夜業をさせにくい	42.5
女性のための就業環境の整備にコストがかかる	4.5
重量物の取扱いや危険有害業務について，法制上の制約がある	14.7
女性の活用方法が分からない	1.0
その他	1.8
特になし	17.5

図4-2　女性の活用の問題点別企業割合（複数回答）（労働省女性局，2000）

勤続年数階級別女性労働者構成比の推移

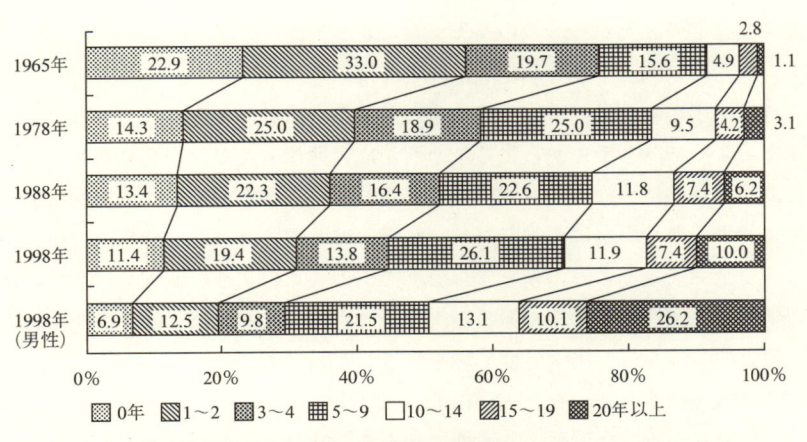

年	0年	1～2	3～4	5～9	10～14	15～19	20年以上
1965年	22.9	33.0	19.7	15.6	4.9	1.1	2.8
1978年	14.3	25.0	18.9	25.0	9.5	4.2	3.1
1988年	13.4	22.3	16.4	22.6	11.8	7.4	6.2
1998年	11.4	19.4	13.8	26.1	11.9	7.4	10.0
1998年（男性）	6.9	12.5	9.8	21.5	13.1	10.1	26.2

図4-3　勤続年数階級別女性労働者構成比の推移（労働省女性局，2000）

っている。たとえば東京女性財団「大卒女性のキャリアパターンと就業環境」（1998）によれば，大卒女性の退職理由は結婚，出産，長い労働時間などを抜いて，「仕事にやりがいがなかった」が第1位であった。

● 4　女性の管理職昇進

その結果が職場における女性管理職の数にもあらわれている。先の21世紀職業財団調査（2000）によれば，コース別雇用管理制度導入企業で女性管理職のいる企業割合は68.8％である。そのうち総合職女性の管理職がいる企業は47.2％であるが，全管理職に占める総合職女性管理職は1.2％にすぎない。職階別には係長相当が40.6％，課長相当が24.7％，部長相当が6.0％である。女性管理職が少ない（1割未満）またはまったくいない理由別企業割合では，「必要な知識や経験，判断力を有する女性が少ない」が51.5％，「勤続年数が短く，役職者になるまでに退職する」が36.9％，「将来就く可能性のある者はいるが，現在，役職に就くための在職年数等を満たしている女性はいない」が36.9％で突出し，次いで「女性が希望しない」（13.3％）である（労働省女性局，2000）。

それではなぜ公式的権限をもった管理的地位に登る女性が少ないのか。ニーバら（Nieva, V. E. *et al.*, 1981）およびグテック（Gutek, B. A., 1993）は低い女性の地位を心理学の立場から，次の4モデルによって説明している。

(1)　個人的欠陥（individual deficit）モデル

これは原因が女性自身の弱点にあると考える。それは生得的あるいは初期の社会化やトレーニングの差から生じ，それが成人期にも及び，かなり永続的である。たとえば，女性は男性よりも情緒的で安定しない，論理的でなく合理性に欠ける，仕事に対する取り組みは真剣でなく，動機づけも弱い，さらに仕事上で挑戦を回避し，安全で快適なことのみを望む等々である。このような個人レベルの説明は心理学的研究が好むところであるが，女性の現実的状況を部分的に説明するだけで，個人的特性を生み出す外的影響を無視しがちである。

(2)　構造—制度（structural-institutional）モデル

これは組織がそこに所属する女性に与える影響と，彼女たちがその状況を自分たちの行動にいかに反映させるかに焦点を合わせている。したがって女性のパーソナリティやモチベーションを原因としてよりも構造の結果と考える。つまり女性の期待や要求が低いのは，ワーク構造が現実的機会を与えないからで，低い要

求水準は基本的に現実への順応的適応の結果である。こうした構造モデルによる問題の分析では，変革のターゲットは組織構造そのものになるがゆえに，既存のシステムを脅かすことになる。

(3) 性役割（sex-role）モデル

これは性別にふさわしい行動や態度の一般的な社会的定義に焦点を合わせる。つまり女性によって示された行動や態度が，一般的な性役割規範によって描かれたものとどの程度一致するか，妻や母親といった女性の役割にふさわしいとされるものとどの程度一致するかである。

多くの問題は，女性がもつ職場外の役割が職場へ不適切に流入することから生じる。その結果，達成者というよりも，養育者とかサポーターといった女性の伝統的定義から派生する期待があてがわれる。たとえこれらの期待が不適切で，業務上の役割遂行を阻害するものであってもである。

(4) 集団間（intergroup）モデル

これは集団としての男性対女性の関係に焦点を合わせる。男女の相互作用は集団間関係のなかで発達するステレオタイプによって特徴づけられる。そこでは集団内の類似性が強調される一方で，集団間の差異が強調される。こうして「男性はすべて高度に動機づけられ，キャリア志向である」というのに対して，「女性はすべて達成に無関心で，要求の少ない断続的な仕事だけを望む」となる。職場では，男性は明らかに「内集団」に，女性は「外集団」に属する。その結果，男性の特性は「よい」規範を形成し，そこから逸脱するものは欠陥として定義されることになる。実際，単に男性から女性へ職業の位置づけが変わるだけで，その職業の望ましさと威信が低下するのである。

‖2節‖ 企業社会と家族

●1 生活時間にみる家族

すでに2章で述べてきたとおり，長時間にわたる職場への拘束は，勤労者の自由時間を否応なく減らす。それに耐えられるのは専業主婦が家事をこなし，子どもと親の面倒をみるという，いわゆる性役割分業の考え方があるからである。しかしこうした伝統的考え方にいつまで耐えられるのだろうか。女性の職場進出によって，専業主婦の役割を担う人が減少しつつある。ただ現在はその過渡期であ

表4-1　家事時間と仕事時間の国際比較（NHK放送文化研究所，1994）

(単位：時間.分)

	家事時間							
	日本	カナダ	アメリカ	イギリス	オランダ	デンマーク	フィンランド	欧米平均
男性有職者	.31	1.39	1.55	2.05	＊	＊	1.54	1.53
女性有職者	3.29	2.54	3.25	3.36	＊	＊	3.24	3.20
専業主婦	7.23	6.08	6.08	＊	＊	4.36	5.15	5.40
女性有職者／男性有職者	6.7	1.8	1.8	1.7	＊	＊	1.8	1.8

	仕事時間							
	日本	カナダ	アメリカ	イギリス	オランダ	デンマーク	フィンランド	欧米平均
男性有職者	7.32	6.19	6.27	5.14	＊	＊	5.39	5.55
女性有職者	5.37	5.20	4.51	3.38	＊	＊	4.21	4.33

るために，働く女性が仕事もし，家庭もみるという二重の役割を果たしているのである。ホックシルド（Hochshild, A., 1989）のいう「セカンドシフト」である。男性はその伝統に寄りかかっているのが現実である。働く男性と女性の家事に費やす時間をみればそのことは一目瞭然である。表4-1はNHK放送文化研究所「生活時間の国際比較」（1994）から家事と仕事時間の比較結果である。家事時間は日本の男性が極端に短く，専業主婦が長い。有職女性はアメリカ，イギリスと似通っている。日本の男性はそのかわり仕事時間が長い。日本の有職女性は仕事でもない，家事でもないという中間に位置する。しかしこれは前述したように，積極的な職場進出意欲とは裏腹に，職場における処遇の男女格差をもたらす原因ともなっている。

　それでは，男性がせめてもう少し家事を引き受け，女性がその時間を仕事にさけば，男女格差が縮小するかといえば，そういう問題でもない。たしかに女性の職業行動はいくらか変化するかもしれないが，それでは企業優先の論理に同調するにすぎない。むしろ，男性が今の働き方を変えて，しかも女性がこれ以上仕事にさく時間を増やさなくても，格差が縮小することが求められる。その意味では直接的には男性に変革が求められている。しかし男性が変革するためのイニシアティブが男性自身よりも企業にあることが多いのが実情である。

● 2　単身赴任にみる労働と家族

　表4-2は日本的雇用制度研究会「日本的雇用制度アンケート調査」（1994）か

表4-2 現在の働き方・生き方（日本的雇用制度研究会，1994）（上段：1994年調査，下段：1985年調査）

(単位：％)

働き方・生き方	はい	いいえ	不明
"会社人間"と言われるような生活をしている	34.7 (30.7)	64.5 (68.4)	0.8 (0.9)
家でも会社の仕事をすることが多い	17.8 (18.7)	81.7 (80.5)	0.5 (0.8)
会社のためなら自分の生活を多少とも犠牲にするのは当たり前だと思う	51.0 (47.0)	48.4 (52.1)	0.6 (0.9)
単身赴任も会社のためならやむを得ないと思う	59.4 (46.8)	39.6 (51.3)	1.0 (1.9)
人一倍努力しても，いい仕事をしたい	82.7 (77.7)	16.5 (20.9)	0.8 (1.4)
仕事だけの人間なんて魅力がないと思う	79.1 (84.0)	20.6 (15.2)	0.3 (0.8)
会社の人や仕事とのつながりを離れて趣味や勉強，社会活動を行っている	56.6 (54.4)	42.8 (44.7)	0.6 (0.9)

ら現在の働き方・生き方の結果である。「仕事だけの人間なんて魅力がない」といいながら，「"会社人間"と言われるような生活をしている」状況である。「会社のためなら自分の生活を多少とも犠牲にするのは当たり前だと思う」は，現実問題としてある程度仕方がないとしても，「単身赴任も会社のためならやむを得ないと思う」が増加傾向にあり，「会社の人や仕事とのつながりを離れて趣味や勉強，社会活動を行っている」にはほとんど変化がない。調査はこの傾向が年齢や職階が上がるにつれて高くなると指摘しているが，1985年の結果と比較して，ますます会社人間化社会へ向かって進んでいるようにみえる。

総理府「今後の新しい働き方に関する調査」（1996）によれば，「やむをえない理由があれば，単身赴任も仕方がない」が有職男性で51.5％，有職女性で47.5％，無職者で48.4％である。一方，「どのような場合でも，家族と共に赴任すべきである」がそれぞれ43.0％，44.9％，45.2％と，先の調査と大差はない。年齢を基準にみれば，「単身赴任も仕方がない」が有職者の20歳代で54.9％，30歳代で51.7％，40歳代で51.9％，50歳代で48.3％，60歳以上で41.5％である。そして「家族と共に赴任すべきである」が同じく20歳代で39.9％，30歳代で43.8％，40歳代で43.0％，50歳代で42.5％，60歳以上で50.1％である。むしろ若年層のほう

がやむをえない理由があれば，単身赴任も仕方がないと考えている。また管理・専門技術職では「仕方がない」が55.6％，「家族と共に」が42.7％で，とくに高いとはいえない。注目すべきは，無職者の主婦が「仕方がない」50.3％，「家族と共に」44.2％であることである。実に主婦の半分がやむをえない理由があれば，家族と共にではなく，家族を残して単身赴任するのも仕方がないと考えているのである。バブル経済の頃を頂点として，単身赴任こそ人権を無視し，家族を分裂させ，ついには家庭崩壊を誘導するものではないかといわれたのにである。「亭主元気で留守がよい」といったCMが話題になったのも不在の夫，不在の父親を揶揄する意味合いがあったが，いまや夫の単身赴任が決して不自然なものではなく，家族のひとつのあり方として社会のなかに定着したかのようである。

ちなみに労働省「賃金労働時間制度等総合調査」(1999)によれば，「転居を必要とする人事異動がある」企業割合は28.1％（1994年；20.2％）で，そのうち「有配偶単身赴任者がいる」が19.1％（同15.9％），実に31万4,100人（同25万4,000人）にのぼる。

それではなぜ単身赴任が社会のなかでこのように認知されるようになったのか。表4-3は，同調査(1996)が「やむをえない理由があれば，家族を残して単身赴任することも仕方がない」と答えた人にその理由をたずねた結果である。これまでいわれてきたように，子どもの教育問題が突出しているが，そのほか「家族に病人がいる」や「同居している親の問題」が目立つ。一方これまでの調査で指摘されてきた「自宅管理のため」はむしろ減少している。たとえば労働問題リサーチセンター「転勤と勤労者生活に関する調査」(1990)によれば，子どもの

表4-3　単身赴任も仕方がないと思う理由（複数回答）（総理府，1996）

	教育学校など子どもの	家族に病人がいる	問題同居している親の	いる配偶者が就労して	転居をいやがる配偶者や子どもが	会社の方針や慣行	ない自宅の管理ができ	その他	わからない
有職者	65.7	33.2	34.0	27.9	23.9	20.1	15.7	0.2	1.8
男性	63.4	29.8	30.9	24.7	25.1	22.7	17.5	0.4	2.3
女性	68.7	37.8	38.2	32.2	22.2	16.6	13.3	—	1.2
無職者	74.3	52.6	40.8	29.4	25.7	15.1	15.1	—	1.1
主婦	79.1	54.9	42.9	27.2	25.3	12.4	15.7	—	0.5

教育・受験が85.1％，次いで持ち家の管理が39.6％，そして老親や病人の介護が23.1％であった．

　先の主婦に注目すれば，教育問題のほか，病人看護や同居する親の問題が浮上する．それは有職女性と比較すればいっそう明らかになる．ここでいう病人とは多くの場合老親だと思われるが，子どもと親の問題が主婦の負担になっていることがわかる．主婦は子どもと親を抱えて，単身赴任もやむをえないと考えているのである．それが望ましいことだとは誰も考えないであろう．しかしやむをえないと考えるしか仕方がないというのが現実である．

　さて，こうしたゆがみにどのように対処してきたのか．従来，企業はそれを単身赴任手当で補ってきた．しかし，はたして手当制度によって労働と家族のバランスはとれるものであろうか．勤労者の側から異議申し立てはほとんどできない．容易に転職できるわけでもない．主婦が「単身赴任も仕方がない」というとき，それが苦渋の選択であることがわかる．労働と家族のバランスがとれなくても仕方がないと，認めようと努力しているかのようである．そこには綱渡りする家庭像がある．

● Essay 2 ● 日米パック旅行比較

　ここ数年，私たち夫婦は，いわゆるパック旅行にはまっている。まさにはまっているという表現がふさわしいと思うのは，手作り派からパック旅行なんてと，軽蔑のまなこで見られてもなんのその，せっせと旅行社から送られてくる広告を検討し続けているからである。きっかけは数年前，1年間の米国滞在時にツアーに参加したことによる。もちろんすんなり決まったわけではない。私たちの言語力ではガイドの説明など半分も理解できず，挙句の果ては集合時間に遅れて置いてきぼりにされるのではないかという悲観論と，説明はわからなくてもバスで連れて回ってくれて，朝夕の食事がついて，一流ホテルの宿泊代を考えたらお買い得ではないか，景色を見ていればそれで十分ではないかという楽観論を繰り返した結果，好奇心のほうが勝ち，思い切ってやってみようということになったのである。結局，1週間程度のバスツアーを3回試みた。帰国後，米国でのツアーの楽しかった思い出が忘れられず，夢よもう一度と，資料あさりを始めた次第である。

　以下，私たちの体験から若干の日米パック旅行比較を試みる。まず共通して感じたのは添乗員の仕事熱心さであった。旅の終わりにはいずれのツアーでもお世話になりましたと頭を下げたくなる。反面，意外に思った共通点は，個人主義といわれる米国でも必ず集合写真を撮ることである。それどころか全員が写真を購入し，写真の裏にこぞって同乗者のサインをねだることである。その理由は以下で明らかになる。なお，撮影の際に日本ならさしずめ「チーズ」というところを，皆で一斉に「セクシー」と叫ぶのも愉快であった。

　相違点は米国では旅の終わりに添乗員には5ドル，運転手には3ドル当に日数をかけたチップを渡すことである。いかにもチップの国らしい。旅行中の違いも大きい。最初のオリエンテーションで全員が自己紹介をし，途中，互いに語り合い，いろんな組み合わせで食事をともにし，旅の終わりには旧知の間柄のようになる。添乗員はホスピタリティに腐心する。しかし日本では親しく話すこともなければ自己紹介することもない。むしろそれを避けて，匿名性を守ろうとする。したがってただ同じバスに乗り合わせただけの関係で旅を終える。また，米国では添乗員はガイドを兼ねるが，日本ではガイドはバス会社からの派遣になっていて，これぞプロという人から，もうしばらく研修を積んだほうがよいのではといいたくなるような人までいる。当たりはずれが激しい。さらに，レストランでは日本のように全員が同じメニューではなく，通常の宿泊客と同様にレギュラーメニューから各自の好みでオーダーをする。もっとも高価な料理ばかり注文しないでほしいという添乗員のお願いには全員が笑ってしまった。

　いずれにしても，私は「高齢化×ゆとり」の行き先のひとつがパック旅行だと考えている。引退後のライフスタイルとして，さらに普及していくように思うのだが，どうだろうか。

（西川一廉）

■5章■
高齢社会の労働と健康

　21世紀に入った。この21世紀は，現在の学生が家庭や社会生活において中心的な役割を担い，そして老年期を迎える世紀にあたる。
　日本は人生80年の時代に入っており，今世紀には，多くの日本人が人類共通の願い"長命"を達成し，"長寿社会"が到来するといわれている。
　本章では，21世紀における労働と健康について，まず高齢者が働くことの意義を経済生活と生きがいや新しい役割から概観する。続いて，労働力の主力であるミドルエイジの生活・労働と健康などについてみ，さらに人生80年時代に人が人として価値ある人生を送るために欠かせない「介護と介護労働」の現況と今後の問題について述べ，明るく稔りのある"長寿社会"づくりを考える資料を提供する。

1節 高齢者の労働と生きがい

　総人口に占める65歳以上の高齢者の割合は，2000年に17％になり，全人口の6分の1を超えた。2001年現在の学生諸氏が社会の中堅になる15年後には全人口の4分の1を超える（25％，3,188万人）と予想されている。2020年には，65〜74歳の前期高齢者が1,668万人，75歳以上の後期高齢者が1,665万人とほぼ同数になり，以後は後期高齢者のほうが多くなる予想がなされている（厚生省，2000）。
　一方，60歳の男性の余命が20年（女性は25年）を超え，定年後の人生は"余生"というにはあまりにも長い期間がある。人生の第3ステージとよばれるこの期間を有意義に過ごすために，高齢者が働き生活することに関し，加齢にともなう心身機能の変化と労働，および余生と生きがいの面からみる。

● 1　加齢と心身機能

　高齢になると，一般に，心身の諸機能が低下し作業能力あるいは職業能力が低下するといわれるが，その実状を各種の資料からみていく。
　まず，人の一生における心身機能の変化のモデルを図5-1によってみると，性機能は20歳から40歳くらいまでは高いが，その後の低下は急である。運動機能は20代をピークに以後は徐々に低下する。代謝機能を同じ体表面積当たりでみると幼児期が最高でその後はやや低下し，成人になると比較的長期間一定を保っている。精神機能については中高年層が高く，特定のものを除けば70歳を過ぎてもさして衰えをみせない。
　次に，各種の機能テストの結果をもとに若年層（20〜24歳）と向老期（55〜59歳）の能力水準を比較したものに図5-2があるが，この図によっても向老期の各種の機能の低下が一様でないことが明らかである。
　これら両図から，最高値が中高年層になる精神機能は，思考や判断あるいは調整や統合

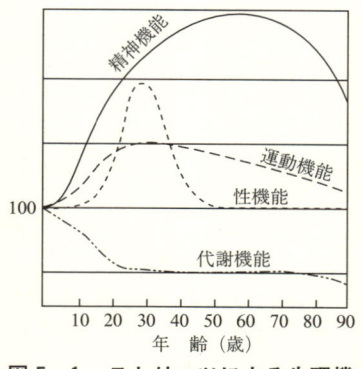

図5-1　ストリッツによる生理機能の年齢的変化のモデル
（沼尻，1983）

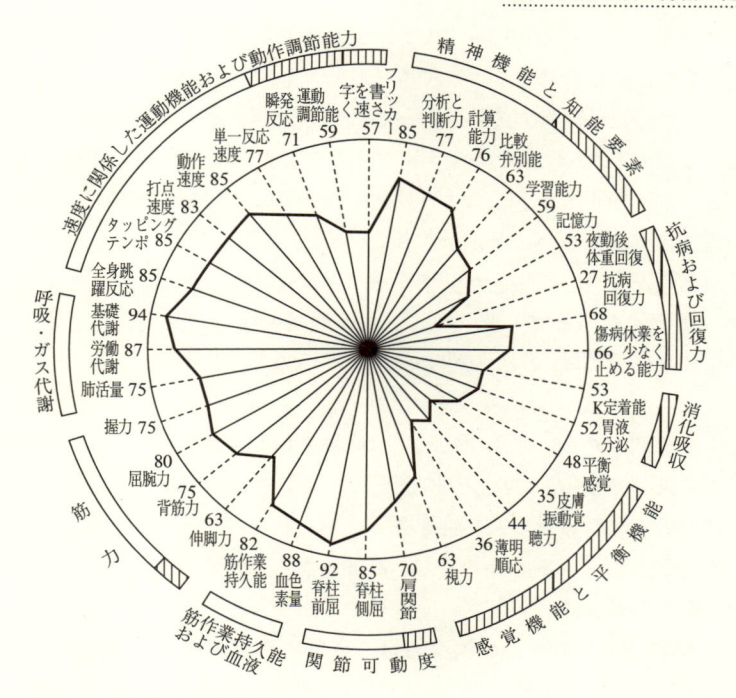

(注) 20～24歳または最高期を100とする。

図5-2　20～24歳ないし最高期を基準としてみた55～59歳の各種機能水準の相対関係（向老者の心身機能の特性）（斉藤ほか，1980）

の能力と考えれば，知識や経験が生かせるから納得がいく。しかし，精神能力を記憶や感覚の能力を中心に考えれば，運動機能に近い経過をたどるのではなかろうか。また思考や判断でも，その速度を問題にすると最高値は若年側に移行すると考えなければならなくなる（石橋，1988）。

また，50歳以上の中高齢者に，日常生活場面で感じる心身能力の低下について自己評価させた調査がある（北川ほか，1983；北川，1991）。この調査は身体面13，精神面12項目から構成されている。「普通に歩くのがつらい」人は50～70歳では10％程度にすぎないものが，75歳以上で30％を超え，「長く歩くことがつらい」「早く歩くことがつらい」「急ぐ時でも走らなくなった」など身体負荷が強くなるほど加齢にともなう増加が多かった。最も顕著にあらわれたのは「とっさの動きが鈍くなった」で，50歳代で男性40％，女性50％程度であったものが，80歳

代で男性70％，女性90％と加齢にともなう影響が明確に示された。加齢にともなう変化が少なかったのは「つかれやすくなった」で，50～80歳以上とも60～70％程度と小さかった。精神面では「とっさの判断が遅くなった」が30％から90％に増加したことが目立ったが，「イライラすることが増えた」は全年齢層とも30～40％と変化が少なかった。このように自己評価によっても，加齢にともなう心身能力の低下は一様でないことが示されている。

加齢にともなって心身機能が低下することは否定できないが，それによって作業能力（職業能力）までも低下するという単純な発想は捨て，高齢者をマンパワーの中核に位置づけ，人生80年の21世紀を活力ある長寿社会にしなければならない。

このような観点から，北川（1983）は高齢者の心身機能の低下と作業能力（職業能力）の関係を表5-1のように整理し，高齢者の長所を生かし弱点が表にあらわれにくい職務再設計の必要性を説いている。それも65～70歳代の人を念頭においたものが求められる。もちろん，高齢になるほど個人差が大になることを忘れてはならないが，それも本人の心がけや訓練によって低下をゆるやかにし，また健康も保持できるので，職場における指導・教育が重要な役割をもっている

表5-1 高齢者の作業能力の正当な評価 (北川，1983)

	心 身 機 能		作 業 能 力
低下大	1. 感覚機能（視・聴力，皮膚） 2. 平衡機能 3. 抗病および回復力 4. 脚筋力 5. 肩関節柔軟性 6. 運動調節能 7. 記憶力 8. 学習能力	不利な点	1. 薄明下作業 2. 夜間作業，夜間勤務 3. 視覚，聴覚に多く頼る作業 4. 高温や低温下での作業 5. 足場不安定な場所での作業 6. 多数の情報を受容し，記銘する作業 7. 瞬時に情報を確認し素早く反応する作業 8. 作業の時間制限，速度に規制がある作業 9. 新しい事態への適応や学習に時間を要す 10. 過去の経験にとらわれやすい
低下小	1. 呼吸・ガス代謝 2. 手，腕，背筋力 3. 筋作業持久能 4. 大脳中枢興奮水準 5. 分析・判断能力 6. 計算能力	有利な点	1. 作業に対する慣熟性 2. 作業の段取りの巧みさ 3. 作業遂行上の応用性 4. 注意の持続とその広さ 5. 情緒の安定性 6. 他人との協調性 7. 仕事に対する責任感 8. 作業意欲の安定性 9. 作業の慎重さと正確さ 10. 統合的な判断力

(北川,1990)。

●2 定年延長と高齢労働者
a 職務再設計

21世紀では,かなりの高年齢の人が,それも多数の人が仕事を続けられることが,経済生活面や健康の保持において,個人としても社会としても大きな意味をもつ。職業生活からの望ましい引退年齢を60歳以上の男性に調査した結果をみる(労働省,2000)と,65歳が42.8%,70～75歳でも37.8%と,高齢者の就労意欲は欧米諸国より高い。その意欲を満たすために,まず定年の65歳への延長が求められるし,さらには,定年制が撤廃されれば,なおよい。それには,今後,高年齢の人たちの雇用範囲の拡大と彼らの働きやすい職場づくりが緊急の課題である。その解決のためには,職務再設計と職場再編成の正しい適用が望まれる。

職務再設計(job redesign)とは,「あらかじめ設定されている職務をそれを担当する人の特性に合わせて設計し直すこと」である。職務そのものは製品を効率よく生産するために組まれた仕事の集まりであったり,事務作業や営業活動などではその業務の目的に合わせて設定されている。これらの職務は組織効率原理にもとづいて構成され,設定されている。これ自体に意味があるが,どんな特性をもった人がそれを担当するかは考慮に入れられていない。

高齢者の場合,先にみたように加齢により心身機能や作業能力に変化が生じ,あらかじめ設定されている職務に適合しない状況がでやすくなる。これはミスや事故につながったり,健康を損ねる人もでてくる。今後ますます増加していく高齢労働者を活用するためには,彼らのもつ優れた能力を活かし,組織活動や生産活動の中心に高齢労働者を置くように職務の再設計や組織の仕組みを変えることが求められる。従来の「人を職務に合わせる」職務設計を,「職務を人に合わせる」よう変更しなければならない(北川,1990;長町,1988)。

これには,仕事をする個々の人間の能力の活用や職務満足という人間側の要求と,組織活動や生産性を低下させないという組織側の要求をうまく合わせることが前提となる。その中心になるのは,高齢者の知識・経験や判断力の活用である。そのうえで,高齢者の不利な点(表5-1参照)がストレートにあらわれないように若・壮年者がバックアップしたり,機械や新技術を組み込んだシステムに変えることが眼目となろう。多くの高年齢者が,安全で健康な職業生活を送れるよ

う，緊急にあらゆる業種でこれらを始めることが求められる。このような職務再設計は，若・壮年の男女労働者の職業生活や家庭生活にとってもよいことは明らかである。

b 職場再編成

　この職務再設計には，当然のことながら職場組織の再編成がともなってくる。国際化・24時間社会化が進行するなか，日本では所定外労働時間が他国にくらべてまだまだ長い。これが若・壮年者に負わされ，日常生活の心身のゆとりを失わせ，その結果，労働災害や交通事故が増えたり，中年になって過労死や突然死をもたらす一因となっている。これらの年齢層の負担を減らし，高齢者の就業機会を多くするために1日24時間，1年365日の労働時間をあらゆる年齢層の男女が分けあって働くタイムシェアリングや，各年齢層の男女でそれぞれの個人の特性に合わせて仕事を分担するワークシェアリングによって，職場組織の再編成も行われなければならない。若・壮・中・高・老年の男女を，それぞれの年齢層と個々人の特性を考慮して組み合わせると組織がよりよく機能する。

　読者諸氏には，ご自分の家庭の家政を例に職務再設計と職場再編成について考えてみてほしい。両親や祖父母が安全・快適に生活するためには，炊事（献立，買い物，調理，配膳，片づけ），洗濯（洗う，干す，取り入れる，収納する），掃除（低い所；床拭き，高い所；窓，換気扇）などをどのように分担すればよいか，室内（作業場）をどのように改善すればよいかなどを考えてみてほしい。これらの各作業は，各々専門の職業があるものばかりである。

c 情報機器の活用

　職務再設計や職場再編成にあたって，近年の高度情報化や将来さらに発展すると考えられる高度情報通信システムなどの活用を考えれば，高齢者の活躍できる場も増えよう。体力が低下しても，精神機能は高年齢まで維持されている。同一人を10年間にわたって調べた知能検査（WAIS）の結果では，精神機能の中心である頭脳のはたらきは，向上する傾向すらみられる。図書館の書物の検索サービスなど，キー操作によって行える各種の情報検索などの仕事を担当してもらえよう。また，毎日のように通勤しなくても，自宅でできる仕事を受けもってもらうホーム・オフィスも考えられる。地方都市にいても，大都市の会社などの仕事を請け負える。地方から大都市へ出て高度な経験をもった人が，Uターンしやすくなろう。雇用側にとっても，大都市より給与ベースが低くてすむメリットもあろ

う．さらに，地価の安い地方都市で若年男女も雇用する施設を作れば，さまざまな年代の人のいる人間社会にふさわしい職場を形成できよう．

● 3　余生と生きがい
a　人生の第3ステージ

　人はそれぞれ，何らかの目標をもって毎日を生活している．学生は，近未来に仕事についたときのことを念頭において，勉学やスポーツに励んだり，またアルバイトをしたりしている．勤労者男女は，会社などのためによい仕事をし，業績を上げようと，超過勤務もしてがんばっている．主婦も，夫や子どもが健康で仕事や勉学などができるよう家事に精を出し，また家計を助けるためにパートなどで働いたりしている．

　しかし，勤労者が退職すると毎日が日曜日となり，家族から"粗大ゴミ"などといわれる状態に陥る．専業主婦は，子どもが成人して家を巣立っていくと，それまでの日課が減り，生活の張り合いを失ってしまいがちである．

　60歳の平均余命が男性が20年，女性は25年を超え，"余生"というにはあまりにも長い期間があり，この期間を"人生の第3ステージ"とよんでいる．その期間を有意義に過ごすために，新しい生きがいづくりが重要になってくる．「かい」は「値打ち」を意味するが，この世に生まれてきた値打ち，生きる値打ちのある"人生の第3ステージ"をどう築いていくかが，老後を豊かにしてくれるカギを握っている．

　それには，時間の増えた「余暇の過ごし方」が重要になってくる．高齢者の余暇の過ごし方の第1位は「ラジオ・テレビなどの見聞きや団らん」であり，「友人らとの交際」「宿泊旅行」そして「趣味・娯楽」が続く．より高齢になるとラジオ・テレビで費やす時間が多くなる．しかし，家に閉じこもっていると足腰が弱るし，日常生活そのものも消極的になりがちである．元気なうちに活動的に自由時間を過ごすことは，病気の予防にもつながる．

　"働く"ということは，人間存在の根幹をなす行為といわれるが，その内容は，有償労働だけに限らない．無償であっても人の役に立っているとか，何か自分に役割があることが，人が生きていくうえで大きな意味をもつ．"趣味"を通して人とつきあい，自ら得たものを他へ伝えたり発表することも重要である．これをしていれば気が休まるものや熱中できるものがよい．上手下手ではない．そのよ

うな"趣味"を中年期から身につけておく心がけが，老年期の生活を豊かにしてくれる．学生のうちから心がけておくとなおよい．

b　シルバー人材センター

高・老年期の経済的な自立を助け，人の役に立つ充実した生活を送るために，シルバー人材センターに加入することが勧められる．

表5-2にシルバー人材センターで取り扱う仕事の例を示したが，シルバー人材センターは，1986（昭和61）年に「高年齢者雇用安定法」で，高齢者の雇用就業対策の重要な柱として位置づけられた．1市町村1団体が原則で，会員は原則として60歳以上の健康な高齢者であり，地域に密着した臨時，短期的な仕事を，家庭，民間事業所，官公庁などから有償で引き受け，これを会員に提供し，仕事の内容と就業の実績に応じて報酬を支払う仕組みになっている．

全国の団体数・会員数・契約金額の推移をみると，団体数は1986（昭和61）年に290であったものが1998（平成10）年に1,328へ4.6倍増，会員数が14.2万人から53.9万人と3.8倍に，契約金額は357億円から1,964億円へと5.5倍に伸びている（全国シルバー人材センター協会，1995；労働省，2000）．受注件数では，単純作業と技術・技能で全体の7割を超えている．21世紀の長寿社会において，シルバー人材センターが高齢者の新しい役割の創造と生活維持に，その存在を高めるために，新たな仕事内容の開発が求められる．そのためには，ホワイトカラー退職者の経験が生かせる仕事の開発，たとえば経理事務などに情報機器・マルチメディアを活用することなどが考えられる．ただし，センターは作業に関する教育を丁寧に行うとともに，通勤時を含む事故防止の教育を忘れてはならないし，作

表5-2　シルバー人材センターで取り扱う仕事の例（若林，1990）

	職　種	仕　事　の　例
1	専門技術	校正，翻訳，タイプ，トレース，毛筆・筆耕の指導等
2	事務整理	書類清書，宛名書き，一般事務，名簿・台帳の整理，伝票整理，書類・図書の整理
3	管理監視	公園管理，駐車場管理，自転車置場管理，跡地管理，校庭管理等
4	折衝外交	外交，集金，配達，店番，入場券販売，パンフレット配布，調査票集計等
5	技　能	植木手入れ，障子・襖張り，簡単な大工，機械修理，洋裁・和裁等
6	軽作業	清掃，除草，樹木消毒，ゴミ処理，梱包，包装，皿洗い，ガラス拭き等
7	サービス	留守番，家事手伝い，老人の話し相手，観光案内業務，広報物の配布，公共施設の受付等

業者側も心身能力を過信せず，健康管理と安全配慮を十分にすべきである（北川，1990；1992）。

‖2節‖ ミドルエイジの生活・労働と健康

　中年期の過ごし方が，その後の高・老年期の生活と健康を左右することが，これまでの諸研究で明らかになっている。中年の人もさることながら，若い学生諸氏にとっては，21世紀の長寿社会で人生の4分の3を過ごすわけであるから，より重要な課題である。本節では，中年期の勤労者男女にかかわる問題として，人生80年の長寿社会におけるミドルエイジの位置づけと健康づくり，さらに老親介護にかかわる問題について概観する。

●1　長寿社会におけるミドルエイジの位置づけ
a　人生の第3ステージへの準備期
　人生80年の時代になり，40歳が人生の半ば，折り返し点にあたる。50代は仕事などの仕上げの時期になってくる。ところが40代や50代の中年期は，職場や家庭の間で板ばさみの状態におかれている。職場では中間管理職や管理職として上司と部下の間に挟まれて苦労し，家庭では父親・母親として進学や就職する子どもに接しつつ，子離れしなければならない。夫婦の関係も50代後半には，いずれ2人で暮らすことになる準備が必要となってくる。さらに，老親の扶養や介護をする夫婦もある。中年期はこのようにきわめて難しい年代にあたる。
　しかも，60歳で退職してもその後の人生に，"人生の第3ステージ"ともよばれる長い期間がある。中年期は，その"第3ステージ"に向けての「人生設計」をたてる大きな課題がある。

b　生活習慣病の年代
　中年期は，一方で，生活習慣病（以前の成人病）が発現しやすい年代で，40歳前後から急に死亡率が高くなる。図5-3に示したように，がん，心臓病，そして脳卒中という病気が，近年，死因別の死亡率上位を占めている。また，医療機関の外来の受療率では，高血圧者が人口10万人当たり564で，損傷および中毒の254よりはるかに多い（生活習慣病予防研究会，2000）。高血圧は，生活習慣病のうち循環器疾患の最大の危険要因であり，その根本には図5-4の左欄にみられ

(資料出所) 厚生省「人口動態統計」

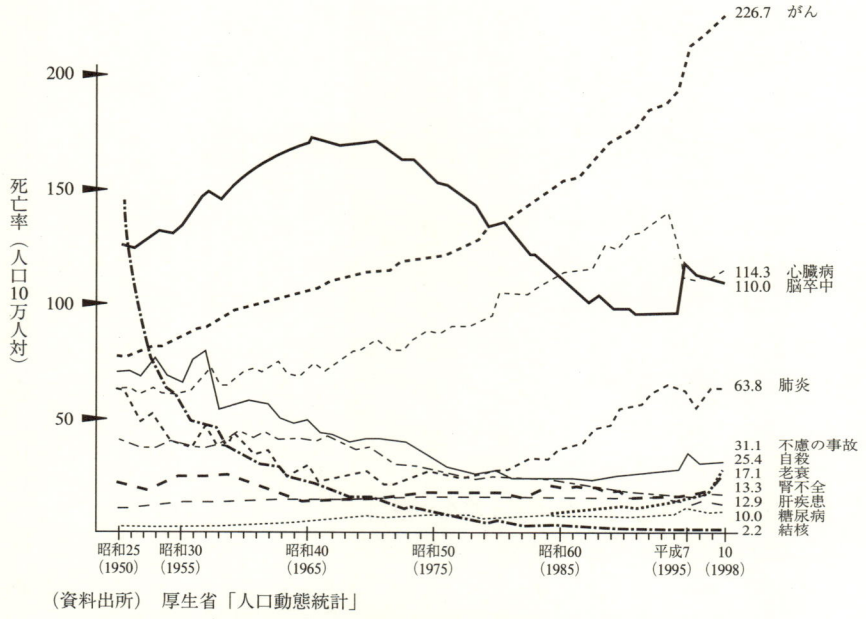

図5-3　主要死因別の死亡率の推移（生活習慣病予防研究会，2000）

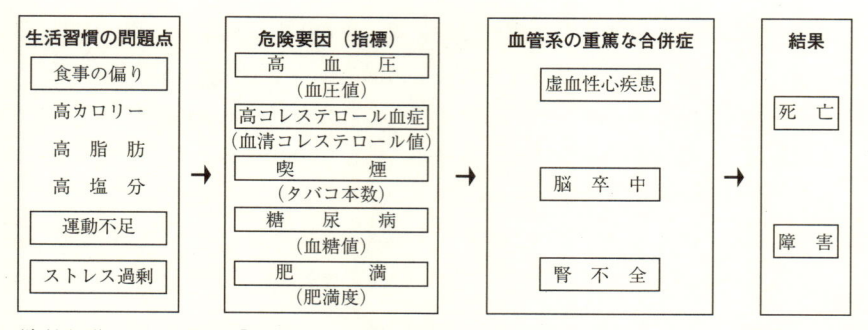

(資料出所) 日本心臓財団『21世紀への心臓病予防戦略』

図5-4　循環器疾患のリスクファクター（厚生省保健医療局疾病対策課，1996）

るように，食事の偏り，運動の不足，ストレス過剰，さらには休養・睡眠の不足といった日常の生活習慣がある。肥満についても同様である。近年，高血圧症や病的な肥満が学齢期の子どもをはじめ低年齢層にも広がっている。

ところが，図5-4に示されている生活習慣は，飽食の時代といわれ，また戦

後の工業化・機械化による運動不足, さらには24時間社会, 高学歴社会, 管理社会, ストレス社会といわれている現代日本社会では陥りやすいものであり, 子どもから40代や50代のミドルエイジ, さらには高齢者まで, 日常生活を受け身で過ごしていては"生活習慣病"の危険要因をすべて背負うことになる(北川, 1997)。

● 2　健康な生活習慣づくり

a　"からだ"の若さと"こころ"の若さ

　ミドルエイジのうち40代は年齢的にも衰えを感じ始める時期で, 意志が働いても"からだ"のほうが遅れて「どっこいしょ」といった調子で, 「からだがついてこない！」状態が生じがちである。そこで, からだを動かすために精神的エネルギー（意志力・意欲）が必要となり, そのため動くのがおっくうになって"からだの老化"が早まる。人によっては, 30代後半から始まる。50代はそれをいやでも認めざるをえない状況が増え, 無理に"からだ"にムチ打つと, "からだ"を壊してしまう。つまり, それまでの20代後半から30代では, 何かをする"意志"をもつと"からだ"は即座にスイーと動いた心身一如の状態が, 40代以降はそうはいかなくなってくる。このように"こころ"と"からだ"の関係が離れると, "からだ"を動かすのに努力が必要となる。そうすると動こうという"意欲"が抑えられてしまい, "こころ"は若さを失い老化が進む。"こころ"の老化は"からだ"の老化をさらに助長し, 老化が加速する。したがって, 「からだの鍛錬」をすることが, 「こころの若さの保持」にもつながってくる。

b　老化を防ぐためのコンディショニング

　このような老化の加速を防ぐためには, "こころ"と"からだ"の関係がまったく離れてしまわないように, 日頃から"からだ"のコンディションを整えておくことがきわめて大切になる。それによって, "からだ"が"こころの働き"に応じてスイーと動いてくれるようになる。

　そのためには歩くことと体操することを怠らないことである。まず, 日常生活でマメに動くこと。急に思い立ってジョギングなどの強い運動をすると"からだ"を壊してしまう。筋肉を強く痛めたり, 心臓発作を起こすこともある。心臓のドキドキを少し感じ, 呼吸も少しハァーハァーする程度の歩行から始め, まず1日7,000歩を1カ月くらい, そして1万歩へとのばす。通勤や買い物時など早足で歩き, エスカレータやエレベータは使わない生活の活動化を心がけることで

ある。これは"からだ"のコンディショニングとしてだけでなく，高血圧・肥満・動脈硬化・心筋梗塞の予防にもつながり，からだに障害のない老後生活につながる。運動量の目安は，60歳代では1分間の心拍数が110拍ぐらいの運動を1週間合計で150分くらい行うことである。大学生は，180拍を超えるやや強いスポーツを週1～2回は行うべきである。また，さまざまな関節や筋を伸ばすストレッチング体操を，入浴前や後に実行し，関節の動く範囲を広げてケガをしにくい"からだ"づくりをすることも必要である。これは日常生活を安全に過ごすことにつながる。

これらは大学生も60歳以上の人も，自分の身体状態に合わせて続けることである。複雑な総合体である人のからだは，他の動物や機械以上に，常に使っていないとイザというときに調子がでない。使わないと機能が退化（老化）していく。意欲をもって"こころ"と"からだ"の両方を使う"努力"を続け，生活を活動化して，軽くて楽しい運動につなげれば，高年期を稔りあるものにできよう。生活の活動化と運動の日常化は，地域社会の催しに積極的に参加することで広がる。職場とは違う人間関係ができ，退職後の"からだ"と"こころ"の若さ保持の基盤ができる。ボランティア活動への参加も老年期に向けて意義がある。

C ストレス解消と生きがいづくりの開始

家庭でも仕事においても最も環境変化の大きいミドルエイジは，精神ストレスを強く受ける時期であり，近年，中高年の自殺者が増加傾向にある。ストレスにうまく対処することが求められるが，詳しくは6章に述べられているので，ここでは老年期につながる生きがいづくりとストレス解消についてふれておく。

何かひとつのことに熱中すると，他のことを忘れてしまう。運動することによってストレスが解消されるが，趣味的なもの，あるいはこれをしていれば気が休まるものをミドルエイジのうちに見つけ，身につくよう心がけることである。上手下手よりも"熱中し，気が休まるもの"である。自分ひとりでするものに加えて，人と一緒にするものも見つけるべきである。それらも知識や技術の習得（情報収集）に終わらず，世間に向けて発表（発信）すれば，それが励みになり，老年期の生きがいにつながる。

●3 老親の介護

ミドルエイジは，夫婦や子どものこと，あるいは仕事のことのほかにも老親の

扶養や介護の問題が加わってくる。1988年の調査結果であるが，35歳以上で親を扶養している男性労働者の4割近く，女性労働者の3割が過去5年間に1カ月以上の介護の経験があったと回答している（若林，1990）。この頃から中高年労働者にとって，すでに老親介護の問題が大きなウエイトを占め始めていた。当時，介護を行っていたのはその92％が女性であり，その中心介護者で「仕事をしていた」人のうち，介護のために「仕事をやめた」が23.8％，「勤務時間を短縮・変更してもらった」が6.9％，そして3.7％が「仕事（勤務先）を変えた」であり，その他を合わせて43.9％の人が介護のために仕事をやめたり，勤務先を変えたりしている。1998年の調査結果でも大差はなかった（経済企画庁，1999）。

同居の有無にかかわらず介護の中心は，嫁や娘である。近年は女性労働者の比率も高まっているので，ミドルエイジにおける老親の援護や介護の問題は，ますますウエイトが大きくなっている。週末ごとに夜行列車で遠隔地の老親の介護に通う女性労働者の例や，新幹線や飛行機を使って通うケースも増えており，なかには飛行機代で200万円も使ったケースも報告されている（山脇，1994）。老親の病状にもよるが，心身とも休まらないケースが多い。男性労働者の場合は，中間管理職あるいは管理職であることが多く，自分の親の介護を妻に委ねざるをえない現状にある。さらに国際化によって，病状に変化が起こったときにすぐに帰国できないケースも増えている。海外出張や海外勤務を受け入れず，親の介護にかかわるケースもみられる。

1999（平成11）年4月に「育児・介護休業法（育児休業，介護休業等育児又は家族介護を行う労働者の福祉に関する法律）」が施行され，それまで企業の努力義務であった育児・介護休業が制度化された。法制化前の1996年の調査によると，介護を主に行った20～59歳の男性のうち「介護休業制度を利用した」人は15％にすぎず，「年次有給休暇を利用した」人が45％であった。同年齢層の女性では，38％と43％で，やはり「年次有給休暇を利用した」人のほうが多かった（経済企画庁，1999）。しかし，今後，勤労者は気兼ねなくこの制度を活用できる。企業はこの制度をどのように運用するかが今後の課題であり，企業の存続のカギを握っているといっても過言ではなかろう。

また，育児・介護休業制度を利用して家庭で老親を介護する際にも，市町村が運営主体である介護保険制度を利用し，家族がつきっきりでなく，心身の負担を軽くし，ゆとりをもって介護にあたることも考えるべきであろう。

表5-3　高齢者保健福祉サービスの概要（厚生省，2000より作成）

	サービスの種類	サービスの概要
在宅サービス	訪問介護 （ホームヘルプサービス）	居宅で介護福祉士等が，入浴・排泄・食事等の介護や家事サービス等日常生活上の世話を行う
	通所介護／通所リハビリ （デイサービス／デイケア）	送迎用バス等で通所介護施設（デイサービスセンター）に通う高齢者に，入浴，食事，健康診査を行い，日常動作訓練等を理学療法士や作業療法士が行う
	短期入所生活介護 （ショートステイ）	寝たきり老人等の介護者に代わって，介護老人保健施設等で入浴・排泄・食事等の介護やその他の日常生活上の世話と機能訓練を行う
	老人訪問看護ステーション	在宅の寝たきり老人等に対し，かかりつけの医師の指示に基づき，看護サービスを行う
	痴呆対応型共同生活介護 （痴呆性老人ホーム）	比較的安定状態にある痴呆の要介護者に，痴呆性老人ホームで，入浴・排泄・食事等の介護とその他の日常生活上の世話と機能訓練を行う
	福祉用具貸与	日常生活上の便宜を図る用具や機能訓練のための用具で，日常生活上の自立を助けるもの（厚生大臣が定めるもの）の貸与
施設サービス	介護老人福祉施設	常時介護が必要で，家庭での生活が困難な高齢者のための福祉施設
	介護老人保健施設	病状安定期にあり，入院治療をする必要はないが，リハビリテーションや看護・介護を必要とする要介護者の施設
	介護利用型軽費老人ホーム （ケアハウス）	車いすや訪問介護員（ホームヘルパー）等を活用し，自立した生活を継続できるよう工夫された新しい軽費老人ホーム
	高齢者生活福祉センター	過疎地などで介護支援，安心できる住まい，地域住民との交流の機能を総合的に備えた小規模な複合施設

　育児・介護休業法や介護保険法はスタートしたばかりで，まだ十分にその機能を発揮していない。学生諸氏は，企業におけるこれらの制度の運用がどうあるべきか，これまでの資料を参考に考えてほしい。
　介護保険法による主な介護サービスと内容を，表5-3に示しておく。

‖3節‖ 介護と介護労働

　21世紀は人口の高齢化がますます進展する。65歳以上の高齢者が増加し，そのうち75歳以上の後期高齢者の増加が大きい。元気な高齢者が増える一方，介護を必要とする高齢者のさらなる高齢化・障害の重度化と，痴呆性化が心配される。
　それらの要介護者を国民皆で支えあう介護保険法がスタートした。半年経った2000年9月現在，利用者からも介護にかかわる労働者からも，以前の措置制度時

にくらべとまどいとさまざまな不満が出ている。介護保険制度における要介護認定と要支援認定の理念である"自立支援"の早期の標準化が望まれる。

本節では，まず，介護の基本である「寝たきりゼロへの10か条」をみる。家庭介護でも実践してほしいことである。続いて，介護労働の内容と介護労働者の心身の負担の現状についてみ，その軽減策を考えてみることにする。

●1　介護の基本──寝たきりをゼロに

前節末でミドルエイジと老親介護の問題を少し述べたが，高・老年期になると，風邪をひいて3～4日寝込むとそのまま自宅で「寝たきり」になってしまうケースがある。脚を骨折して1カ月以上も療養するとなおさら「寝たきり」になりやすい。ここでは「寝たきり」にならず，もとの生活に戻るための「介護の心得や対応法」についてみる。学生諸氏も，祖父母や両親を「寝たきり」にしてしまわないように，十分に心得ておいてほしい。

寝たきりの原因となる疾患の第1位は脳卒中で約37％である。ただし，東北や北越地方では50％と高い。第2位は老衰で20％を超える。第3位は骨折で約10％である。したがって，脳卒中と骨折が寝たきりの原因の約半分を占めることになる。この2つの病気を減らすことが寝たきり予防の第一歩である。

これらには，前節でみたミドルエイジからの健康な生活習慣づくりが関係する。女性は閉経期前から骨折しやすくなるので，20代後半から，骨量を増やす乳製品などカルシウム食品の摂取習慣をつけ，適度な運動をし，日光に当たることも忘れないことである。

これまで日本では，「年をとれば寝たきりになるのは仕方のないこと」「脳卒中にかかれば寝たきりは避けられないもの」という考えが根強くあった。しかし，寝たきりのかなりの部分は適切な訓練（リハビリ）と介護によって十分予防できることが，医療・福祉の研究と実践から確認されてきた。そして，平成2年度にスタートした「高齢者保健福祉推進十か年戦略」（ゴールドプラン）の重要な柱のひとつとして，「ねたきり老人ゼロ作戦」が策定され，寝たきり予防の啓発活動が進められてきた（厚生省保健医療局疾病対策課，1995）。

「ゼロ作戦」を策定するにあたって，寝たきりを予防するうえで基本となる点として，①寝たきりに導く原因疾患の発生を予防すること，②早期リハビリテーションの普及等により，原因疾患の発生後に，それによって生じる障害を最小限

表5-4 寝たきりゼロへの10か条（厚生省保健医療局疾病対策課, 1995）

1. 脳卒中と骨折予防　寝たきりゼロへの第一歩
2. 寝たきりは　寝かせきりから作られる　過度の安静　逆効果
3. リハビリは　早期開始が効果的　始めよう　ベッドの上から訓練を
4. くらしの中でのリハビリは　食事と排泄　着替えから
5. 朝おきて　先ずは着替えて身だしなみ　寝・食分けて　生活にメリとハリ
6. 「手は出しすぎず　目は離さず」が　介護の基本　自立の気持ちを大切に
7. ベッドから　移ろう移そう　車椅子　行動広げる　機器の活用
8. 手すりつけ　段差をなくし　住みやすく　アイデア生かした　住まいの改善
9. 家庭でも社会でも　よろこび見つけ　みんなで防ごう　閉じこもり
10. 進んで利用　機能訓練　デイ・サービス　寝たきりなくす　人の和　地域の輪

にとどめること，③不幸にして障害が残っても，障害の悪化を防止し，社会復帰をうながすためあらゆる方策を用いて積極的に"動かすこと"の3点にしぼり，これらの内容を「寝たきりゼロへの10か条」として，表5-4のようにあらわしている。順序と内容を十分に理解し，心得ておいてもらいたい。

これらの10か条は，ことばや状況を変えて読むと，子どものしつけ・教育にも通じると思うのだが，読者諸氏はどう考えるだろうか。

ちなみに，西欧には「寝たきり」のことばがないくらい，医療・福祉が充実しているし，その連携もよい。これらの10か条が，日本において"当たり前に，確実に実行できる"ことが望まれる。そのためには一般にいう「お世話」であってはならない。主体は世話する側でなく，「高齢者本人の欲求や必要性を満たすこと」を忘れてはならない。家族だけでなく，家族を支える社会システムの確立と介護保険の適用にあたっては，なお重要である。

●2 施設における介護と介護労働

高齢者の介護にかかわる労働者の職種としては，国家資格が必要な介護福祉士，社会福祉士，看護婦（士），保健婦，理学療法士，鍼灸士，マッサージ士，作業療法士，薬剤師，医師などがある。ここでは要介護者と直接接する機会が最も多い介護福祉士を中心に，その実状をみていく。

なお，介護労働者は，女性が95％以上を占めることを念頭においてほしい。

a 作業内容と作業時間の実状

介護者の作業内容とその時間に関する資料として，病床数360床をもつ民間の老人病院で行われた調査がある（越河, 1988）。結果は表5-5に示したとおりであり，同病院の看護婦（正看・準看）についても参考として併記してある。介護

表5-5　老人病院における介護職員の日勤時の主な作業内容　(越河, 1988)

	介護者 5名の平均		正看護婦 8名の平均		准看護婦 3名の平均	
食事・茶おやつ介助	106分	20.3%	45分	8.7%	59分	11.3%
排泄・身のまわりの世話	65	12.5	21	4.0	18	3.4
清掃（洗濯）・整理	65	12.5	9	1.7	15	2.9
観察・測定・処置	4	0.8	63	12.1	81	15.5
準備	—	—	28	5.4	28	5.3
申し送り	—	—	16	3.1	13	2.5
記録	4	0.8	51	9.8	75	14.3
職員間の用談	12	2.3	34	6.6	26	5.0
平均観測時間	521	100	519	100	524	100

職員の作業は，食事・お茶の世話から排泄・おむつの交換まで，直接的な介助を含む，いわゆる身のまわりの世話が中心となっている。これらの世話は表にみられるように32.8%あり，正看護婦の12.7%，準看護婦の14.7%にくらべるとかなり高率になっている。この「身のまわりの世話」に，清掃・洗濯を加えると計45.8%と，勤務時間の約半分になっている。

b　夜間介護

病院においても老人施設においても夜間の勤務がある。1カ月当たりの夜勤回数と労働時間について，全国の特別養護老人ホーム（介護保険制度における介護老人福祉施設）に対して行われた調査（永田ほか，1999）によると，回答のあった969施設において月の平均夜勤回数が3回の施設が13%，4回38%，5回24%で，合わせて75%にのぼる。平均3.6回である。夜勤の労働時間数は，85%の施設が「16～17時間」にわたる長時間の夜間勤務であった。また，「決められた時間に仮眠が取れる人」は，「いつも取れる」と「時々取れる」を合わせると84%あるが，「全く取れない」が7%余りあった。仮眠時間は，「1～2時間」と「2～3時間」を合わせて73%であった。

夜勤においては，夜勤者数が減少し看護婦も少なくなるので，仕事内容とその割合は逆に増えることもある。とくに，急病人が出たときなど，ベテラン職員でも心身負担が大になる。

c　作業内容とその負担

(1)　身体的負担　　介護職員の主業務である「身のまわりの世話」は，要介護者の身体に直接触れる。要介護者の状態によっては，全力で抱き起こすケースもある。介護職員にとって筋肉負担や疲れが大きな作業としての訴えは，「入浴介

護」が最も高く45％，ベッドから車いすやストレッチャーへの「移乗介護」と「排泄介護」がともに26％で，合わせて97％に達する（永田ほか，1999）。

「介護」は，どのようなケースでも，要介護者や患者の状態や要望に合わせつつ"自立支援"を行うことである。介護保険法の理念でもある。痴呆症状をもつ人たちも増えている。要介護者はどの人も「こころ」をもっている。「プライド」がある。重い物を自分の都合に合わせて，持ち上げたり運んだりするのとはまったく異なる。気遣いが大変である。途中でやめることはできない。

高齢者の介護では，持ち上げ，ひねり，中腰姿勢など，腰部にかかる負担は大きく，藤村（1995）によると，介護職員の77％が腰痛を訴えているという。これは重筋労働である港湾労働者なみの訴え率である。介護職員は大多数が女性である。ＩＬＯは，女性労働者の場合，持ち上げ作業では20kgまで，間欠的持ち上げ作業では30kgまでとしている。しかし，老人施設入所者の場合，軽い人で30kg近くあり，重い人では80kgを超す人もいる。しかも，持ち上げる対象が人であるから，物体とは異なり，バランスがとりにくく，しかも動くため持ち上げにくい。また，要介護者が柵を放さなかったり，たたいたりする人も少なくない。これらの状況下での持ち上げ作業では，予期しない力が急激に加わり，腰部の負担をいっそう大きくしている。また，単純な持ち上げ作業でなく，ひねりが加わった持ち上げ作業が多いことも腰痛発症の危険要因である。

腰痛の程度としては，腰痛経験者の約半数の介護職員が「かなりきつい」と答えており，12％の人は「休息または休憩がなければ仕事を続けられない」と回答している。また，年齢が高いほど「きつい」と感じている人の割合が高かった。これまでに腰痛経験のある人は，全体の3分の2あり，4分の1の人は，現在も通院治療中である。また，腰痛による欠勤経験者は，29％と4分の1以上にのぼっている。

(2) 精神的負担　「介護労働」は身体的負荷だけでなく，精神的な負荷も大きい。精神的負荷の大きい作業として，「要介護者の転倒事故などへの懸念」が18％，次いで「痴呆老人の介護」「要介護者に1対1の対応ができない」「夜勤により生活・睡眠リズムが崩れる」が10％を超え，「要介護者間の問題への対応のとき」「要介護者の終末期ケアのとき」「要介護者の風邪や赤痢などの伝染性の病気への懸念」がそれぞれ9％程度あった。各施設は規模，入所者の人数と要介護状態，職員数とその年齢など実状はさまざまであるが，施設での介護に対する精

神的負担はきわめて多岐にわたっている（永田ほか，1999）。

　また，全国の157の特別養護老人ホームに勤務する介護職員2,020人に対して行われた「介護職員」の心身状態に関する調査結果（矢富，1996）によると，身体面の実状は，朝起きて疲れを感じると訴えている人が75％にのぼり，腰痛を70％の人が訴え，33％の人が医師から腰痛症と診断されている。そして，「胃腸の調子が悪い」「よく眠れない」などのストレス性の神経症状の訴えも40％近くある。

　精神状態に関する質問に対しては，60％の人が「精神的に疲れ切った」と訴えており，「燃えつきた」や「限界にきた」という状態の人がそれぞれ37％，38％いる。また，入所者に対し「冷淡になった」が27％や「思いやりがなくなった」が20％みられている（ストレス性の疾患については，6章を参照）。

　このように施設や病院で高齢者を介護している職員は，身体的・精神的にかなり大きなストレス症状をかかえており，慢性疲労の状態にある（越河，1988）。

d　ストレス症状の背景要因と介護者の反応

　介護職員の身体・精神両面にわたるストレス症状の原因となるストレッサーの主なものは，①介護の仕事の過剰な負荷，②入所高齢者とのあつれき（帰宅したがる入所者への対応，夜間の頻繁なナースコールへの対処など），③事務的仕事の過剰な負荷，さらに④施設長など上司とのあつれきや職員間の人間関係（非協力・無視等のいじめ）である。これら以外にも，入所者の家族との人間関係や職員間の人間関係など多様なストレッサーがあるようである。

　これらは，公的施設でも民間施設においても，介護職員のみならず他の職種の人員も法定数ぎりぎりのところが多いこと，またパートのヘルパーやボランティアも一緒に働いていることも関係していよう。

　要介護者はさまざまな状態の人がいるので，介護者が考え予測しているペースで作業を進めることができない。そのイライラや怒りなどから，食事介助を十分にしなかったり，痴呆性老人に対し鎮静剤を投与したり，ベッドへ縛りつけたりして，動けなくするような虐待行動をとったりすることもある。

●3　在宅介護とホームヘルパー

a　在宅介護サービスの活用とホームヘルパー

　高齢者の多くは，自宅で家族と共に暮らすことを望んでいる。要介護の度合いにもよるが，家族による介護は精神的に安定するケースが多い。先に示した「寝

たきりゼロへの10か条」を家族が協同して実践することが望まれる。しかしながら，家族による介護にも限界がある。介護にかかわる人たちの睡眠時間や自由時間などの"ゆとり"がなくなり，健康や人間関係が悪くなるケースが生じる。嫁が老親介護の中心になっていて燃えつきて離婚したケース，あるいは高齢の妻（夫）が夫（妻）を介護していて心中するケースさえある。

家族が介護する場合も，公的介護保険による在宅サービスを利用することによって，心身両面でゆとりをもって介護にあたれる。

在宅サービスには，2節の表5-3に示した種々のサービスがあるが，ここでは訪問介護にかかわるホームヘルパーをとりあげ，その労働問題と彼らの心身負担についてみていく。

ちなみに，ホームヘルパーは3級から1級までのランクがあるが，都道府県が実施する実技・実習を含む講習を経て知事の認証を受ける。国家試験を経た介護福祉士とは資格が異なるが，同じように国家試験を経て介護福祉士になる。

b　ホームヘルパーの仕事内容

ホームヘルプサービスの担い手であるホームヘルパーの仕事は，食事・入浴・排泄などの身体介護や介助，掃除・洗濯・買い物などの家事援助，さらに身の上や介護の相談・助言等々，その仕事内容はきわめて幅広い。

介護保険によって各家庭を訪問し介護をするホームヘルパーは，ケアマネージャーによるケアプランにもとづき訪問先と仕事内容，作業時間帯と時間数が決められるパート労働である。1日に何軒かを訪問する。また，1軒のお宅を数人のヘルパーが交代で訪問するようにし，親密になりすぎないよう配慮している事業者もある。数軒を1日に訪問する場合，移動に時間がかかって作業時間帯が予定より遅くなるケースも出てくる。

c　労働契約と心身負担

施設における介護職員と大きく異なる点は，訪問先の構造が1軒1軒違うことである。廊下の段差・手すりの有無，トイレの和・洋式の違いと広さ，ベッドか畳上の布団かなどである。そして家族構成も異なるし，仕事内容も異なる。

介護保険が導入されて，身体介護中心と家事援助中心が分けられ，介護報酬が異なる。2000年4月現在，前者は1時間未満4,020円，後者は1,530円である。両者を少しずつ行う折衷型（2,780円）もある。

2000年9月現在，家事援助中心の利用が多いが，ヘルパーは利用者の生活習慣

や好み，体調を細かく把握しておかねばならず，経験が必要である。さらに，家事援助のために訪問しても「汗をかいたから着替えさせて」と「身体介護」を頼まれれば放っておくわけにはいかない。身体介護でお茶を飲ませた後，茶碗を洗って片づけるのは「家事」にあたる。これらの区別を，訪問先では，明確に行えない悩みがあるようである。

また，おしめの交換が契約で，決められた時間に訪問し，濡れていないし便が出かかっているので，便器に座らせて排泄させ，事業所へ帰所したが，時刻に遅れ，契約でないことをしたと叱責され，燃えつきたケースも報告されている。

ホームヘルパーは，訪問先の事情にあわせながら，時間に追われて，介護の理想との差を感じつつ，低い報酬で働いているのが現状のようである。

さらに，訪問介護には解決しなければならない問題がある。訪問先でケガをさせてしまった場合や器物を破損した場合の補償のことがある。補償するのが事業主かヘルパーかを，契約時に明確にしておかねばならない。利用者の容態が急に悪くなった場合の対応も同様である。また，訪問先で家族から暴力を振るわれたり，セクハラを受けた場合の対処と補償のこともある。

● 4 "介護の理念"実現のために

介護労働者の労働条件とその環境は，人間が人間に対して行う労働（ヒューマン・ケアワーク）の場としてはきわめて悪い。製造業やコンピュータ作業など他の業種で行われつつある労働の人間化からはほど遠い（7，9，13章参照）。また，労働者に対する補償も十分ではないし，労働組合もない。介護する側の都合による"お世話"に終始しているケースが多いようである。

介護労働者が"介護の理想"をもって職についても，時間的・人数的に"理想"どおりにいかないことも多い。"理想"実現のために，介護労働者のQOL（よい質の生活）とQWL（よい質の労働）の確保が望まれる。

a 「自立支援」への取り組み

施設開設の基準である「老人3人に対し介護（看護）職員1人」で，徘徊のある痴呆と身体機能の低下が著しい多数の老人に対し，365日，24時間"その人らしい生活ができるための介助"，"自立の支援の介護"を行う工夫をしている施設が，近年，増えてきている。

食事を例にとると，2時間かけてその人のペースで食べられるようにした結果，

おむつ交換　　　　　　　　　ベッドからリフト移動介助

自力で食べられるようになる人が増えてきた例も報告されている。食後，トイレやポータブルトイレへ誘導し，排泄の習慣づけを続けたところ，オムツへの排便を減少させた施設もある。これらは，入所者のもつ力を引き出し，さらに介護労働の軽減にもつながっている。

　また，ベッドへ縛ることをやめ，イスや車いすに座るよう変えた施設もある。イスからずり落ちたり立ち上がろうとして転倒する人には，本人の体型にあったイスに代えて防ぐようにしている。立ち上がりの理由は排泄がらみのことが多いので，目配り気配りによって転倒を防止し，排泄の習慣づけを行った結果，介護負担が軽減した。

　これらは，事業主や施設長の信念によるところが大きい。職員の勤労意欲も高まる。このような施設が，今後，さらに増えることが望まれる。

b　労働負担の軽減

　介護職員のストレス症状や腰痛の発症原因においては，時間的・精神的，また身体的にも過剰な負荷が関係していた。要介護者の求めに応じて，休憩もとらないで連続して作業をしている状況である。一息つく時間すらない。

　"自立支援"の介護が行えるよう，仕事内容の見直しと作業方法や手順の改善，風呂やトイレなどの作業場の設備改善，介護支援機器の導入とその活用，さらには人員増によって負担軽減を図り，介護者が燃えつきない手だてを講じる必要がある（6，9〜11章参照）。

　また，腰痛の発症予防のために，入浴や移乗の介護などの持ち上げ・抱え上げ作業は，2人で行うよう作業基準を改めるとともに，人体の持ち上げ・抱え上げの作業姿勢に関する実技講習を行い，腰痛体操を勤務時間内にも行い，そのうえ

で，腰部保護ベルトの着用も考えるべきであろう．さらに，入所者や来訪者の目に触れないところに休憩室を設け，気楽に寝転がれるようにすることも，心身両面の安静に重要である．

　介護職員は女性労働者が大多数である．家庭で十分に休めない人が多いと思われる．事業責任者には，介護職員の心身の疲労が，日常生活に持ち越されないよう，あらゆる労働条件を再点検し，改善してもらいたいものである．

　さらに，入所者への対応，上司や職員間の人間関係などのストレス軽減のため，職員の再教育も忘れてはならない．それには，①接遇と職務能力に関して再教育し，②職員間の作業分担の明確化と協働化を図り，③事業主・施設長等の上層部と職員の対話の機会を増やし，④全職員が"利用者が主役"の施設を共に運営していく認識をもつよう働きかけることによって，勤労意欲が高まりストレス対処に踏み出せよう．これらは，事業主や施設長の考え方と人間性にかかっている．

C　今後の課題

　今後は，福祉系の大学や専門学校で高齢者福祉と介護について学び，"介護に対する理想と意欲"をもって職に就く若い人が増えるであろう．その人たちが失望したり，燃えつきないように各種労働条件を整備し，施設で再教育を行うことが望まれる．事業主と施設長の理念が問われる．さらに，公的介護保険の運営主体である市町村は，厳とした姿勢をもって，介護保険の運用を進めてもらいたい．

　また，男性が介護職に魅力を感じるような待遇も考えなければならないだろう．女性のみの職場や集団は，勤務における緊張感が欠けがちになる．男女協働が介護職場において重要である．

　さらに，高齢者に介護の現場に入ってもらうことも考えるべきではなかろうか．施設の設備・機器を見直し，職務再設計と職場再編成によって，高齢介護労働者も実現可能となると思われる．その高齢者自身も活力を保ち，健康保持にも役立つ（1節参照）．また，40～50代の女性が多い現在の介護職の人たちが，10～20年後に，経験を生かして仕事を続けることも可能となろう．

　21世紀は，現在学生の皆さんが，社会の中心となって活躍する世紀である．祖父母や両親との会話を増やし，超高齢社会のシステムがどうあればよいかを，折に触れて考えておいてほしい．

● Essay 3 ● 働く人と地域スポーツ

　平成元年（1989）に少年軟式野球同好会を創設した。平成12（2000）年11月，72人の小学生が校庭で練習している。6年生19人，5年生21人，3・4年生20人が午前・午後に分かれて練習し，市の大会に出場している。女の子が4人，1・2年生の練習生も12人いる。1・2年生のうち10名は兄がチームに入っている。

　10年前には30を超えていた市の連盟チーム数が，少子化によって16チームに半減し，他チームも選手不足で悩んでいるそうだ。ところがわが同好会は，学年ごとの練習時間とグラウンドのやりくり，コーチの振り分け，当番のお母さんの調整など，創設者兼マネージャーはうれしい悲鳴を上げている。

　しかし，大会で勝つことは年に2回くらいしかない。同好会の設立趣旨が「楽しく・明るく・元気に運動し・あいさつもしっかりできる子どもの育成」で，試合に勝つことが第一目標ではないからである。

　小学校が無料で借りられ，1人1カ月2,000円の会費でグラブ以外すべてチームから支給する方法をとっている。身体の成長が早く，ユニフォームやスパイクなどの買い換えに家計が圧迫されないようにという配慮からである。

　監督・コーチはお父さん方だ。子どもが卒業しても手伝ってくださる。飛び入りで参加して，わが子とキャッチボールをしたりして手伝ってくださる方もいる。雨で練習が中止になると，ストレスがたまって仕事に差し支えるというコーチもいらっしゃる。コーチ陣に，わが息子も仲間入りした。

　1，2年生の練習を私と息子で見ている。捕る・投げる・走るの基本を繰り返し指導している。あきないように，テニスのゴムボールを使ってゲームを1時間する。野球の動きのなかで，ルールや各ポジションの役割を，楽しみながら身につけてもらおうということである。また，お母さん方の話し相手をしつつ各選手の状況を把握したり，家庭教育の相談に乗ったりもしている。OBの中・高・大学生の話相手もする。

　次の目標は2002年以降である。教育改革で土曜日が全休になったときに，地域の教育力が今以上に問われる。地域の子どもが野球だけでなく，サッカー，テニス，ミニバスケット，ソフトバレーなどいろんなスポーツを楽しみ，交流する場が必要である。選手やOBが，近隣小学校や中学校の子どもの中心になって，地域にお住まいのお父さん・お母さん，おじいさん・おばあさん，お兄さん・お姉さんが，それを支えつつ一緒に活動する場である。知恵を出しあって創っていくのである。

　平日の2日ほど，放課後に子どもたちが主体的・自主的に活動できるよう見守ってやりたい。大学時代に，高校野球の監督をしていたときからの夢を実現したい。

　これが人生の第3ステージの目標・生きがいになろうとしている。

（北川睦彦）

■6章■
産業ストレスとメンタルヘルス

　戦後しばらくの生活では，小学校へ行くと昼休みに弁当を食べた。しかし，クラスメイトのなかにはかなりの「カラ弁」組がいた。「カラ弁」とは，弁当箱に何も食べるものが入っていないのである。弁当の時間には，弁当箱を包んできた新聞紙で周囲に壁を作り，顔をなかへつっこんで食べるしぐさをするのである。この「カラ弁」対策として，給食制度が誕生した。ユニセフのパンフレットから，1949年から1964年まで食糧品がわが国へ援助されたことがわかる。

　今日，過労死とストレスの関係が云々されている。戦後，国民が大変な生活だったのは事実だが，今日のようにストレスや精神衛生といわなかった。当時もストレスはあったはずだ。他方，今日のわが国の生活は一面において豊かになっている。しかし，生活者側に豊かで十分な時間があり，行動エネルギーが私たちのために使うことができたのであれば，ストレスとは無関係な生活が完成されただろう。したがって，ストレス発生もさることながら，ストレスが解消されていないとみることも重要である。ストレス緩和機能に焦点を当ててみよう。

1節　産業ストレスの現状

　労働省の労働者健康状況調査は，5年ごとに実施されている。この調査に含まれている設問「仕事，職業生活での強い不安，悩み，ストレスがあった」に，あると答えた人は，5年前調査では57.3％（1992年）であったものが，最近は62.8％（1997年）まで上昇してきた。このストレスの内容は，「職場の人間関係の問題」46.2％，「仕事の質の問題」33.5％，「仕事の量の問題」33.3％，「仕事への適性の問題」22.8％などが高い割合となっていた。男女別にみると，男女とも最も多いのが「職場の人間関係の問題」となっていたが，とくに女性は男性よりも著しく高く56.9％となっていた。これに対して，男性の悩みで女性より多いものは，「仕事の質の問題」37.4％，「仕事の量の問題」35.3％となっていた。
　ストレスで倒れていくのだが，そのなかには過労自殺のごとき転帰をたどる場合もある。現在のわが国の自殺は，警察庁統計によれば1999年，年間自殺者数は3万3,048人となり，3万3,000人を超えて，わが国の死因ランキングの第6位に位置するに至った。この内訳は，男性が2万3,512人で7割強を占めていた。なかでも中年男性の40～50歳代が全体の4割を占め，失業，リストラのほか，労働を原因とする自殺が急上昇していることが特徴となっている。これらに加えて，自殺未遂者は自殺者の約10倍，すなわち33万人はいると考えられ，予備軍を含めると自殺未遂・既遂者の5倍，すなわち180万人に相当すると考えられている。
　労働と関係するストレス関連疾病がリストアップされている。中央労働災害防止協会のストレス小委員会において検討したものだが，ここにほぼストレス関連疾病が網羅されている。すなわち，①胃潰瘍および十二指腸潰瘍，②潰瘍性大腸炎，③過敏性大腸炎，④神経性嘔吐，⑤本態性高血圧，⑥神経性狭心症，⑦過呼吸症候群，⑧気管支喘息，⑨甲状腺機能亢進，⑩神経性食欲不振症，⑪偏頭痛，⑫筋緊張性頭

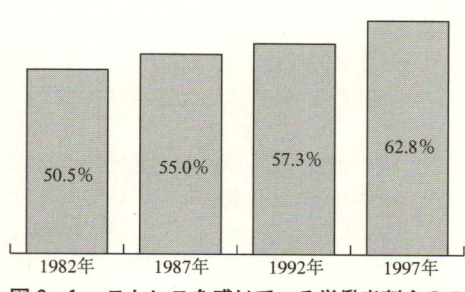

図6-1　ストレスを感じている労働者割合の5年ごと推移

1982年	1987年	1992年	1997年
50.5％	55.0％	57.3％	62.8％

痛，⑬書痙，⑭痙性斜頸，⑮関節リウマチ，⑯腰痛症，⑰頸肩腕症候群，⑱原発性緑内障，⑲メニエール症候群，⑳円形脱毛症，㉑インポテンツ，㉒更年期障害，㉓心臓神経症，㉔胃腸神経症，㉕膀胱神経症，㉖神経症，㉗不眠症，㉘自律神経失調症，㉙神経症的抑うつ状態，㉚反応性うつ病，㉛その他に関する31項目であった（飯田ほか，1985）。さらに近年は，ストレスによる免疫機能の低下やホルモン分泌異常など，がんの発生やがんの進展についても指摘され始めている（Sklar, L. S., 1981 ; Bartrop, R. W. *et al.*, 1977 ; Schleifer, S. J. *et al.*, 1983 ; Levy, S. M. *et al.*, 1985）。

　ストレスと事故の関係が無視できなくなりつつある。内山（1968）は「事故を起こした日に気持ちを乱されるようなことがあったか」と問い，交通事故者100人のうち，「家庭でしかられたあと」が12％，「家庭に心配ごとがあった」が9％，「上役にしかられた」が8％，「会社でいやなことがあった」が4％，合計33％が事故当日に何らかのストレスがあったと報告している。さらに，シナー（Shinar, D., 1985）はストレスと交通事故について，死亡事故を起こした自動車運転者群と，対照群の無事故運転者群を比較して，対人関係，仕事の問題，経済的問題，愛する人を失った等，いずれの項目においても，死亡事故を起こした運転者群のほうが無事故運転者群より訴えが高かったと報告した。丸山（1990）の6年間調査によれば，安全運転者から事故多発運転者に変化した原因の研究で，「家庭の悩み」が最大の原因と報告されており，この家庭の悩みとは，ストレスと読みかえることも可能だろう。

　ストレスを解消したり，ストレスを回避する行動においても問題が指摘できる。ストレスへの日常的な対処方法として，飲酒，旅行，音楽，おしゃべり，買物などとさまざまある。しかし，このうちの飲酒をストレス対処法とする人は多く，わが国の男性の場合，36.7％が酒を飲むと答え（厚生省大臣官房統計情報部，1990），ストレス解消法の第1位に位置づけられている。そして飲酒を介在して問題行動を起こすことがある。たとえば，近年増加の著しい放火において，その放火の59.6％は「不満の発散」を原因としたものであり，その放火者の約半数は同時に飲酒をしていた（上野，1982a〜c）。加えて，現在の都市部における火事の最大の原因は放火となった。

　ストレス解消策に飲酒と答える者が多いが，飲酒量ならびに大量飲酒者が年々増加してきている。戦前に国民1人当たりの飲酒量が最高値を示したのは3.6ℓ／

年であったが，1987年は約6.3ℓ/年と増加している。さらに飲酒人口1人当たりでみると，1965年に7.66ℓ/年であったものが，1983年には11.9ℓ/年と増加している。また，純アルコールで1日平均150ml（日本酒で約5.5合，ビール大瓶で約6本，ウイスキーでダブル約6杯）以上を飲酒するものを大量飲酒者とすると，大量飲酒者推計値の推移は103万人（1965年）であったものが216万人（1987年）と，およそ2倍強に増加している（厚生省保健医療局精神保健課，1989）。なお，この大量飲酒者はほぼアルコール依存症とみなすことができる。

　厚生省（厚生省大臣官房統計情報部，1990）の昭和63年保健福祉動向調査（心身の健康）によれば男性は74.0％の者が飲酒をし，女性は30.2％の者が飲酒をしていた。また，ストレスとの関係では，男性はストレスの大小の程度によらず70％前後が飲酒をし，女性はストレスの程度に対応して飲酒割合が変化していた。近年の飲酒の特徴に，女性飲酒者の急増と飲酒の低年齢化の指摘が加わる。ちなみに，宝酒造が20〜30歳代の女性を対象に首都圏と関西圏で飲酒調査を実施している（朝日新聞，1992年5月2日朝刊）。これによると，自宅における飲酒では，「ほとんど毎日」が6.6％，「週に2〜3回」が6.3％，「週に1〜2回」が17.4％で，合計すると週に1回以上飲む女性は30.3％，なお「全く飲まない」は3.8％であった。自宅外では，「ほとんど毎日」はなく，「週1回以上」が26.4％，「全く飲まない」は0.7％であった。ちなみに，週1回以上飲酒する女性が30.3％とあったのは，前述の厚生省資料の数値と近似している。

‖2節‖ ゆとりと事故

●1　ストレスとゆとり

　ストレスと事故の関係について調べるため，毎日車を使って仕事をする者を対象に両者の関係について調査を実施した。しかしながら，調査事業所の意向もあり，ストレス調査というマイナス面をとらえる調査方法でなく，プラス面からみる調査方法を採用した。すなわち，ストレスを直接的に調べるのではなく，ストレスと反対の状態として，ゆとりある状態であるか否かを調べた。そして，このゆとり度調査と交通事故の関係について検討し，ストレスを受けている状態について，ストレス性愁訴を調査した（三戸，1997a）。

● 2　調査と解析方法

　対象勤務者は外勤者と内勤者から構成されるが，外勤者の作業は，原付二輪車や単車，あるいは軽四輪車を運転しながら遂行され，内勤者の業務は，運転を必要としない作業であった。本調査はこのうちの外勤者を調査対象とした。調査票の配布数は2,409，有効回答数は1,948，有効回収率は80.9％であった。平均年齢は39.9歳で，平均勤続年数は18.8年。全員が男性であった。1日の平均走行距離は30km前後であり，乗務時間は4.6時間／日，5日／週であった。

　東京圏に住む20歳以上の996人に対して，「豊かさ」や「ゆとり」に関する調査を東海銀行が1991年4月に実施した。その結果，「豊かさ」の意味とは，「心のゆとり，うるおいのある生活」と61.2％の人が答えた。一方，「経済的に豊かな生活」と答えた人は13.1％でしかなかった。また，空間的ゆとりに関する満足感は，持ち家グループが59.8％満足し，借家グループは不満足が56.3％と反転していた。住居に関する不満の最大理由は，部屋数が足りない，家が狭いであった。以上をふまえ，さらにゆとりに関する既存研究から，労働の場におけるゆとり評価に，①空間的ゆとり，②時間的ゆとり，③経済的ゆとり，④身体的ゆとり，⑤精神・心理的ゆとりの5因子をとらえた。

　ゆとり度調査の設問は，5因子についてそれぞれ5項目の設問を用意した。設問は5段階評価で応答させた。なお配布調査票では，①空間的，②時間的，③経済的，④身体的，⑤精神・心理的などの区分けはわからなくしてあり，25項目の設問順序は無作為順とした。

　ゆとり度の評価は，空間的＋時間的＋経済的＋身体的＋精神・心理的ゆとり設問の合計値をゆとり度 Y 値とした。なお，質問項目によっては，5段階尺度評価の高点が必ずしもよい評価の意味にならない。このため，総合得点化手続きで，各項目の5段階評価を点数化する際，質問項目によって1から5を逆転して換算評価した。この場合の該当項目の得点は，1点→5点，2点→4点，3点→3点，4点→2点，5点→1点となった。

　ストレス性愁訴の状態をみるため，「めまいがする」「吐き気がする」「心臓がドキドキしたり，息切れしやすい」「胃腸の具合が悪い」「肩凝りやくびすじの凝りや痛みがひどい」「腕がだるい」「寝つきが悪く，よく眠れない」「朝起きたとき気分がすぐれない」「何となく疲れて体がだるい」「何となくイライラする」「何となく落ち着かない感じがする」「気分がゆううつである」「もの忘れをする」

「考えがまとまらない」の14項目における「よくある」を2点，「時々ある」を1点，「全然ない」を0点として，合計Z値を求めた。したがって最大値は28点，最低値は0点である。

年齢区分は，①34歳以下，②35～44歳，③45歳以上，④全年齢の4つとし，空間的，時間的，経済的，身体的，精神・心理的ゆとりの5つの平均値，ゆとり度Y値，そしてストレス性愁訴Z値を出した。

「交通事故にあったことがある」と「交通事故にあったことがない」の2群に分けて解析した。それぞれの群の空間的，時間的，経済的，身体的，精神・心理的ゆとりと，ゆとり度Y値，ならびにストレス性愁訴Z値との関係について検討をした。

●3 結　果

外勤における45歳以上は，34歳以下と35～44歳にくらべると相対的にゆとり度が有意に高かった。45歳以上におけるゆとり因子は，ほぼすべての因子について高値を示した。自覚症状についても，ストレス性愁訴Z値は45歳以上で減少し，34歳以下と35～44歳の年齢区分で高まる傾向がみられた。

ゆとり度Y値と交通事故の関係をみた。交通事故群はゆとり度Y値が13.0，無交通事故群はゆとり度Y値が13.5で，交通事故群のほうがゆとり度が有意に低かった（$p<0.001$）。ゆとり度の各因子では，交通事故群と無交通事故群の間において，0.2以上の差があったものは無交通事故群の時間的ゆとりの因子であった。なお，交通事故群と無交通事故群の2群の年齢構成に差はほとんどなかった。またストレス性愁訴Z値は，交通事故群が9.7，無交通事故群が8.2と，交通事故群が有意に高かった（$p<0.01$）。

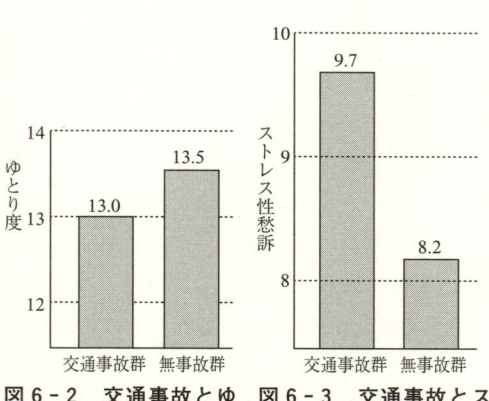

図6-2　交通事故とゆとり度

図6-3　交通事故とストレス性愁訴

● 4 論　議

a　ゆとりの程度とストレス性愁訴状態

　空間的，時間的，経済的，身体的，精神・心理的ゆとりと，ゆとり度 Y 値とストレス性愁訴 Z 値の関係について検討した。この検討では，ゆとり度 Y 値とストレス性愁訴 Z 値の関係は，ゆとり度 Y 値が高まるとストレス性愁訴 Z 値が低下する関係にあるといってよい。ちなみに，ゆとり度 Y 値とストレス性愁訴 Z 値の間の相関係数は－0.438で有意であった。

b　ゆとりと事故発生

　「ゆとり」の反対の意味は「あせり」である。ゆとりのない労働は，たとえば運転労働ではあせった運転行動につながる。これから予想される結果は，交通事故である。したがって，労働のゆとり度と災害の発生の関係について検討する必要がある。「交通事故にあったことがある」（1．ある，0．ない）について解析した。あると答えた人と，ないと答えた人の2群に分け，交通事故群と無交通事故群と名づけて空間的，時間的，経済的，身体的，精神・心理的ゆとりの合計値，すなわちゆとり度 Y 値，そしてストレス性愁訴 Z 値を出した。前述のとおり無交通事故群のゆとり度 Y 値は13.5，交通事故群は13.0で，交通事故のなかったほうがゆとり度 Y 値が有意に高かった。ゆとり度の因子では，交通事故群と無交通事故群の間において顕著に差があったものは時間的因子であった。これから，時間的ゆとりのある働き方が，結果的には交通事故を少なくすることがわかる。時間的ゆとりのある働き方が，事故防止においてとくに重要であることを強調しておきたい。さらにストレス性愁訴 Z 値は，交通事故群が9.7，無交通事故群は8.2で，交通事故経験のないほうがストレス性愁訴 Z 値が有意に低かった。この点からは，事故防止のためには職場のストレス処理が重要であることがわかる。

　労働条件の改善策としては，「人員の増加」を78.8％が望んでいた。運転労働をともなう作業であることに鑑み注目すべき点である。さらに「1人当たりの担当地域の縮小」（72.2％）「休日の増加」（34.3％）などは，いずれもゆとりある労働要求として理解でき，時間的ゆとり，身体的ゆとりなどへの大きなニーズをうかがい知ることができる。以上より，ゆとりのある労働が大切で，とくに交通事故を防止するうえで効果が大きいと思われた。

‖3節‖ ストレスの理論

●1　ストレスの定義

　フランスの生理学者ベルナール（Bernard, C., 1856）は，生命は全有機体と環境の物理化学的状態の闘争の結果であると説明した。そして外部環境がいくら変化しても，内部環境の固定性が保たれることが健康維持のうえで大切なことであると強調した。さらにアメリカの生理学者キャノン（Cannon, W. B.）は，ベルナール以来の考えを発展させ，著書『からだの知恵』を1932年に著し，ホメオスタシス（homeostasis）を提唱し，生体の内部環境を一定に保つ能力を意味した。すなわちヒトの生体の内部環境は，生体の外部環境が変化しても一定の状態を保存しようとする。たとえば環境温度が上がれば，皮下の血管が拡張して熱を発散し，さらに発汗作用がうながされ蒸発熱により体温を一定に保とうとする。また反対に環境温度が下がれば，皮下血管が収縮し，体毛が立毛し，さらには身体の震えが生じて体温を保存しようとする。なおこのホメオスタシスは一生同じ範囲を保存するのではなく，年齢によりいくらかの変化を示す。

　この内部環境に対する外部の環境変化が，すなわち刺激である。そして，細胞病理学者ウィルヒョウ（Virchow, R.）は，生命現象はすべて刺激によって維持されているという。すなわち，刺激がなくなれば生命現象は停止する。ただし，刺激は，強度において大きなものから小さなものまでの幅がある。刺激と身体反応の間には，「アルント・シュルツの法則」がある。つまり，弱い刺激で身体の機能が活性化され，過度に強い刺激では機能が障害され，さらには死に至るのである。

　この外部環境による変化刺激が過剰に与えられたり，繰り返し与えられる場合，その外部変化に対する生体の対処能力を凌駕することがある。このとき問題が発生することになる。このように問題視される外部変化刺激をストレッサー（stressor）とよび，ストレッサーが生体に及ぼしている変化状態をストレス（stress）とよんでいる。ストレスという用語を本格的に使ったのは，カナダの内分泌学者のセリエ（Selye, H., 1956）であった。しかしながらセリエは，すでに1936年の雑誌Natureに「種々の有害物質で生じる症候」と題し，ストレスということばこそ使っていないがストレスの概念を示している。なお，ストレスと

いうことばは，本来物理学用語である。外圧が加わった際に生じる物質のひずみのことをいったが，これをセリエは生体に転用し，生物学的ストレスと称した。したがって，生体に刺激が与えられ，その生体に生じるひずみをストレスと称している。また，生体にストレスを発生させた刺激のことをストレッサーというが，わが国ではストレッサーに相当するものに対してもストレスと称したり，用語法のうえで混乱している面がある。

● 2　全身適応症候群（general adaptation syndrome）
　セリエは，ストレッサーが加わるとき，時間経過とともに生体反応が次の3つの時期に区別されるとした。
　　a　警告反応期（stage of alarm reaction）
　ストレッサーにさらされたときの反応で，ショック相と反ショック相に分かれる。ショック相では体温低下，血圧低下，血糖値低下，神経系活動の抑制，筋肉弛緩，胃や腸に潰瘍の発生などをみる。ショック相の持続時間はストレッサー強度に応じて数分から1日ぐらい続く。反ショック相ではショックに対する防衛反応を示し，ショック相とは反対の反応が発生し，体温上昇，血圧上昇，血糖値上昇，神経系活動の開始，筋緊張増加などが発生する。
　　b　抵抗期（stage of resistance）
　一応安定した抵抗力をもつ時期であり，当面抵抗しているストレッサーに対しては抵抗力を示す。しかしながら，他種のストレッサーに対しては抵抗力は弱い。
　　c　疲へい期（stage of exhaustion）
　ストレス事態が過度に継続すると，ついに破綻をきたす時期になる。反応は警告反応期の初期のショック相にみられる変化とほぼ同じである。

● 3　ストレス属性による分類
　ストレスの属性による分類を行ってみると，図6-5のようになる。近年のストレスについては，心理的ストレスに対する関心が急速に高まりつつある。ちなみにこれまでのストレス研究では，ストレッサーが物理的ストレッサーであったり特定の生理的ストレッサーなどを使っており，心理的ストレッサーに関する研究はあまり多くなかった。
　心理学者ラザラス（Lazarus, R. S., 1966）のストレスのとらえ方は，「個人が環

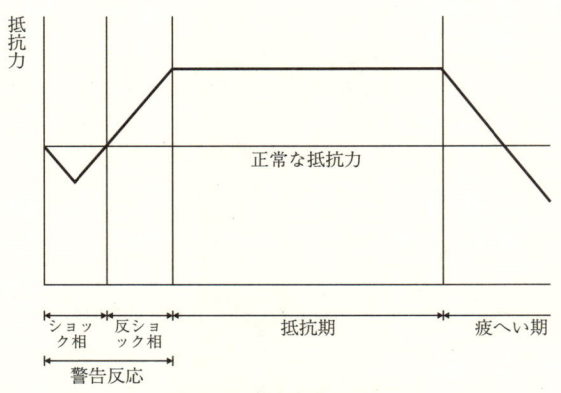

図6-4　セリエの全身適応症候群（田中, 1987）

境に適応するとき，自分自身が環境を，あるいは適応しようとする自己をどのようにとらえているかによって決定されるもの」としている。したがって，環境をどのように感じとっているか，いいかえるならば，そのストレスの評価（appraisal）や認知の仕方が重要になる。さらに，この環境刺激の認知の仕方を，快ストレスと不快ストレスの2つに分けることができる。

　たとえば，2人の労働者がレンガを運んでいた。その2人に何をしているのですかとたずねると，ひとりは「レンガを運んでいるのです」と答え，もうひとりは「学校を建てています」と答えた。すなわち，前者より後者のほうが，その人の仕事に対するより積極的な意味を見いだしていることになる。ここに，環境認知や刺激認知の仕方によって受け取るストレスの違いを見いだすことができる。

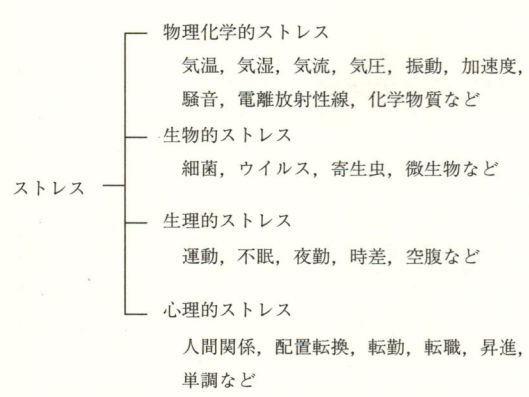

ストレス
- 物理化学的ストレス
  気温，気湿，気流，気圧，振動，加速度，騒音，電離放射性線，化学物質など
- 生物的ストレス
  細菌，ウイルス，寄生虫，微生物など
- 生理的ストレス
  運動，不眠，夜勤，時差，空腹など
- 心理的ストレス
  人間関係，配置転換，転勤，転職，昇進，単調など

図6-5　ストレスの属性による分類

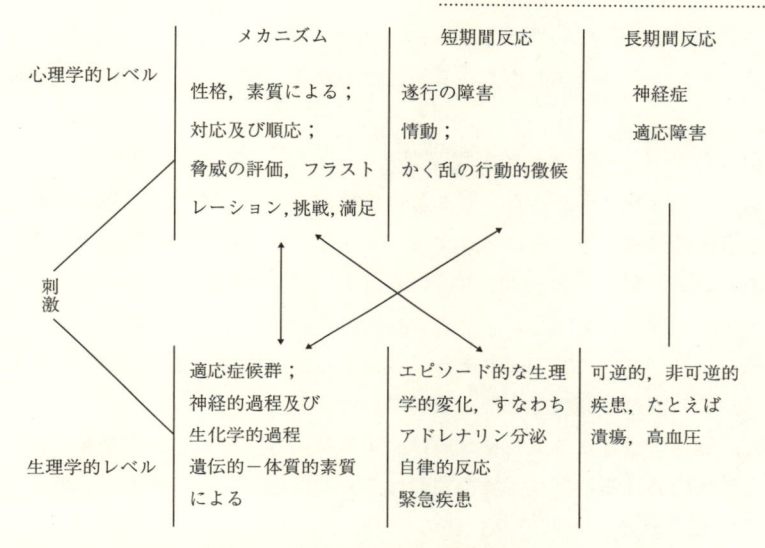

```
心理学的レベル      メカニズム              短期間反応           長期間反応

                  性格，素質による；       遂行の障害           神経症
                  対応及び順応；          情動；              適応障害
                  脅威の評価，フラスト     かく乱の行動的徴候
                  レーション，挑戦，満足

刺
激
                  適応症候群；           エピソード的な生理    可逆的，非可逆的
                  神経的過程及び         学的変化，すなわち    疾患，たとえば
                  生化学的過程           アドレナリン分泌      潰瘍，高血圧
生理学的レベル      遺伝的―体質的素質     自律的反応
                  による                緊急疾患
```

図6-6　心理的，生理的ストレスに関するラザラスのモデル（八田，1988）

‖4節‖ 産業ストレスの要因

●1　現在の状態

　職場のメンタルヘルスについては，昭和30年代頃は職場の精神健康管理といわれ，昭和40年代頃には職場の精神衛生とよばれたりしていた。これに関する出版物の始まりは，『職場の精神健康管理の方法』（土井，1957），『職場の精神衛生』（大道，1967）などをあげることができる。さらに体系的専門書として，『職場の精神衛生』（春原ほか，1971），『職場の精神健康管理の実際』（小沼，1981），『産業精神医学』（小此木ほか，1981），『産業精神医学の実際』（森，1987）などがある。

　厚生省の実施した「昭和63年健康福祉動向調査：心身の健康」（厚生省大臣官房統計情報部，1990）によれば，国民の2人に1人はストレスを感じている。男性は仕事上のストレスを，女性は人間関係上のストレスを最も多く感じていた。年齢別には，男女ともに働き盛りの年齢（35～44歳）が多く，ストレスがある者の30％以上はそのストレスを解消しきれていなかった。また，ストレスの原因は，上位からみると「対人関係」「仕事上のこと」「自分の健康・病気」「生きがい・

将来のこと」となっていた。とくに，この対人関係は「職場上の人間関係」「家族関係」が大きな割合を占めていることがわかる（厚生省大臣官房統計情報部, 1990）。

労働省が実施した労働者健康状況調査によれば，「仕事，職業生活での強い不安，悩み，ストレスがあった」労働者割合は，着実に上昇をしてきている。このような事実に鑑み，労働省はメンタルヘルスを含めた総合的健康対策に重点をおき始めている。野村ら（1990）は，1988年に8万8,247人の労働者に対してメンタルヘルスの調査を実施した。そこではこころの健康の阻害要因として，家庭での心配ごともたしかに27.3％とあることはあるが，圧倒的多数は働く場においてであり，その割合は61.4％と群を抜いていた。

さて，職場におけるストレッサーは，①職業の本質的要因，②企業における役割，③職場における地位，④職場における人間関係，⑤企業のもつ雰囲気などの5つに分類される。それぞれは図6-7のとおりである（Cooper, G. L. & Mar-

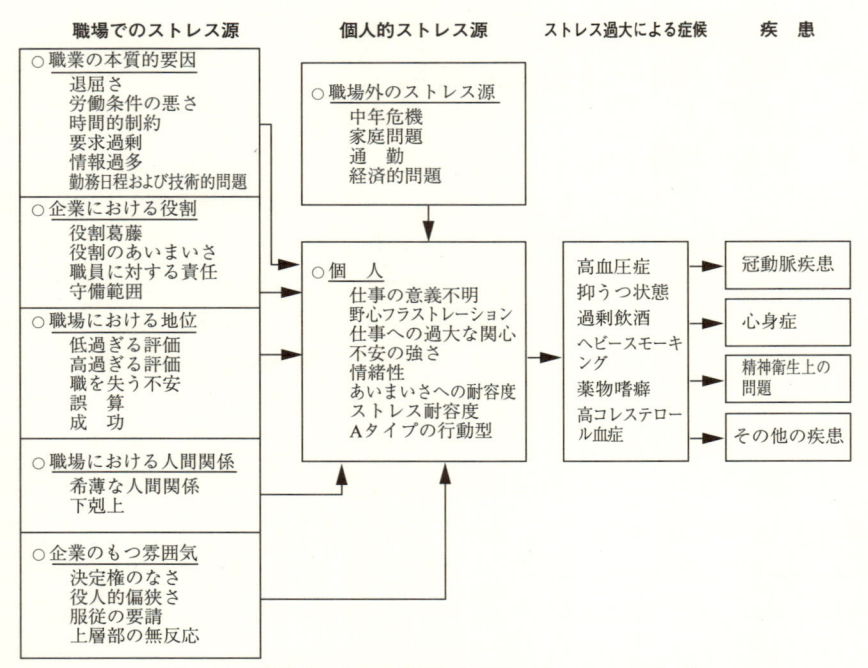

職場でのストレス源	個人的ストレス源	ストレス過大による症候	疾患
○職業の本質的要因 　退屈さ 　労働条件の悪さ 　時間的制約 　要求過剰 　情報過多 　勤務日程および技術的問題	○職場外のストレス源 　中年危機 　家庭問題 　通　勤 　経済的問題		
○企業における役割 　役割葛藤 　役割のあいまいさ 　職員に対する責任 　守備範囲	○個　人 　仕事の意義不明 　野心フラストレーション 　仕事への過大な関心 　不安の強さ 　情緒性 　あいまいさへの耐容度 　ストレス耐容度 　Aタイプの行動型	高血圧症 抑うつ状態 過剰飲酒 ヘビースモーキング 薬物嗜癖 高コレステロール血症	冠動脈疾患 心身症 精神衛生上の問題 その他の疾患
○職場における地位 　低過ぎる評価 　高過ぎる評価 　職を失う不安 　誤　算 　成　功			
○職場における人間関係 　希薄な人間関係 　下剋上			
○企業のもつ雰囲気 　決定権のなさ 　役人的偏狭さ 　服従の要請 　上層部の無反応			

図6-7　職場のストレス影響（Cooper & Marshall, 1976）

shall, J., 1976)。なおこれらのストレッサーは単独で作用するのではなく，どちらかといえば，複合的に作用しているのが現実であろう。

心筋梗塞の危険因子として精神的ストレスが知られている。たとえば，オイルショックは企業経営の悪化や，倒産企業を多く出し，失業者の増加をもたらした。第1次オイルショックのピークであった1974年とその前後年の1973年と1975年の心筋梗塞を調べた報告がある（張ほか，1987）。ここでは日本剖検輯報を調べることにより，頭脳労働者のほうが，肉体労働者より有意に多くの心筋梗塞を発症していた。すなわち不況は全労働者にストレスをもたらしたであろうが，とりわけ管理職系は生き残りをかけて熾烈なストレスの環境のもとにおかれたと思われる。

● 2　職場におけるストレッサー

野村ら（1990）の調査では，職場におけるこころの健康を害する因子としては，仕事の内容，上司との人間関係，同僚との人間関係，部下との人間関係，職場の作業環境などがあげられていた。いいかえるならば，訴え因子は人間関係と職場の状況の2大要因に分けることができる。労働省調査（1987）でも，「仕事そのものに対するもの」と「職場の人間関係」がやはり2大要因となっていたことがわかる。

また女性労働に関しては，1990年6月に実施された「働く女性の労働意識とストレス」（日本ヒーブ協議会，1990）に関する調査報告がある。ストレスを感じている人は80％にのぼり，そのうち非常に感じている人は22％，やや感じている人は58％であった。そのストレスの所在について，家庭内に関する人は5％であったが，会社に関する人は75％と会社に関するものが多い。ストレス内容については，会社では過大な期待に対するプレッシャー，時間不足，男女差別，職場環境への不満など精神的ストレスに関するものが多くあらわれる。反面，家庭内では，家事，子どもや病人の看護，結婚問題など，物理的ストレスが多くあらわれている。年代別ではいずれの年代においてもストレスの首位は人間関係である。2位については20代で仕事の量・内容に関するもの，30代で家庭との両立，家事の分担，ゆとりのなさなど，40代以上は上司と部下の狭間の人間関係，子どもとのコミュニケーションの問題がある。ちなみにストレス解消法は，1位「おしゃべり」，2位「スポーツ」，3位「酒を飲む」，4位「読書」，5位「旅行」などで

あった。

　産業ストレスとして問題になるストレッサーをある程度項目にして列記してみると，次のようなものがある。
- (1)　職場の人間関係
- (2)　労働の単調化（監視作業，検査作業，流れ作業など）
- (3)　労働の細分化
- (4)　職務の変更
- (5)　労働時間（超過勤務，長時間労働，時間的にせかされるなど）
- (6)　交代，時差勤務（夜勤，深夜労働，友人との交際時が合わないなど）
- (7)　通勤（遠距離通勤，通勤地獄など）
- (8)　配置転換，昇進昇格
- (9)　転勤，単身赴任，出向，派遣
- (10)　転職，失業
- (11)　共稼化
- (12)　テクノストレス（人間関係への関心の欠如，二者択一的思考，思いやりの喪失など）

　ちなみに研究者によっては，多忙による心身の過労を重視する場合もあり，そこでは「長時間労働→心身疲労→疾病」という進行過程のパラダイムをあげている（飯田ほか，1985）。この点は職域のからみにおいて再検討を要すると思われる。しかしながらストレスを与えている要因は，単純に単一要因だけということではなく，種々の要因が複合的に作用していることが多いことに注意しておかねばならないであろう。

●3　カラセックのモデル

　カラセックら（Karasek, R. et al., 1981）は work characteristic model を提案している。これによると，カラセックは仕事の負担を，①仕事の要求度（job demand）と②仕事裁量の自由度（job decision latitude）の二面から検討している。

　スウェーデンの男性労働者を6年間追跡した結果，仕事の要求度の高い群は，低い群にくらべて虚血性心疾患徴候発症率が1.29倍高く，心血管疾患発症率は4.0倍高かった。同じように，仕事裁量の低い群は，高い群にくらべて，虚血性心疾患徴候発症率が1.44倍高く，心血管疾患発症率は6.6倍高かった。また仕事

要求度が高く仕事裁量度の低い群は,虚血性心疾患の発症率が有意に高かった。最近,このカラセックの work characteristic model に,仕事の支援度（social support）評価スケールが追加され,仕事要求度が高くて,仕事裁量自由度が低く,仕事支援度が低い群は,虚血性心疾患の発症率が高いと報告している。

　作業の遂行において,たとえ同じ作業量をこなしていたとしても,その作業をいかに自律的に遂行したかが,結果的にはストレス量の違いとしてあらわれる。いいかえるなら,他律的な遂行はストレスを生みやすいシステムであるともいえる。

‖5節‖ これからの対策

　労働のストレスがいっぱいでダウン寸前にある人に対して,2通りの対策が考えられる。これはダウン寸前の人の労働状況によって使い分けられるべきである。まずひとつは①過密な労働でかつ長時間労働をして,自分の時間がもてない人,もうひとつは②自分の時間がもてないほど働いていないのにどうしてかストレスを抱えてしまう人である。
　この第1のタイプの人は,自宅に帰ると,夕食をとって風呂にでも入るともう寝なければいけない……。そのような生活は,すなわち時間のほとんどが労働にさかれ,生理的な最低の時間しか残されていないタイプである。第2の型は,第1の人ほどではないのだが,どうしてか労働でこうむったストレスを解消しきれない。そして翌日にストレスを繰り越してしまうタイプである。現在の働く人たちにおけるストレス上昇の多くは,第2のタイプと思料する。なぜなら,戦後から今日にかけての労働時間のトレンドは,時短に向かっているからである。まず,第2のタイプについて考えよう。1日の労働時間以外のおよそ3分の2が非労働時間である。この非労働時間に,労働時間でこうむったストレスを完全に解消すれば問題はない。しかし,ストレスが完全に解消されないで,翌日に繰り越されると,ストレスが累積を始め,問題が出てくることになる。いいかえるなら,働いて,家に帰って家庭で過ごし,さらに睡眠をとって,翌朝ふたたび働いて……という1日の生活—労働周期のなかで,ストレスが癒され,解消されて,翌日の労働開始時点で,ストレスがリセットされているならば問題はない。働く場でストレスが高まってきていることもさることながら,家庭でのストレス解消機能が

低下を始めていると指摘できる。家庭がストレスの場に変容を始めているという指摘もなされており，1996年，フィグレイ（Figley, C. R., 1996）は，『家庭における燃えつき症候群（Burnout in Families）』という本を著している。

●1　産業ストレスと家庭の関係

a　「家庭の外化」概念

働く人たちは一日の仕事を終えて，配偶者のもとへまっすぐに帰ればよいものを，酒場で，気のおけない仲間や，時にひとりで酒を飲みながら傷ついた心を癒しているのではないだろうか。なぜ……？　現代の家庭は，すでにそのようなストレス解消の場として成立しておらず，逆に配偶者の愚痴，老親の世話をめぐる口論，子どもの塾問題や家庭内暴力をはじめとする教育問題などが待ちかまえている。家庭の居心地は，はなはだしく悪化している。それならば，職場のほうがまだましだと居残りが長くなったり，帰宅拒否症に陥ったり，ときおり家に帰らないで一時的ホームレスをする人があらわれたりする。しかしながら，人の暮らしは職場を除けば，家庭中心に運営されてきており，誕生後の人のはぐくまれる基盤はあくまで家庭である。

この変容してきた戦後の家庭状況を，三戸（1992；1993）の定義する「家庭の外化」という概念で説明することにする。なお家庭の外化とは，「家庭の中にあったさまざまなものが外に出て行くことをいう。このさまざまなものとは，道具のようなハードだけではなく，知識・知恵やデータのようなソフトも含む」と定義する。

b　家庭の機能と癒し（慰安）

家庭にはかつてどれくらいの機能があったのだろうか。戦前には，およそ8つほどの機能があったと考えられる。それらは，①経済機能，②身分（役割）機能，③教育機能，④宗教機能，⑤摂食機能，⑥慰安機能，⑦保護機能，⑧愛情機能などである。

かつて家と職場は隣接していた。そして，子どもたちは，幼い頃より父親の後ろ姿を見るだけでその労働を知ることができた。しかし現在，その職住が分離し，国民の多くがサラリーマン化した。したがって，父親の後ろ姿からその労働がよめなくなった。労働が家から分離すると同時に，家庭内の経済機能が失われてしまった。男たちが重筋的作業を担当したり，狩猟を男性が担当していた時代，そ

こには明確な役割があった。同時に身分機能が存在していた。しかし、役割が不明確になるにしたがって、身分機能が失われ、とりわけ戦後の法律変更とともに、家庭内身分機能は平坦化した。

戦後、家庭内から道徳教育が教育機関へ外化し、引き続いて健康教育、性教育、環境教育、安全教育などが外化し、教育機能は家庭から外化していった。近年、家から神棚や仏壇がなくなったところが多いと聞く。子どもが誕生して神社へ宮参りをし、その彼あるいは彼女が結婚するので、披露宴へ行くと、結婚式はキリスト教チャペルで実施したと知らされる。ところが、その本人が突如過労死をし、お葬式へ駆けつけてみると、葬儀は仏式で執り行っている……。すなわちこの場合、宗教は神道→キリスト教→仏教であり、節操ないことおびただしい。家庭における宗教機能は喪失状態に近く、特定の宗教に強く深く帰依してストレスや悩みごとを解消しているとは思えない。

家で食事をしないケースが増え続けている。いわゆる外食だ。毎年の外食率は、厚生省の「国民栄養調査」をみればわかるが、上昇の一途をたどっている。さらに外食と内食の中間に位置づけられる中食（なかしょく）産業、いわゆるピザの宅配やホカ弁なども展開が始まっている。

癒し（慰安）機能は、ストレス解消機能として見過ごせない機能だ。この慰安機能の外化に関係する現象に、①息抜きホームレス、②深夜コンビニへ来る人たち、③帰宅拒否症の青年たち、④ペット飼育の増加理由、⑤宿所提供施設の入所理由、⑥"家族ごっこ"サービスなどを指摘することができる。

大都市のターミナルには、段ボールで囲んだ中をねぐらにしているホームレスのおじさんがいる。最近、この段ボールの囲いの中から携帯電話やポケベルの音が聞こえてくる。そのおじさんは自宅に帰らないで、自宅へは出張といってホームレスをする。その奥さんは出張だとすっかり信じている。このホームレスを一度味わうと、帰宅するよりはるかに快適でやみつきになるのだそうだ。彼にとって、帰宅や在宅は癒しにならず、それよりもホームレスを癒しの場として選択した。

パート・アルバイト労働研究から出てきたものだが、深夜コンビニエンス・ストアのレジ要員として働く幾人かの男子大学生から、次のような報告を得た。深夜の2時、3時という時間帯に、中年のおじさんやおばさんが、つっかけを履いて一人で、そんな深夜に買わなくてもよい、歯ブラシ1本、消しゴム1個などを

買っていく。ただし必ずすることは，レジの男子学生との長話である。すなわち，歯ブラシ1本や消しゴム1個に意味があるのではなく，その会話に意味があったのだ。

　精神神経科へ来院する人たちに，帰宅拒否症の青年たちが含まれている。彼は結婚をして新しい家庭を築いたのだが，帰宅できなくなって，悩んで来院をする。大阪の本町のオフィスで働いて，難波駅近くまで帰ってくる。しかし，どうしてもそこから電車に乗って帰れないのだ。家へ帰ると「約束した家事の半分を分担して！」と言う彼女が待っている。心優しい彼は帰ることができなくて，難波近くのカプセルインで泊まって，翌朝はオフィスのある本町へ通う。彼にとって，家は癒しの場ではなく，ストレスフルな場でしかない。

　火災時の避難行動の調査を，神戸市で1989年から1990年まで2年間実施した（三戸，1991）。この調査の際に，予期しない実態にぶつかった。すなわち，避難行動を遅延させる大きな要因として，家庭におけるペットの存在が浮上したのだ。火災時避難行動中，ペットをつかまえて避難しようとして，余分な時間が費やされ始めたのだ。イヌやネコであれば，人が避難して，その際に扉を開けておけば，引き続いてイヌやネコが出てくると思ったのだが……。しかしそうではなく，そのイヌやネコを救出して，ともに避難しようとする姿だった。すなわち，イヌやネコはペットではなく，家族の一員同然であり，コンパニオン・アニマルだったのだ。そうでなければ理解できない避難行動である。「家に帰って会いたいのは誰ですか？」とたずねてみると，その答えに，家族の名前を言わないで，ペットの名前を答える人が増えている。このような事柄は，ペットが家庭内において重要な役割を担い始めていることを示唆している。

　ペット・フードの流通量調査から，ペット数が急速な伸びを示していることがわかる。しかしながら，これからわかるペットは，ドッグフードとキャットフードで飼われるものであり，爬虫類がはたして何匹ほど飼われているのか，魚が何匹飼われているのかはわからない。しかしながら，ペットが家庭において見過ごすことのできない存在になりつつあることは事実だ。家によって，外でストレスいっぱいの父親が帰ってくると，「父のストレス」→「母のストレス」→「子のストレス」→「ペットのストレス」となって，怒り狂うペット・パラダイムが成立しているケースもあるだろう。

　更生施設・宿所提供施設等へ単身で入所する人の調査をみると（橋本，1992），

家庭に関する理由で入所する人の割合は，昭和27年から39年までを第1期，昭和40年から49年までを第2期，昭和50年から60年までを第3期とすると，第1期は27.3％，第2期は33.1％，第3期は45.5％と次第に上昇していることがわかる。この結果においても，時代とともにわが国の家庭崩壊の状態をうかがい知ることができ，いいかえるなら家庭は癒しの場でなくなりつつある。

　"家族ごっこ"サービスが始まっている。これは劇団メンバーのアルバイトで行われることが多い。息子夫婦役や娘夫婦役のニセ者たちが老夫婦宅を訪れる。玄関を入るときから，「おじいちゃん，おばあちゃん，元気にしてた？」という調子だ。そして一日をニセ者若夫婦と一緒に過ごすそうだ。時には孫役もセットされることがある。しかしながら，このサービスは老夫婦にとって大変快適であるそうだ。さらに，同じセッティングでしばしば再来訪が依頼されるという。老人たちは，従来のような家庭で癒されていないといえる。

　家庭にあった，①経済機能，②身分（役割）機能，③教育機能，④宗教機能，⑤摂食機能，⑥慰安機能などは，その機能の大部分を失った。しかし，⑦保護機能と⑧愛情機能については，家庭には雨露をしのいだり，外敵から身を守る，いわゆる保護機能は存在し，加えて，愛情機能はまだ少しあるから家族は結ばれているのだろう。

C　家庭外化の原因

　家庭外化へ向かわせた原因として，5つをあげることができる。それらは，①家屋の狭さ，②核家族化，③働き方の変化，④モータリゼーション，⑤情報化などである。

　わが国の国土における平地と山地の割合は，平地が約20％，残りの約80％が山地である。このわずかな平地のある，多くは海岸べりであるが，そこに大都市を構成して，多くの人々が集まって高い人口密度で生活をしている。このため，1人当たりの保有面積が狭くなり，家屋が狭小化した。この結果，家にさまざまなモノを所有したり，保有することを許さなくなり，たとえば，スキーに行く場合，スキーの板，スキー・ブーツ，そしてスキー・ウエアをレンタルショップに借りにいく。これは外化である。あるいは，スキーの板を買ったのだが家には収納できない。そうすれば，スキーの板をトランク・ルームへ預けにいく。すなわち，収納の外化である。ひとえに，家屋の狭さゆえの出来事なのだ。

　戦後の家庭は核家族化した。したがって，家には曾祖父，曾祖母，祖父，祖母

たちはいない。このため，家のなかに知恵袋はおらず，その知恵袋に頼ることはできない。加えて，幼い頃から食事中にテレビがついていて，そのテレビは両親よりもずっと博識だった。子どもたちは両親に対して，知識や知恵を期待しない習慣ができあがっている。結婚したい2人は，結婚の方法を家庭で聞かない。代わりに，ホテルのブライダル・アドバイザーやデパートのブライダル・アテンダントにその方法をたずねる。それぞれの家伝来の方法は「家風」といわれた。だが，家風は死語となり，さまざまな方法は一般的で平たく平準化した。

　私たちは働き方に関する選択権を失い，企業がそのすべてを決め，働く個人が自らの労働スタイルを決める選択的余地はなくなってしまった。企業で，「きみ，来週から札幌勤務です」といわれれば，翌週から札幌へ行く。疑問の余地なくといえるほど単身赴任を受け入れてしまっている。この現象が，労働の選択権を私たちがもっていないことを象徴的に示している。働き方に合わせるために……，働きを優先させて……，家庭の側がクッションとなり，家庭の側で働き方を受容する対応策を講じてきたのだ。もっとも生活者として，その働き方についての深い検討や，その働き方に対する反省はほとんど行われていない。つまり，戦後の家庭の外化へ進ませた最大の原動力は，この働き方にあった。

　保育方法について言及してみよう。現在の保育制度は，働きに適合させるために必要となり，一般化したといえる。本来の保育制度は，夫と死別した勤労未亡人の対策であった。しかし今日，保育制度はその意味を変えてしまった。勤労女性たちの育児対策としての保育所だ。工場や病院に付随する保育所の存在で，その意味がはっきりとわかる。さて，保育所へ子どもを預けている人が，子どもの発熱で保育所へ子どもを迎えにいくことは，労働から離脱することである。労働を中心にすえて考えると，子どもの病気の場合でも働ける制度は……となる。結果は，「病児保育制度」である。保育所と病院が提携して，子どもが発熱しても病気になっても親があらわれる必要はない。子どもは保育所から病院へ移されて療育が続けられる。病気のときでも，両親があらわれないシステムが病児保育制度なのだ。しかし，病気の際の子どものこころは，両親をいちばん必要としているのである。人間としての本来的労働は，子どもが病気になれば，その子どもの面倒をみることができるような働き……，このような働きこそ本当の働きなのだ。

　懸命に働いた勤労女性に対して，保育結果は「お母さんは僕を生んでくれただけ」と言わせてしまうものでは，過酷な労働に見合った答えではなく，あまりに

もみじめな答えではないだろうか。日本青少年研究所が，1995年に日本，米国，中国の高校生を対象に実施した「親孝行調査」によれば，「どんなことをしてでも親の面倒をみたい」と答えたわが国の高校生は，わずか16％であった。ちなみに米国のそれは46％であり，中国は66％で，わが国は2割にも満たなかった。「できる範囲で面倒をみたい」と答えた高校生は，日本75％，米国と中国は30％台であった。やはり「親孝行調査」の答えは，現状の子育てに対する痛烈な回答になっている。

　家の玄関は，古来，道路から家へ入ってくる文化や文明の入り口でもあった。このため，玄関はいつでもきれいに掃き清められ，時に塩などもまかれた。しかし今日，村へと立派な道路がつくと，家から若者がいなくなり，同時に家のなかのさまざまなモノが流出していく。つまり道路の今日的意味は，家からヒトやモノを出してしまうものとなった。結局，玄関は出口に変わってしまった。同時に，現在の玄関は汚くなった。この道路を介して搬出するツールに車，すなわちモータリゼーションの存在がある。

　家庭を外化へ向かわせた大きな原因は労働であった。しかし今後，これに加えて，さらに外化を促進させるものがある。それは「情報化」である。まもなく人工衛星やテレビ・ケーブルなどの情報回線が完備するだろう。そうすれば，家のなかに知識や知恵などのソフトを保有する必要がなくなる。現在，百科事典を購入する人もいるだろう。しかし百科事典の特徴は，それを買ったときから古くなることである。そして場所を大いにとる。今後発達する情報化システムを使えば，百科事典購入において生じたような陳腐化は起こらない。家でキーボードをたたいて，最新の百科事典のページを開けてディスプレイから見ることができるからだ。おまけに今までのような場所はいらない。家のなかにビデオのカセットがごろごろして困っている人も多い。しかしこれからは，VOD（video on demand）が始まる。ビデオ・カセットを家に保有する必要はないのだ。情報回線を介して，家で見たいビデオが，見たいときに見られるからである。同様に，ゲーム・カセットが家のなかにごろごろして困っている人も多いはずだ。これからはGOD（game on demand）によって遊びたいゲームがたちどころに，いながらにしてプレイできるのだ。このような情報化の傾向は，家のなかに知識や知恵や情報などを保有する必要がなくなる方向へ向かわせる。この意味から，労働の家庭へ及ぼした影響より，はるかに強大な影響を及ぼす可能性を有している。これまで経験

をしたことがなかったほどの家庭外化が始まろうとしている。

d これからの対策

(1) 外化の原因対策

家庭外化へ向かわせた原因として5項目，すなわち①家屋の狭さ，②核家族化，③働き方の変化，④モータリゼーション，⑤情報化をあげた。この原因に対する対策を考える必要がある。家庭外化の5つの原因のなかで，最も大きな影響を与えた原因として，「働き方の変化」を指摘した。したがって，働き方への対策について考えた。

労働があって人が存在するのではなく，人があって労働が存在する。人にとってよい労働のしくみは，果たしてどのようなものであるのか，家庭の存亡を前にして今や猛省のときに立たされている。単身赴任を受け入れることは，本来的な家庭成立を危うくしていると受け止めることのできる生活者の感覚，できることなら子どもを預けずに働けるスタイル……。しかし，本来の生活者としての感覚が鈍くなっているのではないだろうか。子どもを預けて働くシステムは，とめどもなく拡大させる方向ではなく，ある一定の歯止めが必要である。そして，親としての子育て責務が果たせるような労働となる必要がある。このためには，残業を定例化してしまう長時間労働や，交代制勤務制の採用や深夜労働などは制限すべきだろう。現状のような働き方が異常であるという普通の感覚が鈍麻しているのだ。

(2) 家庭の機能回復

家庭にあった8つの機能を回復させること，また，家庭の8つの機能を再現できたり，再構築できる場を導入することも考える必要がある。近年，キャンピングのようなアウトドア・ライフが人気をよんでいる。このアウトドア・ライフでは，メンバーが一致協力して分業したり協業したりしながら作業遂行する。ここには，かつて家庭にあった8つの機能がほぼすべて存在していることに気づく。したがって，このような場を導入することがひとつの家庭外化への抵抗につながる。現在の家庭の場では，この機能回復が困難な場合，さらに，別荘生活を採用する視点をもっておいてもよい。別荘生活を高嶺の花とするのではなく，80％の未使用・未利用の山地を有効に使うと考えれば，コストのうえでもさほどの高負担ではないはずだ。これまで，別荘生活のもつ意味について，体系的に整理したものはほとんどないが，「新しいライフ・スタイルへのヒント」（三戸，1994）は

この参考になるだろう。ここでは，一気にそして抜本的に場面を変え，①固有リズムへの回帰，②脱日常性，③故郷化と自然から論じている。ストレスの癒し機能として積極的に受け止めてよいものだ。

加えてペット飼育を，否定的に受け止めるのではなく，ポジティブに受け止める立場もある。すなわち，ペット導入が家族をつなぎとめる効果をもったり，ペットに癒し機能を求めたりすることができる。今後はペットのもつ意味や機能に関する学術的検討が必要である。

産業ストレスを2区分すると，①ヒト関係ストレス，②モノ関係ストレスに区分することができる（図6-8）。①ヒト関係ストレスには，社内人間関係，配転，出向，転勤，単身赴任，昇進・昇格，転職，派遣などが当てはまる。②モノ関係ストレスには，新技術，技術革新，監視作業，検査作業，流れ作業，コンピュータ化，テクノストレスなどがあるだろう。これらのストレスを解消するためには，①ヒト関係で解消，②ヒト＋モノ関係で解消，③モノ関係で解消と整理することができる。①ヒト関係には，夫婦，親子，家族，友人，ヒューマンサポートなどが含まれる。②ヒト＋モノ関係は，ゴルフ，茶道，華道，香道などが該当し，いわゆる道具と仲間が含まれるケースが多い。そして，③モノ関係には，日曜大工，コンピュータゲームなど，一人で行う趣味がある。さて，ストレスを解消する人は，身体が動く場合は，①ヒト関係，②ヒト＋モノ関係，③モノ関係いずれでも対応が可能だ。しかし，身体がダウンして動かない場合，②ヒト＋モノ関係と③モノ関係は機能しないことが多い。したがっていつ，いかなる場合でも，有効な対策となるものは①ヒト関係であることがわかる。つまり①ヒト関係の機能を低下

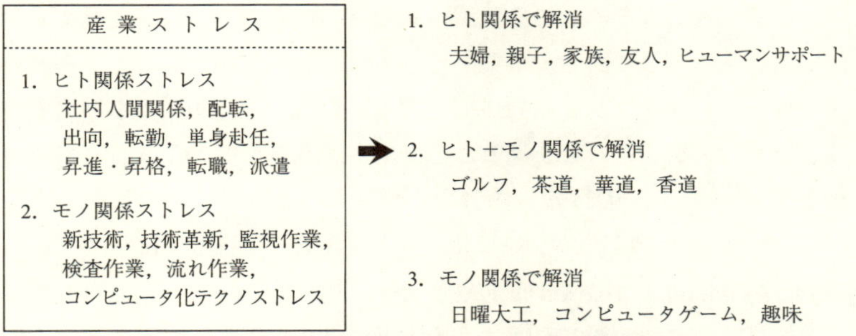

```
     産業ストレス              1. ヒト関係で解消
                                    夫婦，親子，家族，友人，ヒューマンサポート
 1. ヒト関係ストレス
     社内人間関係，配転，
     出向，転勤，単身赴任，
     昇進・昇格，転職，派遣    ➡  2. ヒト＋モノ関係で解消
                                    ゴルフ，茶道，華道，香道
 2. モノ関係ストレス
     新技術，技術革新，監視作業，
     検査作業，流れ作業，
     コンピュータ化テクノストレス   3. モノ関係で解消
                                    日曜大工，コンピュータゲーム，趣味
```

図6-8　ヒトとモノからみたストレスとその解消

●2　第1のタイプのために
a　産業ストレス管理基準

　労働省は作業負荷が過重にならないために，現在，8つの「作業管理基準」を規定している。これらは，「キーパンチ作業」「重量物取り扱い業務」「金銭登録作業」「重量物取り扱い以外の業務」「チェーンソー取り扱い業務」「チェーンソー以外の振動工具取り扱い業務」「引金付工具を取り扱う作業」「VDT作業」などである。いずれも一定時間，これらの作業を継続すると，一定時間の休憩を取らねばならない。いいかえるなら，これらの作業は，労働基準法にしたがって約8時間労働をすれば，職業性疾病に陥る危険性が高いのである。そして，これらの作業を労働基準法どおりに実行すれば，労働日周期のなかで，翌日の仕事開始時点に疲労を持ち越し，慢性疲労状態となって容易にもとの身体にもどらなくなる危険性を有する。

　しかしストレスについては，現状では「産業ストレス管理基準」というものはない。すなわち，「働く人が，これ以上のストレスをこうむると精神的に病んでしまう」という管理基準は作られていない。現状では，各自のこうむっているストレスを客観的に測定することができない。しがって，産業ストレス管理基準を作ることは今は難しいかもしれない。しかしこれに代わるものを作ることを急がねばならない。次善の策としては，働く人をして過度に，あるいはむやみにストレスを高めることを制限することでなる。

b　今後の労働・生活スタイル

　まず，産業ストレスそのものを低減させたり，産業ストレスを受けても労働時間内に解消させることである。事業所としては，労働省の展開するトータル・ヘルス・プロモーションプラン（THP）を有効利用し，心理相談員を事業所内においたりしながらストレス対策を図ることである。さらに2000年9月に労働省の新しい施策が，「事業所における労働者の心の健康づくりのための指針」として出された。あわせて参考にしてほしい。さらに，従業員援助プログラム（Employee Assistance Program：EAP）がわが国においても活動を始めている。米国の企業は，こころの健康問題を外部機関のEAPに委託することが一般的である。外部EAPは，社員のプライバシーが守られやすく，この点も米国で外部

EPA を採用する理由である．この EAP とは，企業外部においてストレスなどに関する相談を受け入れる受け皿のことである．EAP は，24時間態勢で社員や家族の相談を受け付け，治療が必要な場合は契約医療機関へ紹介する．こころの健康問題は，企業のなかでは相談しにくい．たとえば，上司と人間関係がうまくいかない場合，本当のことを企業内の心理相談室でありのままに話すだろうか……．そしてこれは，中小企業でも対応ができる制度でもある．

　次に，産業ストレスを受けても，24時間の生活周期のなかで解消させる．すなわち家庭生活の見直しである．とくに強調しておきたいのは，ストレスを1日の労働周期のなかで上手に解消することを考えるべきだということである．わずかなものでも産業ストレスを翌日に持ち越すと，その累積が次第に大きな影響力となっていく．このため，自宅にいるときに，ストレス解消ができるような家庭を築くことが肝要だろう．ただしこのことがらは一朝一夕にはできず，毎日の生活の仕方の積み重ねにポイントがある．

　「忙しい，忙しい」と仕事に追い回されるゆとりのない生活では，親子の接触や夫婦の会話のような家族間交流も欠けてしまう．そして，自然との接触時間もなくなってしまうだろう．そこでは，人間性は豊かにならないばかりか，人間性はやせ細る一方である．しあわせ感が育つ余地はない．ゆとりあるこころは，ぎすぎすしていなくて余裕がある．ごくわずかの自然の変化に対しても，それに気づく余裕をもち，そしてその変化を楽しむことができる．いわゆる小さな楽しみであっても楽しむことができるこころである．このようなゆとりある生活をすすめるにあたり，月当たり残業時間はどの程度におさえるべきだろうか．いきいきとした労働意欲を維持できる残業時間について，一連のライフ・スタイル研究から三戸ら（1995）は，月当たり20時間までと算出している．

　ストレス緩和のため，労働スタイルだけではなく，生活のライフ・スタイルや社会のライフ・スタイルなどを含めたライフ・スタイルについて，トータルに考えていくことが重要になる．この視点からの解析は，すでに著しているので，その成書を参照していただきたい（NIP 研究会，1990；1995）．

● Essay 4 ● 働きざかりのメンタルヘルス

　日本の自殺者総数は1997年度の2万4,391人から1999年度には3万3,048人と35.5％の増加をみている。この数字の背後には，未遂者が何倍となくあることを忘れてはなるまい。自殺の予備群にうつ病，うつ状態，経過の長い遷延性うつ病などがあるが，一般に精神科の専門家の間ではうつ病は軽症化してきたといわれている。しかし，企業をとりまく不況が長びき，中・高年のうつ病者が，自殺の発生を押しあげているのはたしかである。

　筆者は非常勤の産業カウンセラーを務めてきた。1995年度より職場の組織がめまぐるしく変わり，統廃合が繰り返され，社員はもとより，職場不適応者がリストラのたびに症状が重くなったり，精神的な負荷を受けていることを筆者は感じとっていた。

　定年延長が60歳から65歳とされたのは過去の話で，絵に描いた餅にすぎなくなっている。従業員5,000人余りの一流企業の2000年度定年は54歳で，来年度は，52歳に繰り上げられ，年々，前倒しの制度を採っている。早い定年を迎えるまでに，40歳代の半ばで関連企業や子会社に出向を命じられることも少なくない。一度，出向すれば，もとの本社には戻ってこられない。サラリーマンにとって片道切符しか渡されなくなった。幸いにも，本社なり親会社に残ったとしても，何回となく，給与体系の見直しが行われ，人事考課も業績中心で，減俸されることが当たり前のこととして運用されている。労働者が失敗とか不行状を起こさなくともマイナスの査定が行われ，月給，昇給率，ボーナス，退職金にひびくことになる。

　産業カウンセラーの目からみても，人員削減やコストダウンを中心とした企業努力は限界点に達しているといえよう。それでも多くの労働者は無理を重ねている。家族と一緒に暮らしたい，平凡に暮らしたいと思っていても，単身赴任を余儀なく強いられる。1日12時間営業で外まわり，営業所に戻って，日報の整理，食事は外食で偏った食材しか口にしていない。このような生活が続くうちに，眠れなくなり，夜中または早朝に目が覚める経験をしている。食欲もなくなり，体のだるさが自覚されるようになった。これは52歳の営業マンの症状であるが，うつ状態の始まりといえ，ここで会社を休み，しかるべき専門家の治療を受ける必要がある。このまま無理を重ねると，第2の状態，うつ病様症状（不安・焦燥，自己否定的思考に支配される，行動力の低下）をみるようになる。第3の段階では希死念慮に支配され，うつ病が自殺につながる。

　筆者は軽度のうつ状態を「こころの風邪ひき」，第2のうつ症状は「こころの肺炎」，第3のうつ病による自殺は肺がんと考え，早期予防，発見に努めねばならないと考えている。多くの成人病が生活習慣病としてその対応が考えられているが，サラリーマンの自殺，うつ病，うつ状態にも同じことがいえる。

（島田　修）

■7章■
コンピュータ化・情報化と産業社会

　マイクロエレクトロニクス化を基盤とするコンピュータ・システムと通信・情報システムの整備・発達は産業社会に大きな変化をもたらしている。エネルギーの制御・利用に加え，情報・知識の伝達・処理・利用が容易になり，広範囲の製品およびサービスに組み込まれるのみならず，生産工程，商取引，研究開発，経営管理等にも利用されるようになった。また世界規模の情報交換は，国の枠を越えて地域特性と地域格差に目を向けた経済活動を促進し，産業構造の変化を加速している。生産現場に目を向けると，自動化が一段と進み，多くの熟練労働が数値制御機器やロボット等の操作に変わり，また監視的な作業が増えている。サービス部門や事務部門では，書類・伝票，通信・連絡，会議・稟議，取引，会計等が電子化されていっている。本章では技術革新下の産業社会で働く人々に焦点を当て，雇用調整，労働態様の変化，事故，健康といった問題をとりあげ，安全・健康・快適で人間らしい労働という観点から労働のあり方を探る。

1節　コンピュータ化・情報化と労働環境の変化

● 1　マイクロエレクトロニクス化とコンピュータの発達・普及

　1970年代以降のマイクロエレクトロニクス（ME：Micro Electronics, 微小電子技術）とその応用製品の急速な開発・普及という潮流はME化とよばれる。製造業における工程の管理および発達したセンシング技術と結びつけての機器やロボットの制御，事務部門での各種電子情報機器を使用する機械化事務作業，金融，流通，通信・情報産業における膨大なデータの管理はコンピュータの存在をぬきにして語れない。私たちの身のまわりでも，パソコン，日本語ワープロ，ゲーム機，多くの家庭電化製品や自動車にもマイクロコンピュータとよばれる超小型化されたコンピュータが組み込まれ，機器の動作を制御している。

　コンピュータは単独で使用されるだけでなく通信回線で相互に接続され，ネットワークを形成して各種業務を支援している。種々の規模の種々の業務用ネットワーク以外にも，右頁に示したように「インターネット」とよばれる世界を覆うネットワークが形成され，基本的には個人・団体・企業にかかわらず誰もがその上で自由に情報を入手・発信できる。またインターネット上で稼動している電子メール（e-mail）は従来の手紙のやりとり以上のことを即時に，かつ世界規模で可能にしている。近年急速に普及したこのインターネットは，情報入手と提供の方法および商取引，金融・証券，生産，経営，行政サービスなどに関して，従来の枠組みを大きく変えつつある。インターネットに代表される情報通信技術の応用は，その変化と影響力の大きさからIT（Information Technology）革命と称されている。

　しかしながら驚くべきことに，それらコンピュータの普及と発達はたかだか50年の歴史をもつにすぎず，普及が進んだのは1980年代以降のことである。

　世界で最初の電子式コンピュータは1946年に米国で製作されたエニアック（ENIAC）である。砲弾の弾道計算のために設計されたこのコンピュータは1万8,000本の真空管を使用しており，長さが約30m，重さが約30トン，電力消費量150キロワットという巨大なものであった。しかし約30分に1回発生する真空管の故障のために長時間の運転は困難であった。1948年にトランジスタが発明された。1950年代後半から1960年代前半にかけてコンピュータはトランジスタ化され

インターネット

　1969年アメリカ国防省高等研究計画局（ARPA：Advanced Research Project Agency）が，核戦争などの危機を背景に，ある通信経路が破壊されても迂回経路を通って通信が確保できることを目標として，冗長な網目状の通信経路網（ネットワーク）の構築とその経路網上での通信方法の確立をめざしたプロジェクトを開始したのがインターネットの始まりである。

　経路網に加えてパケット交換とよばれる通信技術が採用された。情報を細切れにし，個々の断片は目的地などを付加してパケットとよばれる小包に荷造りして順次送り出す。経路網上の各交差点には道案内のためにルーターとよばれる機器を置き，小包を適当な行き先に転送する。ルーターによる転送の繰り返しが各小包を最終目的地に届ける。それら小包は次々にネットワーク上を目的地に向かって流れるが，途中で経路の破壊や混雑などでつながらなければ自動的に別の経路を探して目的地に向かう。小包がある経路を流れているときにその経路が破壊されて特定の小包が失われても，後続の小包は別の経路を通って目的地に向かう。目的地では細切れにやってくる情報を送り出された順番に並べ替える。欠落があっても一部が届けば受け手側は再送信を要求し，全情報を入手できる。

　1969年にカリフォルニア大学ロスアンジェルス校を中心に4校を結ぶARPANETが運用を開始し，ネットワーク技術と安定運用の検討およびメーリング・システムなどのアプリケーションの開発が始まった。1983年にはTCP/IP（Transmission Control Protocol/Internet Protocol）とよばれる通信規約が完成し，ARPANETは国防省から離れ，研究者のネットワークとして歩み始めた。1985年には全米科学財団（National Science Foundation）が学術研究支援のために構築したNSFNETと相互接続し，その後，他のネットワークもNSFNETを通じて相互接続され，拡大を続けた。1990年には米政府は「学術研究目的に限る」という制限をはずした。高速・大容量の通信回線網の整備を背景に多くの商業ネットワークが加わり，世界を覆う現在のインターネットへと発展していった。

　インターネットの発達には今ひとつ重要な背景がある。それはネットワークへ熱意をそそいだ多くの人々の活動である。1977年に開発されたXMODEMプロトコルによる「草の根BBS」とよばれる小規模ネットワーク，ARPANETとは無関係に1979年にデューク大学の大学院生が始めたUSENET（User's Network），インターネットサーバー構築ソフトや利用ソフトの開発と無料公開などにそれらの人々の熱意の一端をみることができる。

　わが国では1984年に立ち上がったJUNET（Japan University Net Work/Japan Unix Net Work）をベースに，1988年にWIDEインターネットプロジェクトが組織されたが，公的機関からは長い間異端視され続けた。1993年になってWIDEインターネットはパソコン通信サービスのNifty-Serveと相互接続され，また1994年にはIIJ（Internet Initiative Japan Inc.）が専用回線を使っての国際インターネット接続サービスおよび公衆電話回線を使ったダイアルアップIP接続サービスを始め，一般の人々の利用が可能になった。その後多くの接続業者（プロバイダー）やパソコン通信サービスもインターネット接続サービスを行うようになった。

　利用者の立場からみた場合，接続業者やパソコン通信サービスを通しての接続が容易になり，またインターネットに接続する端末機やソフトも容易に入手できるようになった。1995年に発売されたパソコン用OS「Windows95」はOSレベルでTCP/IP接続およびサーバーとの接続やプロバイダーとの接続をサポートし，さらにまたインターネット上で接続相手の選択・切り替えや接続相手とのコミュニケーションおよび電子メールのためのソフトまでも標準装備していた。パソコンがLAN（Local Area Network）環境やインターネット環境を標準装備するようになり，インターネットの普及に拍車がかかった。

　インターネットはコンピュータの前にいる人同士での双方向の通信，複数の人々への情報発信と返信，各種データベースへのアクセスを可能にしており，科学技術分野，商取引のみならず，他のさまざまの分野において，発展と活用が期待されているが，規制の介入を最小限にとどめ，公共性と自由さを確保し，さらに発展させるために利用者の良識と価値ある情報の発信が求められる。

小型化が進むと同時に，長時間の安定使用が可能になった。しかしながら1968年に設置されていたコンピュータはメインフレームとよばれる大型とミニコンとよばれる小型をあわせて3万台にすぎない。

1961年に集積回路（IC：Integrated Circuit）が，また，1971年にICによるコンピュータの心臓部CPU（Central Processing Unit）が開発された。これら新しい素子を用いて完成品としてのパソコンが市販されたのが1977年である。

集積回路は大規模化され，1960・1970年代の大型コンピュータに匹敵／陵駕する性能をもつ超小型かつ安価なコンピュータの大量生産が可能になった。製造現場では数値制御工作機器や産業用ロボットが普及し，またそれら機器を含む生産システムを統合してコントロールするFMS（Flexible Manufacturing System）とよばれるシステムにより一品種大量生産から多品種少量生産への移行が可能になり，従来からのファクトリ・オートメーション（FA：Factory Automation）の進行が異なった次元に引き上げられた。

生産部門にくらべて合理化の遅れていた事務分野でもオフィス・オートメーション（OA：Office Automation）をかけ声に，コンピュータ支援を受けての大量データの処理と管理，ワープロによる書類作成と管理による生産性向上が図られた。またコンピュータを結ぶネットワークの普及は，全国を網羅する銀行オンライン・システムや航空券／鉄道切符の予約・販売システム，広域にわたる販売の管理に使用されるPOSシステムにみられるように，広域データの収集・処理・管理・効率的利用を可能にした。また企業内の端末機を結ぶLAN（Local Area Network）や系列事業所間あるいは取引相手等の関連企業間を結ぶネットワークも，文書の作成・管理に加えて，事務連絡，会議，掲示板，稟議，取引，決算などを電子化し，事務・流通部門での合理化を促進させつつある。

しかしながら，こういったコンピュータ化・情報化はその一方で従来の労働条件や労働環境，そしてまた作業形態を質的・量的に変容させ，また，雇用問題，健康問題など，多くの問題を提起している。

● 2　コンピュータ化・ME合理化と雇用問題

コンピュータ化の直接的な影響としては，生産性向上・合理化にともなう人員削減，適応困難な中高齢者の職場や職種の変更とそれにともなう教育訓練，機器操作を主体とする作業増とそれにともなう女性の職場進出，作業単純化による

パート労働の増大，障害者や高齢者の職域拡大，そしてまた長期的な雇用構造の変化といったさまざまなものがあげられる。ここでは雇用調整と仕事の分かち合いをとりあげる。

a 雇用調整

企業にとっては経営の合理化のためにも，激しい企業間競争から落後しないためにも，生産性の向上が必要であり，そのために新技術が導入される。新技術導入により効率化が図られると余剰人員が発生する。新しい職種が発生すると同時に特定の職種が消滅する場合もある。表 7-1 に ME 機器導入にともない発生，改廃した職務の例を掲げる。

新技術導入にかかわる諸問題のうちの最大の問題が雇用問題である。企業でも社会全体でも対処が求められる。まず企業内の対応であるが，わが国の多くの企業では終身雇用制が定着しているので，余剰人員が生じても欧米諸外国と異なり解雇やレイオフは困難である。そのため，新技術導入前より導入に向けて雇用減，雇用調整が図られ，導入時には配置転換，転勤，子会社や系列会社への出向などにより余剰人員の吸収が行われる。過剰雇用は新規採用者の抑制，希望退職者の募集，定年退職者の不補充などで調整される。新規業務では外注化や派遣労働者の受け入れ，あるいはパート化されて常雇用者が抑制されることが多い。

社会全体としてはどうか。歴史的には技術革新やオートメーション化は一時的には特定分野の雇用減少をもたらしたとしても，長期的には産業構造の変化・拡大を通して職域の拡大が図られ，雇用機会を増大させてきた。現在進行しているコンピュータ化・ME 合理化も同じ経過をたどるとしても，経済の状況によっては，短・中期的に雇用機会の減少をもたらす可能性をはらんでいる。

表 7-1　ME 機器の導入にともなう発生，改廃職務の例 （労働省，1985a）

新規に発生した職務	端末器の登録・照合，流れ作業における工程管理，電算写植，レイアウトディスプレイオペレート，カラースキャナオペレート，コンピュータによる組版・原稿修正，注射剤検査（機械），デジタル検査，レーザーカッティング，CADオペレート，NCプログラム・オペレート，カセットインプット，段取専任工，電気機器回路設計，設備保全，電子回路保守，冶工具開発，システム制御開発，CAD開発，電気調整職
消滅したり，内容が大幅に変わった職務	在庫台帳担当係，伝票照合作業，工程進行係，文選，植字，写真製版，さしかえ工，注射剤検査（目視），感触検査，裁断，製図作業，帯鋸，穴あけ，シールラベル貼り，染料混合，スリッタ刃物位置調整，原材料供給コントロール，吹付塗装，手圧着工程

新技術による雇用影響は，①新技術に対応するための技術および研究開発部門の拡大による雇用増，②新技術を利用・応用した製品やサービス需要の拡大による雇用増といった2つの増加要因と，③合理化による雇用減要因とがある。社会全体として，雇用減を上回る雇用増を生み出す社会経済環境をどのように創っていくかが問題である。

　わが国では好況な経済に支えられ，1980年代はこの問題はあまり顕在化してこなかったが，バブル経済崩壊以降，雇用過剰感を抱く企業が増加している。『労働白書』（労働省，1996）は，1995年の完全失業率は3.2％と1953年以来42年ぶりに3％を超え，とくに若年層（15～24歳）と高年齢層（60～64歳）でそれぞれ6.1％，5.7％と高くなったことを指摘している（完全失業率はその後さらに上昇し続け，2000年2月・3月には4.9％となっている）。また，企業は高付加価値化や新規分野への展開が求められるとし，そのための人材育成／能力開発が迫られている。人材育成／能力開発では，①技術革新に対応するために創造性や高度な専門知識・技術，②急速な情報化の進展に対応する能力，③リストラへの対応として，労働移動を円滑に進めるための職業転換と能力開発，④熟練技能の維持・継承，⑤高齢者，パート，派遣労働など特殊な就業形態の人々の職業能力の開発が必要とされる。

b　仕事の分かち合い

　雇用問題の解決のひとつは仕事の分かち合い（ワーク・シェアリング）である。仕事の分かち合いとは限られた雇用機会をより多くの人々で分かち合うことであり，社会全体として総雇用量の再配分を図るというものである。方法としては，①所定内労働時間の短縮，残業の削減，交代制の見直し（直の増加など），有給休暇増，休日増等による労働時間短縮，②労働生涯途中での教育訓練機会の拡大による労働時間短縮，③長期ボランティア活動への参加や再学習のための長期休暇制度による労働時間短縮，④教育期間の延長による就職年齢の引き上げと早期・段階的引退による労働人口の減少，⑤一時的な不況や過剰雇用への対処として，人員削減回避のため労働時間を短縮しての仕事の分かち合い，⑥特定の短い時間帯や期間にのみ働くことを希望する高齢者，主婦，あるいは働きながら学校に通おうとする者のため，1人の常雇用者の代わりに複数のパートタイマーを雇用するといったことが考えられる。

　労働配分の増加を図るなかで，合理化による成果の一部を労働時間短縮に回せ

ば，①その産業で働く個人に還元され，また，②雇用創出という形で社会に還元され，③多数の人々が労働時間の減少によってもたらされる自由時間を，個人のゆとりある生活にあるいは創造的な活動に利用できる。ゆとりの実現の促進のためにも，また過剰雇用感と雇用問題の解消のためにも，仕事の分かち合いについての社会的コンセンサスの形成，高齢者の収入確保，および低賃金化や余った時間のアルバイト就労化をもたらさない条件と教育や自己啓発の機会を確保し，仕事の分かち合いを進める必要がある。

● 3　コンピュータ化・情報化と労働の変容

　コンピュータ化・情報化が労働の内容・質にどのような影響を及ぼすかについては，新しい技術をどのような方向で用いるかにかかっている。有害作業，重筋労働，汚れる仕事，単調作業からの解放や軽減，高齢者・障害者労働の支援，高度な技術・情報支援による個人能力の活用と質の高い仕事，情報の共有化，協働作業の支援といった事柄は，いわば光の部分である。しかしながら経済原理や競争原理にもとづく新技術の導入には，健康破壊，大量の単調単純反復作業，コミュニケーションの減少といった影の部分が潜んでいる。

　　a　熟練労働の解体

　ME化は熟練労働の解体を進める。従来は個人が訓練・学習・経験を通して獲得・蓄積し，個人的にあるいは教育や会社組織といった社会システムを通して伝承・発展させてきた知識と技術・技能が解析されて，細分化・標準化され，大規模に機器システムに蓄積される。処理や判断の大部分は機器システム上で自動的に遂行される。知識や熟練を必要とした仕事が比較的短時間の教育訓練により誰にでも可能になる。たとえば，金属加工，金型づくり，溶接，塗装，レンズ磨きなどは数値制御加工機器やロボットの操作に変わり，業務内容に関して経験・知識に加えて時には芸や勘をも動員した仕事が材料の準備・供給，データ入力，監視作業などになり，処理とその結果出力は機器システムにまかされる。

　ME化・コンピュータ化された作業は機器操作が多く複雑にみえるが，本質的な理解や機器システム上で遂行されている判断処理に精通していなくても，機器の指示に従っていれば一応の作業ができる。必要な知識や技術が中途半端であり，工夫の余地が少ない。細分化・標準化された作業なので短期間の学習と訓練で誰にでも可能であり，仕事の仕上がりは誰が行っても大きくは異ならない。

作業者は新しいシステムの使用に喜びや誇りを感じたとしても，一通り習得してしまうと，機器システムの機能を補助する底の浅い仕事であることに気づき，誇りや自信，期待感は消失する可能性がある。また，カタログ性能以上の使いこなし，工夫，改良を試みようにも，基礎となる技術・知識および膨大な関連知識が十分でなく，それらを系統だてて獲得するための十分な教育・訓練の制度と時間は望みにくく，作業を通しての能力開発やキャリア形成が困難である。

石垣（1986）の電気産業の生産現場実態とアンケート調査の報告によれば，ME化で「仕事が単調化し，やりがいがなくなる」とみるものが60％もおり，ME化が最も進み監視作業の多い半導体工場では7割弱にも及ぶ。特定の機器操作は30分の訓練で一人前の仕事が可能といわれているという。

熟練技術の解体がもたらす他の問題にもふれたい。多くのME化されたシステムに組み込まれた手順と条件は熟練技術を解析・模倣することで得られた。通常の実験的な解析が及ばない領域でのノウハウが熟練技術の解析から得られた。今後ME化されたシステムを単に規模の拡大や組み合わせの複雑化を超えてさらに進化させようとしたとき，熟練技術に代わってその基盤となるものがあらわれるであろうか。熟練技術が衰退するとある種機器システムでは発展が見込めなくなるのではないかという危惧がある。また現実の問題としても，熟練技術が失われると生産システムで発生した不良品の手直しができず歩留まりが悪くなる。その対応のためにも，また将来の発達をはぐくむ基盤としても，熟練技術の継承・発展は必要である。

b　大量の単純反復作業と過密労働・過大負荷

テイラーイズムの流れをくむ現在の職務設計の基本原理は次のように要約できる。生産の効率化のために各工程の単位作業時間の短縮を図る。そのために，職務を細分化・単純化・標準化して，一個人には一作業だけを割り当てる。標準化された単一作業を割り当てるので訓練が短時間ですみ，単一作業の反復なので作業効率が向上する。また個人の責任範囲が明確になる。しかしながら，過度の分業・細分化による作業単純化とその反復は，作業者に単調感や飽きを抱かせ，また身体の局所疲労をもたらす。注意集中が減退しミスが発生しやすくなる。作業意欲も減退する。単調感を補う工夫，自己実現欲求や満足感を高めて作業意欲の減退を防ぐための工夫が必要になる。そのために職務拡大（作業内容の多様化・統合化）と職務充実（計画や目標設定への参加，管理や業務改善への参加といっ

た作業における自由裁量余地の拡大) を取り入れる。各職場で部分的な権限を移譲した少人数の半自律的な作業集団を形成し, 集団責任のもとにそれら職務拡大と職務充実を実践させ, 作業の効率的な遂行を図る。

　こういった原理にもとづいて細分化された単純作業の反復は従来からもしばしば過大な作業標準 (標準として設定されている作業量) と結びついて作業者に過密労働と過大負荷をもたらしていた。効率追求に目をうばわれた技術革新の導入はこの傾向を助長する。基本的には大量のデータや材料を効率よく処理することを目的に ME 機器やコンピュータ・システムが導入される。生産ラインやシステムに人間が組み込まれるのは, 機器システムだけでは処理しきれない仕事が含まれていたり, 機器でも可能であるが機器よりも人のほうが効率的 (安価) な場合である。対人的な対応, 総合的な判断にもとづく操作・対応, センサーとしての人間の目や耳, 入力手段としての手指のはたらきが期待されることが多い。通常, 機器システムの最大速度は人の処理速度よりも速く, システム全体の処理速度は人の処理速度で決定される。処理速度を下げているのは人の介在している部分であることが多い。1件の処理が終わると次の処理が待っている (オンライン・システムのデータ処理などでは, 応答が遅くていらいらさせられる場合もあるが)。大量処理のため作業者が行うべきことは数多くある。機器システムに作業者の休憩時間やゆとりのための待ち時間を組み込んだりはしないので, 必然的に長時間の連続・高密度作業になりやすい。目や手指・腕など身体の一部機能が酷使され, 過大な生理的負荷がかかりやすい。また職務拡大が取り入れられて, 1人が複数の作業を受け持ち, 空き時間には他の作業を割り込ませ, 手待ち時間を作らないという作業構成が作業密度をいっそう高める。

　過大負荷への対策として機器システムの改善や人間工学的対策がうたわれるが, 効率を追求する限りは, いくら機器システムが扱いやすくなったとしても, そのことは一作業サイクルを短縮するだけであり, 作業密度を高める結果にしかならない。本章の3節2項の対策に示すように, 機器システムに加えて, 生産標準, 作業時間と休憩, 作業方法等の検討が不可欠である。

　C　ソフトウエア労働

　コンピュータ・システムや産業用ロボットはハードウエアであり, ソフトウエアなしには動作しない。機器システムに定型的な作業をさせる一方で, 必要に応じて作業の仕様を変更したり, 他の種類の作業をさせることも多い。機器システ

ムの開発だけでなく維持管理や改善にもソフトウエアの作成や変更が行われる。

知的・頭脳労働といわれるソフトウエア開発に従事する人々の実態はどうか。彼らの仕事についての意識をコンピュータ労働研究会（1983）の報告からみてみたい。SE，プログラマといわれる狭義のソフトウエア労働者は75％が仕事を面白いと感じている一方，仕事に誇りをもてない人が38％，自分をスペシャリストだと思っていない人が63％，仕事に将来性を感じられない人が55％，5年以内にやめたいと思う人が63％もいる。

仕事を面白いと感じながらも，誇りをもてず，やめたいと思わせる原因は何か。基本的には，直接目に見えない情報や知的生産物の生産性とその付加価値が正当に評価・見積りされず，正当な対価が支払われていないことによる。コスト切り詰めのしわ寄せがソフトウエア作成費用に向かう。また外注化・下請け化は労働条件の悪化を招き，過当な受注競争と派遣という形態がそれに拍車をかける。システムあるいはその一部が正常に稼働したときには喜びがあり自信がわくが，員数不足と短すぎる納期は過度の残業を余儀なくさせ，過労や生活障害（日常生活の不便）をもたらす。マニュアルや仕様書と首っ引きの作業やバグとりとよばれるエラーの発見・排除は神経をすり減らす。システムが停止する夜間に作業を行ったり，派遣先の時間に合わせたりしなければならない。労苦のわりには報われない。また，繁忙すぎることと，ソフトウエア作成でも分業化と細分化が進み，ルーティン作業が増加していることと，技術革新のテンポにあわせて常に新しい技術や知識を吸収しなければならないが，そのためのゆとりがないことなどは，専門家意識の欠如と将来性への疑問をもたらす。

d　情報化とコミュニケーション・人間関係

コンピュータ化・情報化でとくに指摘されることは，機器システム相手の作業の増加による同僚などとの会話の減少である。現在では機器システムが一人作業を可能にするように種々の支援を行うのでその傾向はいっそう助長される。通信を利用した在宅勤務も同様である。作業者が分断化され個別化された課題を遂行するだけになると，相互の意思疎通の機会が減り，協力関係も薄れる。人間関係が希薄になり，共同体意識・帰属意識がはぐくまれにくくなる。孤立化が生じやすく，心理的な不安感が助長されやすい。競争意識があったり競争事態が発生した場合には過当なものになりやすい。

職場は課題の遂行に加えて，同僚などとの会話，支援，対立などを介して多様

な価値観を相互に認め合い，折り合いをつけるといった対人関係技術をはぐくむ場でもあるが，孤立しての一人作業は職場のもつこの機能を低下させる。

機器システム相手の一人作業の増大が避けられないとしても，顔を合わせての接触を増やす工夫が必要である。作業グループでの作業標準の設定や作業方法の検討・打ち合わせ，情報交換の場の設定，上司・同僚の助言・支援の役割の制度化，一斉休憩と談話のための時間と場所の確保，ゆとりある作業標準などは会話・交流の機会を増やす。在宅勤務ではサテライトオフィス等での定期的な顔合わせも検討されるべきである。

増加しつつあるコンピュータを介してのコミュニケーションも直接的な接触を減少させる一因である。事業所内のLAN，本社と遠隔地の支店・営業所・工場などとを結ぶネットワーク，取引先など関係する企業間のネットワーク，インターネットなどが普及し，対象を特定しての情報の通知・交換用に電子メール，不特定対象に対しての広報・情報収集用に電子掲示板，意思決定支援に電子会議・電子稟議などが利用されるようになってきた。またグループで行われる大規模なソフトウエア開発や各種設計を支援したりスケジュールを管理するシステムもある。これらグループの協働作業を支援する一群のシステムを「グループウエア」と総称している。

現在の段階ではグループウエアを介しての交流・意思伝達は，顔を合わせての会話と異なり，声の調子，表情，うなずきといった非言語的な情報が利用できず，言外のことばやニュアンスは伝わりにくく，情動も伝達されにくい。情報が共有されている条件のもとでの電子的な交流はある意味で対等でクールで自由な対応の可能性をもつ一方，直接相手と対面しないので，悪くすると対人規範に配慮を欠いたり，極端に走ったりする可能性もある。しかしながら，その長期的な影響については今後の検討課題である。

● 4　テレワーク，在宅ワーク
a　テレワーク，在宅ワークの種類
パソコンなど各種情報通信機器の普及とインターネットをはじめとする各種情報通信環境の整備にともない，会社に出勤して業務を行う代わりに，通信回線を介して自宅あるいは自宅近くのサテライトオフィスやテレワークセンターなどで仕事をこなす"テレワーク"という新しい就業形態が広まろうとしている。社団

法人日本テレワーク協会の調査ではわが国のテレワーク人口は1996年には81万人，2000年には246万人と推定され，米国は1995年時点で910万人と推定されている。

テレワークには多くの形態があるが，典型例として，以下の4種が考えられている。第1は，企業などに勤める者が，希望して週に1～数日，自宅やサテライトオフィス／テレワークセンターなどで業務を行うものである。第2は障害者や遠隔地居住者などの通勤困難者が自宅やサテライトオフィス／テレワークセンターを職場として行うフルタイムテレワークである。第3は，営業や顧客サービスなどのように事業所外での労働が大部分を占める職種のテレワークである。自宅・出先・町角の情報拠点・サテライトオフィスなどさまざまの場所から携帯端末などを介して，行動目標の連絡と必要資料入手および日報など進捗状況報告を事業所とやりとりする。終日，営業などに回って，出社しない"フルタイムのモバイル（移動）型テレワーク"となることが多い。

上記の三者は雇用関係のもとに行われるテレワークであるが，第4に，自営あるいは下請け型テレワークとして，いわゆる SOHO (small office, home office) の労働をあげることができる。インターネットを介する物の売買などの商取引を主体とするものと，下請け的に，データ入力，文字入力，編集・校正，翻訳，設計・製図，デザイン，DTP・電算写植，Web-デザイン，プログラミングやシステム設計・開発など電子情報にかかわる仕事を受注するものとに大別できる。

b テレワークの効果

テレワークの特徴は「出勤がない」あるいは「出勤が減らせる」という点にあり，利点として，通勤負担の軽減と自由時間の拡大，および，そこから生まれる精神的ゆとりと趣味やスポーツ活動，あるいは，家庭や地域社会と仕事との両立といった点が強調される。障害者，高齢者，子どもをもつ家庭の主婦，事業所の少ない地方や僻地居住者にも就業機会が増える利点もある。

企業にとっては，テレワーク化にともなうオフィススペースの縮小とオフィス費用軽減，広範な地域からの人材確保が容易，通勤費削減，社宅や福利厚生施設等の企業負担軽減，災害時の危険分散などといった利点がある。

社会にとっては，大都市集中と通勤混雑の緩和，地方の失業対策と活性化への活用，またとくに自動車通勤の多い米国で強調される自動車通勤による環境負荷の軽減といった効果が期待される。

c 被雇用者のテレワークの問題点・留意点

　被雇用者のテレワークに関しては，労働時間の管理が大きな問題となる。個人的な事情にあわせやすいようにフレックスタイム制やみなし労働時間制が採用されるが，仕事に熱中しすぎて，休息なしに長時間にわたって作業を続けたり，深夜まで仕事をしたりする例も多い。業務内容と業務量の割り当てにあたって，長時間労働にならないように配慮することや，自律しての労働になるので，作業方法や労働時間の管理に関して十分な教育研修が必要である。

　業務に関しては，内容，目標，スケジュール，手順，勤務場所，通常時および緊急時の連絡法などをあらかじめ上司と調整し，文書化しておく。上司との接触が減るので，目標管理と業務進捗状況管理がより重要になる。また，業務を支援する資料や手段の入手，相談・問い合わせ，経費の決算などもネットワーク上で容易に可能なシステムが望まれる。

　人事評価は勤務態度や協調性よりも成果を重視し処遇にストレートに反映する制度が有効である。

　キャリア形成や能力向上のための教育研修や訓練機会の提供も大切である。教育研修会開催，研修ビデオ配布，ネットの双方向性を生かした遠隔研修機会の提供，自己啓発への支援として外部の教育訓練の紹介と金銭的・時間的な受講支援などがあげられる。

　安全衛生面に関しては後述するが，在宅ワークについても労働安全衛生法が適用される。管理者は従業者の身体的・精神的負荷が大きくならないように配慮する必要がある。自宅での作業環境や作業方法に関して，職場での照明，機器類，机・椅子，作業時間と休息などVDT作業ガイドラインに準拠するように研修・指導する。チェックリストを用意して自己点検できるようにすることが望ましい。健診や相談を含む健康管理体制を整える必要もある。また，上司・同僚との接触が少なく孤立しての作業が多くなるので，疎外感・孤立感を生まないように，参集しての交流機会やネットを介しての意見交換の場などを設けたり，社内情報から隔離されることのないように情報を共有できるシステムをつくったりする必要がある。

d 自営・下請け型の在宅ワークの現状と課題

　企業が身軽になるために業務の外注化が増加している。それら外注の受け手の一部として個人が自営的に働く在宅ワークがあり，SOHOの一翼を占めている。

労働省・在宅就労問題研究会最終報告「在宅ワークの現状と課題」（2000）によれば，在宅ワーカーは17万4,000人程度と推測され，男性29.3％，女性70.7％である。女性の場合，子どものいるものが約半数でその55.2％は末子が6歳以下の育児期にある。就労時間は，男性は週35時間以上が62.1％，50時間以上が25.4％であり，女性は76.9％が週35時間未満である。仕事は，文章入力・テープ起こし（43.7％），データ入力（25.2％），デザイン（11.5％），DTP・電算写植（11.1％），プログラミング（10.4％），翻訳（9.3％），システム設計（6.3％）などで，文章やデータ入力といった単純・定型的な業務に従事するものが多い。

在宅ワーカーは今後増加が予測されるが，現状では多くの問題が指摘されている。年収は100万円未満が44.4％，100～149万円が12.6％と相対的に低い。また，在宅ワーカーに不利な契約条件（仕事の遅延や瑕疵を理由に無償で仕事をさせる，損害時にその責任を在宅ワーカーが負う，一方的な契約打ち切り，遵守困難な納期などの条項，あるいは書面契約なし），良質な仕事を安定して確保することの困難さ（需給のミスマッチ，仲介的機能の未整理，能力開発機会の不足と能力評価システムの未整備），健康管理上の配慮不足（目の疲労，頸肩腕障害・腰痛，長時間就労，精神的ストレスなどへの対策不足），在宅ワーカーの個人情報の不正使用やプライバシー侵害などの問題がある。

それら問題への対処として上記報告書は「在宅ワークの適正な実施のためのガイドライン」と「契約条件のモデル書式」を提示し，あわせて「在宅ワークの健全な発展のための具体的支援策」として在宅ワーカー等への各種情報提供，相談体制の整備，能力開発・能力評価に関する支援策を提言している。

‖2節‖ コンピュータ作業と安全・健康

ME化は作業を容易にして負荷を減少させ，作業効率を改善するが，過度の合理化追求に加えて，未成熟な機器システムと劣悪な作業環境，新しいシステムの活用経験の不足と情報の蓄積不足に起因する不適切な作業管理やシステム運用，教育訓練不足などは，①「目の過度の疲労」「頸・肩・腕・手首・手指のだるさ・こり・痛み」「過度の心理的・精神的負担」などといったVDT（Visual Display Terminals）作業の健康問題，②産業用ロボットによる人身事故といった安全問題，③機器システムの故障による混乱や繁忙といった問題を引き起こす。

●1　VDT作業の健康問題

1980年代のVDT作業の急激な広がりを背景に，『日経コンピュータ』誌（長田ほか，1983），『VDT労働入門』（細川ほか，1984），労働安全衛生研修所（梶原，1984），日本労働組合総評議会マイコン調査委員会（1984），スウェーデン労働安全衛生局（Knave, B. G. *et al.*, 1985）をはじめ，多くの調査・研究が行われ，問題の存在が明らかにされ，日本産業衛生学会VDT作業に関する検討委員会の勧告（1985）や労働省の指針（1985b）など，VDT作業による健康障害の予防の指針が作られた。VDT作業者に顕著にみられる自覚症訴えを表7-2に示す。

a　視覚負担

VDT機器の多くは表示装置にCRT（Cathode Ray Tube, 陰極線管）を使用している。CRT表示装置は近年改良が進んだが，解像度と表示の質，表示情報量，画面の反射などに問題があり，長時間の注視がもたらす過度の視覚負担は解決すべき大きな問題である。近年液晶表示装置が増加しているが，それらの視覚負担もまだ十分に検討されていない。

表7-2　VDT作業者と非VDT作業者の自覚症訴え率（田井中・中迫，1984）

(A) 目の症状

	VDT	非VDT	有意差
目が疲れる	86 (29)	76 (22)	** (**)
視力がおちたように思う	63 (24)	55 (19)	** (**)
目蓋がピクピクする	47 (6)	38 (3)	** (**)
目が痛い	38 (8)	30 (3)	** (**)
まぶしい	38 (8)	27 (6)	** (-)
ものがぼやけて見える	38 (8)	32 (7)	* (-)
目やにがでる	35 (7)	29 (5)	** (*)
目が熱く感じる	32 (6)	19 (3)	** (**)
色が違って見える	29 (3)	16 (2)	** (*)
すぐにはっきり見えない	25 (4)	20 (3)	* (-)

(B) こり・だるさ・痛み

	VDT	非VDT	有意差
くび	64 (18)	57 (15)	** (*)
腰	52 (12)	51 (11)	- (-)
肩	51 (16)	55 (15)	* (-)
手首	48 (13)	30 (8)	** (**)
背中	40 (7)	33 (7)	** (-)
肘	28 (6)	18 (3)	** (*)
前腕	21 (3)	12 (2)	** (-)
手指	21 (3)	16 (2)	* (-)
下肢	21 (4)	18 (3)	- (-)
上腕	18 (3)	12 (3)	** (-)

(C) 全身の症状

	VDT	非VDT	有意差
身体がだるい	63 (18)	62 (13)	- (**)
根気がない・気が散る	57 (12)	47 (8)	** (**)
眠気がする	53 (12)	46 (8)	** (**)
頭が痛い	45 (8)	37 (7)	** (-)
胃腸の具合が悪い	44 (10)	42 (7)	- (*)
もの忘れする	37 (9)	36 (5)	- (-)
いらいらする	36 (9)	42 (7)	* (-)
することに間違いが多い	36 (4)	30 (3)	** (-)
よく眠れない	34 (5)	28 (5)	** (-)
考えがまとまらない	34 (5)	35 (3)	- (*)

(注) 1　数字は，「症状がよくある」，「時々ある」，「繁忙時によくある」，「繁忙時に時々ある」の合計（%）
　　2　（ ）内の数字は「症状がよくある」のみの訴え率（%）
　　3　有意差はχ^2検定結果（*=5%, **=1%）
　　4　VDT群 $N=1,278$
　　　非VDT群 $N=906$

視覚負担に関する種々の資料から，①従来の書類を扱う作業にくらべて，VDT作業は視覚負担が大きい，②作業の種類により負荷特性が異なり，対話型作業のように表示装置の注視頻度・時間の多い作業で視覚負担が大きい，③1日あるいは一連続の作業時間が長いと，視覚疲労の訴え率が高くなる，④高い作業密度や厳しい作業管理が視覚負担を増強する，⑤表示装置の特性・照明要因（グレアと照度分布）に問題が多いといったことがいえる（田井中，1988a）。

　VDTの長期使用が視覚系に及ぼす影響については報告が少ない。デ・グルートら（De Groot, J. P. et al., 1983）は，2年半のVDT使用による変化を検討した。訴えの数・種類・程度，および視力（5m，75cm，33cm）は変化していない。調節近点は延長するがその効果は加齢によるとしている。大西（1986）は1年半の間の視機能変化を調べ，視力は変化していないが，調節時間が大幅に延長した事例があったと報告している。視機能への長期的な影響は，加齢効果や適切なコントロール群が得られにくいため評価が困難であるが，加齢効果を促進していないかどうかという観点からデータを検討する必要がある。

　表7-2(A)に示すように，目の自覚症訴えは多様である。各種調査で報告されている目の症状を大別すると，①目の疲労感，②視器の違和感や不快感，③視機能，とくに調節輻輳機能の低下，④まぶしさと順応の問題，⑤色覚の異常色順応に分類できる。

b　筋・骨格系の負担

　表7-2(B)には，VDT作業者が，頸・肩・手腕系に「こり・だるさ・痛み」を訴えやすいことが示されている。長時間にわたる高速打鍵作業が頸肩腕障害を発生させる可能性がある。一見軽作業にみえる打鍵作業等が大きな筋負担を含んでおり作業様態に起因する職業性疾病をもたらすことはなかなか理解されなかった。

　作業時の悪い姿勢が負担を増加させるので，腰の前かがみ，頭部のうつむき，肘の前方や外側への張り出し等が極端にならないようにし，肘関節角度は90度付近を保ち，手首の外曲げが大きくならないような打鍵姿勢を確保する必要がある。そのためには，作業者の体格にあわせて机や椅子の高さを調節する必要が生じる。容易に高さ調節可能な机や椅子が要求される。また作業者は教育を通して作業に起因する負担と疾病，および好ましい作業姿勢，机・椅子，キーボード等についての知識をももっている必要がある。人間工学的な環境を整え，負担の少ない姿

勢で作業を進めたとしても，作業が過密で長時間に及べば負担は大きくなる。1日の作業時間や作業量の上限，一連続作業時間と休憩時間の設定は不可欠である。

C　心理・精神的ストレス

表7-2(C)に示した全身の症状は心理・精神的ストレスと関連が深い。「根気がない・気が散る」「眠気がする」といった訴えは単調感や飽きを反映するが，VDT作業者の訴えが多い。

表7-3にVDT労働に関連する心理・精神的ストレスを欲求5段階説とからめて示す。とくに以下のことが問題となる。①反復作業や監視作業の単調さと可制御性の欠如。②経歴（キャリア）発展と仕事の将来性の不明確さと不安。③機

表7-3　人の基本的な欲求とVDT労働に関連する心理・精神的ストレスについて
（田井中，1988b）

欲求のレベル	VDT労働とのからみでみた欲求の内容	コンピュータ化・ME化で生じやすい問題点
・自己実現の欲求	・創造性の発揮の実現 ・より高度な分野に挑戦 ・やりがい，生きがい	・能力開発のための教育訓練機会の不足 ・部分作業による達成感の欠如 ・熟達してもキャリア形成に役立たない
・自我，自尊(尊敬)の欲求	・単純作業からの解放 ・複雑，高度な課題を扱い解決する ・自己の思いどおりにできる分野の拡大 ・計画 ・責任 ・他者との比較	・知識・技能の標準化と陳腐化 　（ソフトの機能の低さや，操作性の悪さから） ・機器システムに使われている感じ ・手順や制御の柔軟性の欠如，単純操作 ・創意・工夫を発揮しにくい機器システム ・高度な判断を機械の理論ですます ・機器システムによる監視と評価
・社会的，親和的（所属と愛情）の欲求	・快適な職場人間関係 ・共同目標に向けての共同作業，参画感 ・役割	・機器システム相手の業務と会話の減少 ・意思疎通や人間関係，共同体意識の希薄化 ・過当な競争事態
・安全の欲求	・安全性の高い職場環境 ・職場の確保 ・現有の知識，技術・技能を発揮できる	・変化に対する不安 　習得知識技術の陳腐化と自己の適応能力 　職場環境の変更，安全性 　業務内容の変化，配転，失業，退職 ・高い作業標準，過酷なノルマと時間要因 ・きびしい管理 ・新技術に対応するための教育訓練の不足
・生理的欲求	・機器システム導入による作業負荷軽減 ・疲労感の減少と疲労蓄積の防止 ・生理的にみて快適な物理環境	・単調感と飽き ・拘束感 ・長時間持続する注意集中と過大負荷感 　大量情報処理と迅速な判断 　不慣れな状態で複雑すぎる処理 （物理的環境に対する不満） ・見づらい画面 ・騒音 ・使いづらいワークステーション ・空調その他の物理的に問題となる環境

表7-4 テクノ不安症とテクノ依存症の特徴 （Brod, C., 1984および夏目ら, 1987より作成）

	コンピュータに対する態度	症状や行動特徴
テクノ不安症	●コンピュータに対する不安やアレルギー ●コンピュータ・システムからの逃避・回避	不安，心身症状，抑うつ状態，仕事の回避，出社できない
テクノ依存症	●コンピュータ・システムへの接近・のめり込み	仕事と遊びの区別がつかない，完全癖，機械的・具体的な思考，理性でわり切れないと気がすまない，他者に対する無関心，感情表現に乏しい，機器と人間を同一視，病識がない

器相手の作業による社会的孤立と孤独感の助長。④高すぎる生産標準の達成圧力。⑤機器による作業監視と管理。⑥未成熟な工学技術による機器システムの使いづらさ。そのほか，⑦人間関係，配転・出向・単身赴任，交代勤務や夜勤，他者との比較や競争等の一般的なストレス。

ブロード（Brod, C., 1984）は，コンピュータにかかわりのある人々に共通にみられる社会病理現象をテクノストレスと命名した。テクノストレスは，①知的労働負荷の増大，②主導権が機器にあり機械に使われている感じ，③欲求不満，④社会的孤立，同僚たちとの隔絶，⑤時間が圧縮され加速されるという感覚，および，⑥職場と家庭との心理的・時間的切り替えが困難といった特徴をもち，(1)コンピュータ・システムに対してアレルギーや不安・回避を示すテクノ不安症と，(2)コンピュータ・システムに過剰適応し，のめり込むテクノ依存症とをもたらすとした。表7-4にテクノ不安症とテクノ依存症の特徴を示す。

夏目ら（1987）は，テクノストレスが誘因となった19症例をまとめて報告している。17例はテクノ不安症でありテクノ依存症は2例と少ないが，彼らはその理由として，テクノ依存症は機器を人間と同一視している自覚に乏しい，心理的悩みがなく苦痛を意識しない，職場や家族も仕事人間とプラス評価しがちのため，医療機関等への相談・診療の機会が少ないことをあげている。

テクノ不安症は中高齢者に多く，機器導入による変化に対する適応が十分でなく，職業的アイデンティティを脅かされた未熟練型や，この未熟練型が過労と結びついたケース，および，業務遂行の中核にあって業務に行き詰まったり，業務が激しすぎて過労におちいったケースなどがある。発症には性格特性や適性等の個人的諸条件が関係するとはいえ，心理精神面への荷重な負担と悪影響の防止には，①業務変化に際して十分な内容を時間をかけて（とくに中高齢者では若年者

より時間をかけて）教育訓練を行い，かつ技術習得後に段階的に業務に慣れるようにすることと，②過労を招かない作業管理が必要である。

● 2　産業用ロボットによる事故と安全対策

産業用ロボットは人間に代わって素材の運搬，取り付け，取り外し，組み立て，加工，塗装，溶接等を行うが，大きい力学エネルギーが人に向けられると労働災害につながる。労働省労働基準局の調査（1982）では190事業所で2件の死亡災害を含む11件の労働災害が発生し，またロボットのアームに接触しそうになった「ひやり・はっと事例」が37件あった。労働省（1983a）は産業用ロボットの安全のために労働安全衛生規則を一部改訂し，規制を整備強化した。産業用ロボットの範囲，事故防止のための処置，教示等の作業にともなう危険の防止，検査等の作業にともなう危険の防止，安全のための特別教育が盛り込まれた。あわせて「産業用ロボットの使用等の安全基準に関する技術上の指針」も公示された（労働省，1983b）。

ロボットはその特性として大きい動作範囲をもち，事故は，①人が誤ってロボットの運動領域内に接近した場合と，②ロボットが誤作動して暴走した場合に発生する可能性がある。①に関しては柵や囲い等で人をロボットの運動領域内に立ち入らせないことが原則であるが，ロボットへの教示，検査や修理・調整で接近せざるをえない場合も多い。運動領域内に接近しての作業での安全確保には，機械側で安全装置を設け人の作業時にはロボットが急に動きだしたりしないようにすると同時に，作業者にロボットについて正確な知識と扱い方を教育・訓練しておく必要がある。②に関しては機器の信頼性を上げる，故障時のフェールセーフ化（安全側への移行）をシステムに組み込む，維持管理を通しての早期異常発見に努めるなどの処置が必要である。

● 3　システムの故障
a　性急なコンピュータ導入がもたらしたシステム・ダウンの例

大町（1988）は，性急なコンピュータ化がシステム・ダウンを招き，病院業務を混乱させた事例を報告している。某病院では移転を契機に病院規模の拡大と，受付事務，検査指示，投薬指示，会計・領収事務を含めた総合的なコンピュータ化を図り，受付から支払いまでの時間を4時間から2時間に短縮しようとした。

病院システムの視察と情報収集がなされてシステムが設計された。しかし移転開院時に外来患者が殺到し，各部門からの入力が殺到し，コンピュータ処理が追いつかずシステムがダウンしパニック状態になった。窓口では12時までに800人の処理予定が500人しか処理できず受付時間を延長した。手書きなら5分で処理できるカードの発行に1時間を所要，薬をだせない，料金徴収が不可能，検査業務では検体は手元にきているがコンピュータ処理伝票が回ってこない・処理に時間がかかる等のトラブルが発生した。こういったシステム・ダウンが1カ月半に8回も発生した。その後システムの改善によりシステム・ダウンはなくなった。

システムと需要予測の検討不足と，新規に業務についた派遣会社の入力要員の教育訓練の問題が指摘されている。とくにシステム導入時の問題・改善点として，①システムの応答速度が遅すぎたこと，②部門別に経験を積み上げることなしに，あまりに多くを一度にコンピュータ化しようとしすぎたこと，③現場の職員はコンピュータを知らなくてよいとされ，職場の知識が生かされておらず，入院患者が部屋変更しても以前の病室に配膳されたり，検査順序が固定されていて混雑時に他の検査を先に済ませることができないといったように柔軟性を欠いたシステムになっていること，④医師による検査依頼がコンピュータを介して行うオーダー・エントリー・システムのため，その入力方法と入力者および教育・訓練に問題があること，⑤コンピュータ化に加えて搬送システムが採用されたため他部門の職場との交流が少なくなったこと（作業者の社会的接触や心理的孤立の回避のため，会話や相談など他部門との交流を考慮したシステムの検討が必要であったこと），⑥事前の評価システム・機関の不在，⑦システムとその運営にあたる人的要員の検討不足などがあげられている。

b 大規模システムの故障

種々の分野で稼働している大規模システムの故障はその影響が大きい。『インターフェース』誌（CQ出版社，1989）によれば，1988年には某証券のオンライン・ネットワークや郵便貯金オンライン・システムがたびたび停止し，1989年には2つの銀行のバンキング・システムと某航空会社の座席予約システムが故障している。某銀行の場合，中央コンピュータが故障し，プログラムのバグのためデータベースが壊れ，ハードウエアのバックアップも役に立たず，10時から16時までオンライン・システムが全面停止し，全国335の本・支店の現金支払い機，現金自動預け払い機2,000台が使用不能になった。同時に内外為替決済やファー

ムバンキング業務などもストップした。データはコンピュータの中，故障時の処理訓練もないという実態のため，非常な混乱が生じた。

　バックアップ機器を備え，かつ万一の事態に備えてシステムを2系統化したりして，故障に対して二重・三重の安全対策を整え，絶対にダウンしないはずのシステムであっても，人間の考える枠組みには必ず抜け落ちがあるので，システムに潜んだバグや未経験の原因によるシステム・ダウンが生起する可能性がある。大規模システムでは利用者が多く，故障は作業者と利用者に混乱と繁忙，業務の遅滞をもたらすばかりでなく，原因究明や修理，修理後の累積した大量業務処理のため，時間外労働や休日出勤が必要になる。大きな社会経済的損失をもたらす可能性もある。影響は個人と法人に，その範囲は海外にまで及ぶこともある。故障は必ず発生するという前提で対策（危機管理プログラム）をたて，訓練を行っておく必要がある。

‖3節‖ 安全・健康・快適な労働をめざして

●1　機器システムの使いやすさとソフトウエア

　機器システムの使いづらさが作業者の疲労やストレスを増加させる。たとえば，固定した操作手順の繰り返しは単調感を招くので柔軟で細かい可制御性が必要になる。またCRT画面の長時間の注視が視覚負担をもたらすうえ，CRT表示装置上の文章読みとり速度は紙面に書かれたものよりも20～30％遅い（Gould, J. D. *et al.*, 1984 ; Kruk, R. S. *et al.*, 1984）ので，画面表示は情報を使いやすい形で，かつ，読みとりやすく設計する必要がある。必要データを表示すると同時に必要以上のデータは表示しない，表示データから必要情報を検索しやすくする等の工夫が必要になる。

　人の生理・心理的特性と習慣や文化にも合致したシステムとソフトウエアが求められる。単に仕事ができるというだけのプログラムから，利用者が仕事を容易にこなせるプログラムにソフトウエア設計の焦点が向けられ，使いやすさ，学習容易性，理解しやすさ，親しみやすさといったことが重要視されるようになってきたが，まだまだ問題は多い。

　某事業所における操作上の訴えを表7-5に示した。①作業者を待たせることのない速い出力応答，②面倒な操作の単純化，③作業を作業者の制御下におくた

表7-5　VDT機器操作上の問題点　　（1985年調査）

1.	出力待ちが多い，長い……………………………………33人	(51%)
2.	プリンタの印字速度が遅い………………………………17	(26)
3.	筆記用具や紙を併用しなければならない………………16	(25)
4.	エラー時に影響範囲と対処の仕方がわかりにくい……15	(23)
5.	余分な操作が多い…………………………………………10	(15)
6.	作業の途中で他の人に代わってもらえない……………10	(15)
7.	他の作業を割り込ませたり，中断したりできない……9	(14)
8.	トラブルで操作のやり直しが多い………………………8	(12)
9.	省略可能なことまで入力を要求され，繁雑である……8	(12)
10.	操作が複雑で手引き書が手放せない……………………7	(11)
11.	重要な情報が誤って消される……………………………5	(8)
12.	表示情報から暗算や再計算を行う必要がある…………4	(6)
13.	自分の好みの順序で作業を行えない……………………3	(5)
13.	用語が不自然であったり，一貫していない……………3	(5)

（注）　$N=65$

めに，すなわち，作業者が任意の時点で作業を開始し，棚上げし，他作業を割り込ませ，中止あるいは終了したりすることを可能にすると同時に，作業を作業者のペースで，かつ好みの手順で行うことを可能にするために，操作手順における柔軟かつ細部までの可制御性を用意，④機器への入力は余分な操作や計算なしに入力可能（たとえば，110でも(20＋35)×2でも可）とし，出力情報は見てわかり，そのまま利用できる形にする（たとえば，温度は華氏から摂氏へ変換），⑤機器による利用者案内とヘルプ機能により，作業者の作業を導き，未経験で不明の事態における処理を作業者に教えるなどの改善の必要性がわかる。

　スミスら（Smith, S. L. *et al.*, 1986）は，データ入力，データ表示，操作手順，利用者案内，データ伝送，データ保護について，コンピュータと利用者とのインターフェース設計のガイドラインをまとめている。入力と画面表示については目標を，入力操作の一貫性，最少の入力操作，柔軟な入力操作，記憶負荷の低減，利用者の情報取り込みの効率化，入力書類と表示画面および出力との一致，柔軟な画面制御におく。図7-1の(A)および(B)に画面のよい書式と悪い書式の見本を示す。

●2　コンピュータ化がもたらす安全・健康問題への対策

　安全確保と健康影響の予防には以下の総合的な対策が必要であり，その推進には安全衛生委員会の活動，各職場の取り組み，労使協議が重要である。

(1) 安全で人間工学的な機器の導入（ME機器，表示装置とキーボード，机と

(A) よい見本

ビザ（入国査証）申請書
(注意：氏名は漢字でも可，他はローマ字とアラビア数字で)
　　　　　（姓）　　（名）
氏　名：大阪　太郎　ビザ番号：656478
　　　　　　　　　　　　　　　（年）／（月）／（日）
出生国：JAPAN　　生年月日：1944／3／22
国　籍：JAPAN　　パスポート番号：Z196284
住　所：1-3-69, Nakamichi,
　　　　Higashinari-ku, Osaka City,
　　　　JAPAN, 537

〔同行者〕（姓）　（名）　（出生国）　（生年月日）
　　　　　　　　　　　　　　　　　　（年）／（月）／（日）
氏　名：大阪　花子　JAPAN　1944／11／25
　　　　大阪　長男　USA　　1960／4／1
＊必要な項目を全て入力したならば，登録キイを押してください

(B) 悪い見本

(注意：氏名は漢字でも可，他はローマ字とアラビア数字で)

氏　名　大阪太郎　　　ビザ番号　656478
出生地　Osaka　　　　国　籍　JAPAN
パスポート　Z19684　　出生日　Oct., 22,1944
住　所　1-3-69, Nakamichi,
　　　　Higashinari-ku, Osaka City,
　　　　JAPAN, 537

〔同行者〕
旅行者の名前　　　　出生日　-　出生地
大阪花子　　　　　Jan. 12, -　1945
Tokyo
大阪長男　　　　　June,15, -　1968
Paris, FRANCE

必要な入力項目を入力したならば，登録キイを押してください

(注)　よい書式の場合　①タイトルが内容を明らかにしている。
　　　　　　　　　　②入力データと他の表示データとが区別されている。
　　　　　　　　　　③入力領域が下線で明確にされている。悪い見本では誤った領域に入力されている。
　　　　　　　　　　④ラベルの書式が一定で明確。
　　　　　　　　　　⑤ラベルの名前が適切。
　　　　　　　　　　⑥入力の形式（たとえば年月日）が明確。

図7-1　よい入力書式と悪い入力書式の例（Smith *et al.* 1986より改変）

椅子，ソフトウエアなど）
(2)　安全で快適な物理的環境を確保するための作業環境の維持管理と改善（照明，騒音，温湿度・気流，作業面積，休憩場所，休養やスポーツの施設など）
(3)　作業様態からもたらされる過度の疲労や障害を防止し，快適に作業を進めるための作業管理（一連続作業時間と休憩時間，自発的休憩，1日の作業時間と作業量，要員の確保，作業の速度，仕事の構成とローテーション，作業集団の構成，仕事の特性にあった対策，妊婦への配慮，安全衛生教育）
(4)　健康管理（配置前の検診と配置後の定期検診，検診結果の事後処置，疲労回復対策，健康相談，職場体操など）
(5)　業務および経歴発展のための教育訓練

図7-2に大阪府「VDT作業のための労働衛生管理基準」（1988）の概要を示す。通常の環境管理，作業管理，健康管理に加えて，職場の取り組みを重視し，コンピュータ・システムの導入前から検討，導入後の見直しと改善，職場の実状にあわせた対策や，作業時間管理のための作業管理者の設置をうたっている。

```
目的：職員の健康と安全の確保

はじめに ─┬─ 環境基準 ─┬─ 照明・採光
          │             ├─ グレア（まぶしさ）の防止
(基本的な考え方)         ├─ 騒音伝播の防止
                         ├─ 換気・空調
・基準の実施のため職場    └─ 静電気除去など
 全体の取り組みが必要
          ├─ 作業管理 ─┬─ 作業時間（できるだけ短く）
・この基準にそった導入    │   ・他作業との     ・1日4時間以内を目安（運用）
 前の検討と準備，導入    │    ローテーション ・1連続60分以内で10〜15分休憩
 後の検討・改善          │   ・妊婦への配慮   ・1連続作業時間内に数回小休止
                         ├─ 作業時間管理の作業管理者を設置
・職場の実情に合わせて    ├─ 使用されるVDT機器の基準
 基準の不足点を補う      │   ・表示装置とキーボード
                         │   ・作業机と椅子，足のせ台
・新しい知見が得られた    │
 場合には随時見直す      └─ 維持管理 ─┬─ 日常の点検と整備
                             ・環境と    ├─ 定期点検
                              機器       └─ 機器・場所の清掃

          └─ 健康管理 ─┬─ 健康診断 ─┬─ 従事前健康診断
                         │  と事後処理 └─ 定期健康診断
                         ├─ 健康相談
                         ├─ 職場体操
                         └─ 労働衛生教育（習得訓練を含む）
                              ・対象はVDT作業者および管理者
```

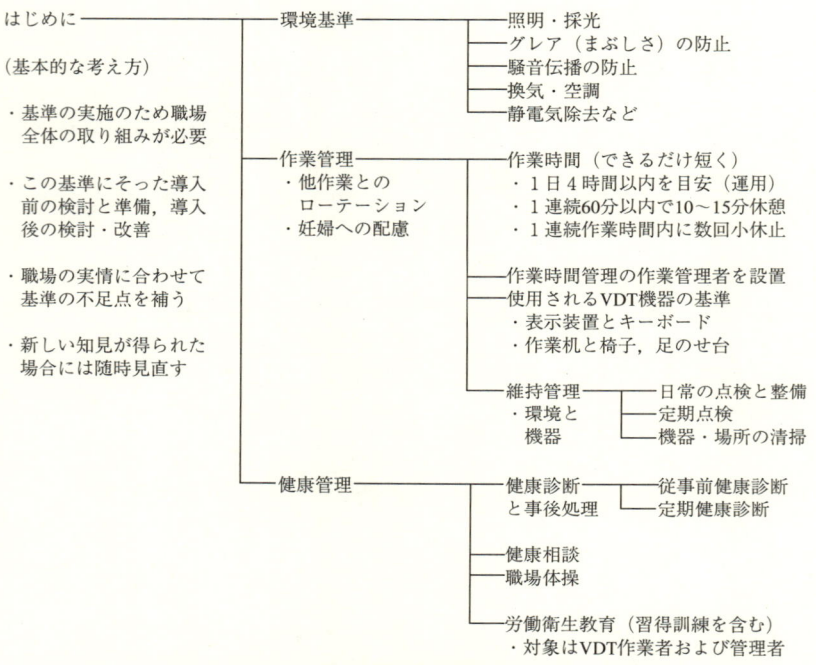

図7-2　大阪府「VDT作業のための労働衛生管理基準」(1988) の概要

●3　コンピュータ化・情報化と労働の人間化

　1975年の第60回ILO総会における事務長報告（ILO, 1976）は「労働をより人間的なものに」と題し，①労働は労働者の生命と健康が尊重されるものでなければならない，②労働は労働者に休息と余暇のための時間を残すものでなければならない，③労働は労働者が自己の能力を発展させ，社会に奉仕するものでなければならないという3原則を提示した。

　コンピュータ化の生み出す余剰は大きい。成果を労働の人間化に結びつけるには，社会・経済・政治的にどういった手段を取りうるか，またそういった手段を取り入れた場合どういった影響があるかということを検討・模索する必要がある。

　より狭い範囲で合理化の成果配分に関してのみいえば，たとえば，労働配分を手厚くし，①労働配分の一部を労働時間短縮や夜勤の減少や短縮にまわして，余暇を充実させ，生活の質の向上と能力発展の機会を広げると同時に，②「全人的

で」かつ「ゆとりをもった」労働，すなわち，センサーとしての目や入力手段としての手指のはたらきのみを要求する単純作業の反復から，まとまりがあり，達成感や創造する喜びのある仕事，対人サービス的な仕事等への統合と転換を図ることに加えて，機械のペースに規制される作業から自分のペースで行える作業への転換を図り，作業の種類と方法の選択，作業中の自発的な休憩，離席の自由を可能とする仕事の実現をめざすことが可能である。

　コンピュータ技術を応用して，危険作業，重筋作業，汚れる仕事，単純反復作業からの解放，共働作業の支援，高齢者や障害者に適した機器の開発を促進させる必要もある。また技術進歩は，電子メール等のきめ細かな情報伝達・通信，種々のデータの検索・照会，遠隔会議，電子決済等の支援を可能にしているので，情報処理をはじめとするいくつかの業務は，前述したように，在宅勤務や地域ごとのサテライトオフィスへの勤務が可能になる。通勤時間短縮により生活時間の実質的な延長や，通勤困難な障害者の職域の拡大を図ることができる。

　本章を終えるにあたって，酒井（1989）が提案する「労働環境の整備・改善と幅の広い労働の人間化のための基本原則」を表7-6に掲げる。

表7-6　労働環境の整備・改善と幅の広い労働の人間化のための基本原則（酒井，1989）

自立性の獲得	・方法選択の自由 ・機械規制から自己規制作業への転換 ・意思決定への参加
内的・社会的意味をもった労働	・細分化，ブラックボックス化の改善 ・まとまりのある仕事 ・仕事と社会生活の調和
諸能力の活用	・経験の活用 ・本体労働力としての活用 ・チャレンジングな職務内容
進歩と成長への期待	・職務能力の成長 ・継続学習 ・仕事を通しての学習
相互作用の効果	・作業集団の確立 ・仲間の支持と承認
組織的な援助	・公正な労働評価 ・職域の拡大 ・管理者による援助 ・経営参加
作業環境の改善	・ハードワーク・ダーティワークの改善 ・ME化にともなう新作業環境の事前評価，情報等の公開
労働負担の適正化	・過大負担の軽減化 ・心理・精神負担対策 ・単調防止
安全衛生対策の重視	・労働者の果たす役割の見直し ・新システムの安全衛生に関する事前評価 ・精神健康の予防対策
労働条件の抜本的改善	・適正な労働時間 ・夜勤・交代制の制限や見直し ・労働と生活の調和 ・生活保障賃金

● Essay 5 ● 研究所の人事評価制度導入をめぐって

　私の勤務する公設研究所の目的は健康・安全にかかわる試験検査, 調査研究, 教育啓発だが, 私の属する部署は調査研究が主体である。研究計画, 状況・終了報告, 論文・学会発表などを通して一定の評価は行われるが, 領域や水準の異なるさまざまな調査研究を何を基準にどういう枠組みで評価するかについては明確でなく, 難しさもあって, 研究と人への組織だった評価は行われていない。それでも全体としてみると, 組織の支援と個々の研究者の自発性や使命感によって質の高い調査研究が進められてきた。しかし, その一方で, 努力と成果が給与・昇進などに反映されにくい制度, 厳しい相互批判の欠如, 困難な配置転換, 年功序列, 悪平等などのゆえに志気などを疑わざるをえない例も認められる。

　最近, 業績・能力主義と効率重視の風潮を背景に, 研究所そのものの評価と新しい人事評価制度の導入が予定され, 制度検討のために試験実施が始まった。人事評価に関しては, 上司による仕事の実績・能力・取り組み姿勢などの評価に加えて, 自分で仕事の達成目標を立て, 中間期および年度末にその達成度を自己評価する目標設定票, および, 能力開発や取り組みたい仕事あるいは個人的理由からの転属希望を申告する自己申告票の提出が求められるようになった。

　人事評価には, 恣意的で評価の客観性・公平性・透明性が保障されない, 競争意識をあおるといった批判がつきまとう。効率・成果重視になり, 短期に成果のでることに集中し, 重要であっても成果のあがりにくいこと, 基礎的なことや中長期的な取り組みが欠落しやすいといったことをどうカバーするかも重要である。また, 人事評価はきわめて人間的な行為とみなされるがゆえに, 上から下への一方的評価では「ゴマスリ」, 評価結果を非公開とすれば「不信」, 公開されればされたで「不服・不信」やあつれきを避けるための「あまい評価」・「馴れ合い」といったことも起こりうる。

　客観性・公平性・透明性の確保のために, 評価基準の明確化, 評価者による差を小さくするための研修, 複数人による評価などが導入される。どういう評価基準を採用するかが問題である。また, 人を評価する場合, 感情は排除できるが価値観の排除は困難だ。そのために, ある期間に限定して, 組織目的からみた行為と成果のみを評価するが, そこになにがしか評価者の各人への想いが反映されることを断ち切ることはなかなか困難である。

　現在はまだ導入されていないが, 評価を本人との合議で進める, 各人への評価結果の公表, 上から下へだけでなく下から上へおよび同僚間をも含めた評価といったことを視野に入れておく必要がある。それらの導入が志気・能力, 成果の向上をもたらし, かつ, 予測されるさまざまの負の効果を克服できるような成熟した環境や制度をいかに創生していくかも重要な課題である。

（田井中秀嗣）

■8章■
職場の安全とヒューマンファクター

　職場や私たちの身のまわりには階段から落ちたり，機械に巻き込まれたり，作業用の足場から転落，墜落したり，化学プラントや原子力発電所などの巨大装置の爆発や事故，交通事故，ガス・石油ストーブによる酸欠，火災など多くの事故や災害が発生している。
　とくに最近，病院などで患者を取り違えて手術したり，誤った薬を点滴するなどの「医療事故」「医療ミス」や，「もんじゅ」のナトリウム漏れ事故，JCOの「臨界事故」など原子力発電所関連の事故が連続して発生し，働く人やまわりの人の「安全」が脅かされている。
　その背景には人的要因（ヒューマンファクター），物的要因，環境的要因が関係している。とくに技術革新による機械化，自動化，ハイテク化が進むなかでヒューマンファクターが関与する度合いがますます大きくなってきた。
　ここでは事故や災害の発生と，安全確保についてヒューマンファクターを中心に物的，環境的要因との複合関係という視点から考えてみる。

1節 事故とヒューマンファクター

　事務室の蛍光灯が古くなったので取り替えを頼まれたAさんは，気軽に「はいヨ」と，新しい蛍光管をベルトに差し込んでそばにあったコマ付きの椅子に乗って取り替え始めた。いつもは簡単にはずれる蛍光管が今日はどうしたことか引っかかってしまった。こうなると人間というものは意地になってくる。「このヤロウ」と思わず手元に力が入る。すると足もとがお留守になる。乗るときは不安定な椅子だからバランスを崩さないようにと気をつけていたのに，コマが滑ってぐらっときた。思わずまだはずれていない蛍光管をつかんだものだから折れて手は切る，腰に差した蛍光管は粉々になると大変なことになった。
　Aさんのような失敗（ヒューマンエラー）は，仕事場でも家庭でも出会うものである。腰を打ったり手を切ったりといったケガになっても「ドジ，馬鹿だなあ」ぐらいにしか周囲のものは思わない。しかし，私たちの行動（失敗，エラー，事故）の背景には多くの要因が関係している。失敗の背景にどんなヒューマンファクターがあるのだろうか。
　臼井（1994）はヒューマンファクターについて図8-1のようにまとめている。それを参考に，Aさんの行動背景に関係するさまざまな心理的要因を，実際に起こった事例を通してみていく。

●1　「個人内レベル」のヒューマンファクター
　Aさんの事故には，まず，何か頼まれると気軽に応じる「性格」の要因がある。
a　性　格
　垣本（1982）は事故を起こしやすい人の特性を次のようにまとめている。
(1) 軽率，落ち着きがない，おっちょこちょいで早のみこみ
(2) 自制心がなく興奮しやすい，すぐカーッとなる（情緒不安定, 感情高揚型）
(3) 自分勝手，他人への思いやり・相手の身になって考える能力に欠ける
(4) でたらめな行動が多く，他人とうまく協調しない
(5) 腕に自信があり，強がり屋，スリルを求める，自己中心的態度（わがまま）
(6) 内気で動作が鈍い（もらい事故が多い）
(7) 神経質的に小さいことにとらわれ，いつまでも気にする

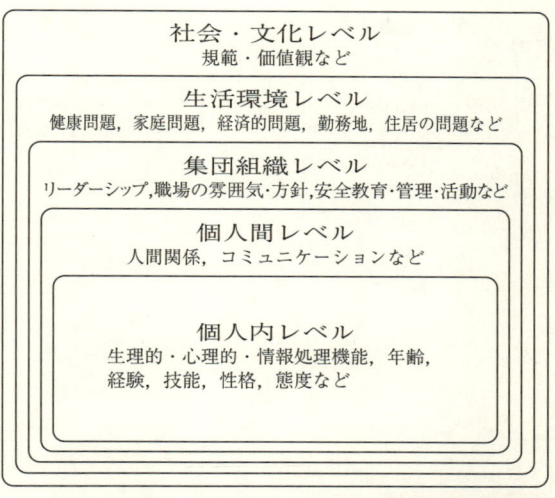

```
┌─────────────────────────────────────┐
│      社会・文化レベル                │
│        規範・価値観など              │
│  ┌───────────────────────────────┐  │
│  │     生活環境レベル             │  │
│  │ 健康問題,家庭問題,経済的問題,   │  │
│  │ 勤務地,住居の問題など          │  │
│  │  ┌─────────────────────────┐  │  │
│  │  │    集団組織レベル        │  │  │
│  │  │ リーダーシップ,職場の雰囲気│  │  │
│  │  │ ・方針,安全教育・管理・活動など│  │
│  │  │  ┌───────────────────┐  │  │  │
│  │  │  │   個人間レベル      │  │  │  │
│  │  │  │ 人間関係,コミュニ    │  │  │  │
│  │  │  │ ケーションなど       │  │  │  │
│  │  │  │  ┌─────────────┐  │  │  │  │
│  │  │  │  │  個人内レベル │  │  │  │  │
│  │  │  │  │生理的・心理的・│  │  │  │  │
│  │  │  │  │情報処理機能, │  │  │  │  │
│  │  │  │  │年齢,経験,技能│  │  │  │  │
│  │  │  │  │,性格,態度など│  │  │  │  │
│  │  │  │  └─────────────┘  │  │  │  │
│  │  │  └───────────────────┘  │  │  │
│  │  └─────────────────────────┘  │  │
│  └───────────────────────────────┘  │
└─────────────────────────────────────┘
```

作業遂行レベル
作業内容・手順・負荷・条件,設備,設計,気象,温度,照明,騒音など

矢印は作業遂行レベルとの相互作用を意味し,その関連は個人レベルに近づくほど強くなる

図8-1　ヒューマンファクターの種類とその関連（臼井, 1994より一部改変）

(8) 順法精神の欠如, スピード違反, 規則違反をよくする
(9) 車の清掃をあまりしない
(10) だらしのない身だしなみ, いいかげんな態度

そして, これらのいくつかをあわせもっていれば, 要注意者として見守る必要があるとしている。はずれない蛍光管に怒ってしまう, コマ付きの椅子に乗ってしまう横着なAさんは要注意者であった。

b 急ぎ・焦り, 確認

Aさんの場合, 割り込んできた作業なのでなるべく急いですませてしまおうとする「急ぎ」の要因があった。時間が切迫してくると, 急ぎ, 焦りによって正しく情報を得ることができない。この要因に関する事故事例をみてみよう。

1964年ボナンザ航空機がラスベガスの空港に着陸しようとして山に激突した事故では, この夜の悪天候で進入コースの変更のため着陸操作の時間が少なくなり, 焦って見たチャートにはチェックポイントと山の高さが並んで示されていたので, とるべき高度を山の高さと誤って読んでしまった (柳田, 1975)。

交差点での安全確認について実験してみよう。メトロノームを1秒間に1回ずつコチコチ鳴らして, それに合わせて左右に首を振りながら安全確認をしてもらう。これだとなんとか安全確認ができる。次に0.5秒間に1回の速さで安全確認

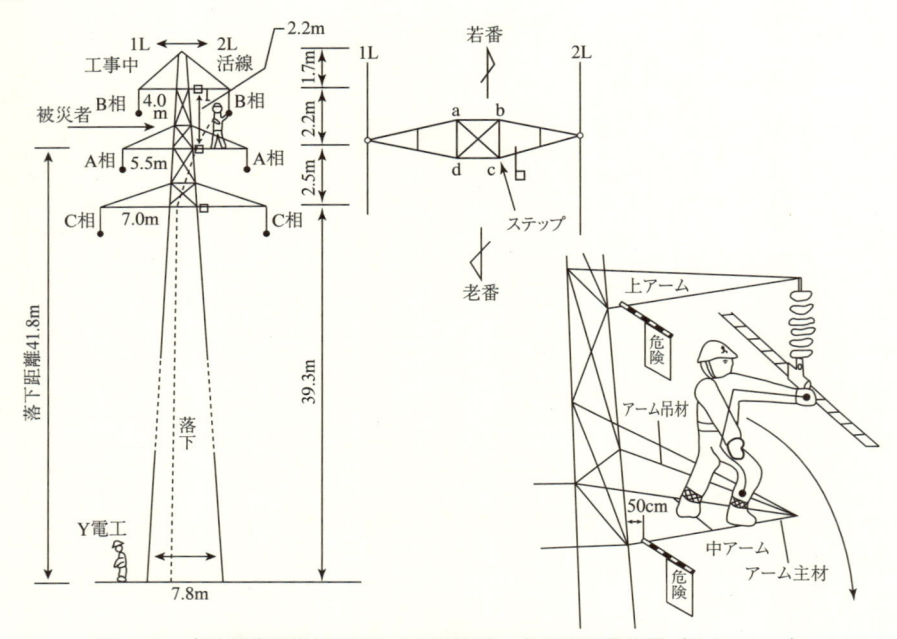

図8-2　事故発生鉄塔状況図および遮断棒・危険旗設置位置（長山，1988）

をしてみよう。首は振れるが，左右の確認はとても難しくなる。急いでいて，一時停止をしっかりしないで，左右に首を振っただけで安全確認をしたつもりになって，出て行こうとするのは，とくに相手が見落としやすい小さな対象，バイクや自転車・歩行者の場合とても危険な行動だということがわかる。

　図8-2に示した電力会社の鉄塔作業中に発生した感電事故の原因にも，回線標識と腕カバー照合確認の省略，危険旗を見落とし，また隣の鉄塔の複雑に配置された危険旗を誤認し，通電されている電線にさわってしまった可能性があるとされている。午前中に作業を終えたい気持ちと，パラついてきた小雨に急いだことも関係している（長山，1988）。

　Aさんの腰に蛍光管を差して作業を始める「段取りのよさ」は「知能」や「経験」の要因であり，バランスを崩したのは「年齢」の要因の影響もある。

C　注意配分

　Aさんが不安定な足元と手元の両方に気をつけなければならなかったのは「注意配分」という「情報処理」の要因である。

8章　職場の安全とヒューマンファクター

　高速道路で事故が起きると渋滞が発生することがよくある。ところが反対側車線にも「わき見渋滞」なるものが生じる。事故現場付近に差しかかるとドライバーは「どんな事故かな？」とばかり，身を乗り出すようにして事故の様子を見ようとする。徐々にスピードが落ち，渋滞が始まる。これが原因で反対側の車線でも事故が起こったりする。私たちは興味や関心のあるものには思わず注意をひかれる。

　ここでちょっとした実験をしてみよう。B4程度の紙のあちこちに0から順に80ほど数字を書いてそれを誰かに見せて，0から順に探してもらう。時間は30秒間，見つかった数字に鉛筆などで印をつけないようにしてもらう。いくつまで探せただろうか？　あちこちに注意を配分するのはけっこう難しい作業である。次に，声に出して「いち，に，さん」（タイミングは1秒間に1回ずつ）を繰り返して，「さん」で「はい」と言ってもらう。これを繰り返しながらもう一度，注意配分の続きをやってもらおう。時間は同じ30秒間，いくつまで探せただろうか？　1回目より作業は困難であっただろう。「さん」を聞いて「はい」と言うために，注意はあなたの声にも向けなければならないし，数字は探さなくてはならないし，一方に注意すれば他方がうまくいかないことを実感できただろうか。

　現在多くの人たちが利用し始めたもののひとつに「携帯電話」がある。連絡したいことがあれば，職場や家ではなく直接本人に通じるところが魅力であるし，何よりも移動している相手，たとえば営業や配達に従事している自動車のドライバーなどに連絡できるのが便利である。しかし先の実験でも明らかになったように「注意配分」の困難さや，思わず話の中身に引き込まれたり，電話機を操作しようとして，前方の危険を見落とすという大きな落とし穴もある。

　事故例として，大阪で母子が，北海道では大学生がいずれも携帯電話で通話中の車にはねられ，広島では床に落ちた電話を取ろうとしてハンドル操作を誤り，電柱に衝突し電車をストップさせたなど，携帯電話の普及とともにこれに起因する事故が急増している（朝日新聞，1996年5月31日，1996年6月5日朝刊）。

　「カーナビゲーション」も同様に運転者に注意配分を迫る。また前方注視と「カーナビ」への注視と両方とも視覚がかかわっているのでその切り替えが問題である。「カーナビ」（近景）を見終えて目を前方（遠景）に戻した後1，2秒間は危険事態の発見が遅れるらしいことが実験で明らかになっている（三浦，1996）。

この注意配分の困難さは二重作業，たとえば交通整理をしているガードマンが暇だからと保守作業などを手伝うことの危険を示唆する。

d 注意集中

Aさんがはずれない蛍光管に注意を向けすぎたのは「注意の一点集中」の要因である。「たかが蛍光灯の取り替えに何やってるんだ」と自分でも思うし，まわりの目も気になる。焦りが生まれる。こころに余裕がなくなる。

人は何か行動しているときどこかでそれをモニターしているものである。いま自分のおかれている状況，どんな状況で作業をしているか，危険な行動をしないか，まちがわないか，誤りをしないか，などである。このチェック機能はこころに余裕のあるときにしかはたらかない。一点集中になってしまう。

慎重な運転なのに「注意の一点集中」的運転は高齢者によくみられる運転行動である。自動車を運転して書店の駐車場に入るときに，駐車場付近の歩行者はよく見ているのに，対向してきた二輪車を見落とし衝突した高齢運転者の事故例がある（江守・河島，1996）。

e 判　断

Aさんが安定した踏み台を選ばず，近くにあった椅子でよしとしたのは「判断」の要因である。

車の運転中，交差点手前で黄信号への変わり目に「行くべきか，止まるべきか」迷う「ジレンマゾーン」が大きくなるのは，次のどちらの場合だろうか？

　　(1)スピードがゆっくりのとき　　　　(2)スピードが速いとき

ドライバーにとって交差点は歩行者や自転車，他の車，バイクなどが錯綜し，信号もミラーも見なければならないし，と気をつかう場所である。とくに青信号から黄信号へ変わったときに通過するかそれとも止まるかの判断には緊張する。「ジレンマゾーン」といわれるところである。

ドライバーは交差点通過までの距離・時間，交差道路側の車や歩行者の様子，後続車の有無などいろいろなことがらを考慮して判断している。ところでスピードが速い場合は停止距離が長くなり，かなり手前でブレーキをかけないと停止線で止まれないことになる。通過しようとすると交差点の中で赤信号になってしまうおそれもあり，まさにジレンマで，この空間が大きくなる。速いスピードで交差点に近づく車は黄信号に変わったとき，急ブレーキで停止するか，さらに速度を上げて通過するか，いずれにしても危険な状況に陥ることが多くなる。ジレン

マゾーンにいる車の間で「通過するか，止まるか」の判断が違ったために追突事故になることも多い。

f 覚醒水準

Aさんは連日の残業で疲れてぼんやりした状態で蛍光管取り替え作業に臨んだことも考えられる。「疲労・覚醒水準」の要因である。

江守・河島（1996）が鑑定した交通事故のなかに，ゆるい左カーブを直進し対向のトラックと正面衝突したファミリーバイクの事例がある。事故が起きたのは午前1時すぎで，深夜勤務を終えた看護婦がバイクの乗員である。鑑定の結果バイクは直立したままでトラックの正面に当たっていることから，疲労のため朦朧とした状態で，ゆるいカーブに気づかずまっすぐ進み対向車線に入ってしまったものと思われる。日本経済・産業を支えているトラック輸送が深夜に集中し，とくに高速道路での事故も多くなっている。交通統計をみると死亡事故など重大事故は深夜から明け方にかけて多発している。この時間帯は人の生体リズムをみても覚醒レベルは最も低下している。スリーマイル島の原発事故が発生したのも明け方であった。このような時間帯に，疲労や飲酒の条件が重なると居眠り状態に陥りやすくなる。

Aさんの事故では，椅子が滑ったときに，はずれていない蛍光管をつかむ誤った行動をとってしまったのはあわててしまったからで，「パニック（過度の覚醒・興奮）」の要因である。

正田（1985）は姿勢のバランスを保つ実験と称して，建物のそばに立たせた被験者の頭上から名前を呼ぶと同時に，まっ黒な塊（実は発泡スチロール製で紐がついていて当たらない）を落下させた。そして被験者の回避行動について観察した。その結果何らかの防御姿勢のとれた被験者は41％であり，24％の被験者はパニックになり立ちすくんでしまった。建設業や鉄鋼業の現場で落下物による被災事故があるが，上からの危険物への対応が難しいことがわかる。事故や災害は突然予期しない形で襲ってくる。驚いたりパニックになったりすると，適切な行動がとれなくなる。

g 要 求

Aさんは，みなの見ている前で蛍光管をうまくはずせずにプライドを傷つけられた。これはエゴを守ろうとする「要求」の要因である。

交通場面の例として，たまたま交差点で並んだ車が発進と同時に競争し，エン

ジン音高く走り去ったのが，少し先で車を止めてケンカをしている風景に出くわすことがある。あるいは事故になったりする。後ろから警笛を鳴らされて殺人にまでいたった事件もある。追い越しをかけられた車がスピードを上げ，追い越しの車と競走になり死亡事故になった事例もある（長山，1979）。このようにプライドを傷つけられたと感じたり，負けたくないと思う気持ちが安全を無視する行動の背景にある。

●2　「個人間レベル」のヒューマンファクター

　Aさんは単独作業であったが，何人かで共同作業をする場合にはお互い同士の情報伝達が重要である。作業者相互の「コミュニケーション」の要因である。

　事例として，1972年，イースタン航空機がマイアミ空港に着陸しようとしたとき，前車輪の降りたことを示す青ランプが点灯しなかったので，旋回しながら点検しているうちに自動操縦装置が解除され墜落してしまったことがある。乗員が切れていたランプに気をとられすぎたのだが，空港の管制官とのやりとりで，「そちらどうなっている」と高度の低下をたずねた管制官に対して，「大丈夫だ」と車輪のことだと思った機長の応答とのコミュニケーションのズレが重大な結果を引き起こした。この事故では「高度は」とか「車輪は」のことばが抜けていた（柳田，1975）。

　相手の言ったことを単に「おうむ返し」するのではなく，自分の理解したことを自分のことばで，あるいは別の表現でフィードバックすることが大切である。相手にわかっているだろうと省略したり，曖昧な表現であったりすると，それぞれの立場で意味を解釈し，困った結果になることがある。

　交通場面の事例として，対向車のパッシングを「どうぞ」と思って右折しかけると，相手は「待て」のつもりでパッシングし突っ込んきて，「ヒヤリ」とすることがある。このように前照灯のパッシング，方向指示器，警笛などシンボルを介してお互いの意思の疎通を図ろうとしたときに意味の取り違えが起こる。それぞれの要求の違いもあるし意味を知らないこともある。高速道路で前方のトラックがハザードランプを点滅させた。何だろうと思っているとトラックは急停止し，追突しそうになることがある。ハザードランプ点滅はトラックの前方で渋滞が発生していて，トラックは「停止する」の意思表示であった。

　ほかに上司や同僚，協力会社の従業員などとの「人間関係」の要因もある。

● 3　「集団組織レベル」のヒューマンファクター

　Aさんの行動を職場の誰も止めようとしない，危険を軽視する事務所内の「雰囲気」の要因がある。むしろチカチカする蛍光灯を早く取り替えてほしいとの期待が大きかった。これは「集団の圧力」の要因である。

　この事例として，台風によって1954年沈没した青函連絡船洞爺丸の遭難があげられる。船長はベテランであったが，彼の判断を誤らせたのは，台風が予想外の勢力であり，そのなかで「青空」があらわれるような複雑な気象状況，そのうえ，気象情報が不十分であったからである。しかし，出帆を強く希望する「乗客の圧力」があり，長年の経験からくる自信も加わった（上前，1980）。

　同様な事例として，1966年羽田空港を離陸して香港に向かっていたはずのBOAC航空機が富士山上空で空中分解して墜落した事故がある。事故調査委員会は，乗客の撮影していた8ミリフィルムなどの分析，目撃情報，富士山付近の気象データなどによって，事故機はまっすぐに雲ひとつない富士山に向かったこと，雲を吹き払う強風は富士山のまわりで強烈な突風となっていて同機を押し戻したことを明らかにした。「晴れた日の富士山に近づくな」と機長仲間では用心されているが，その富士山に同機を向かわせたのは乗客の「フジヤマを一目みて日本を離れたい」との熱い思いだった。それ以前にも，富士山に接近した航空機があったことも明らかになった（柳田，1971）。

　ベテランの船長や機長であっても，その経験が豊富であるがゆえに乗客や会社の声なき声に応えようとしてしまう。同様なことが，陸上のトラック輸送においてもみられる。荷主や会社の意向で集荷の時刻が遅くなっても，配送や配達は決まった時間を要求される。これに応えるために，トラック運転者は速度超過でばく進することになる。深夜の高速道路は，さながらトラックの戦場である。

● 4　「生活環境レベル」のヒューマンファクター

　Aさんの事故には，個人内レベルのファクター，個人間レベルのファクター，集団組織レベルのファクターだけではなく，子どもの進路について家庭内で意見が合わず悩んでいたという，生活環境レベルのファクターもあった。

　事例として，激しい雨の後の中央高速道でスリップによる単独事故をきっかけに起こった「16台多重衝突」事故がある。事故を起こした運転者のうち，最後尾に激突した10トントラックの運転者は，出がけに母親と大ゲンカしていた。その

ことが頭から離れず，前方の危険に気づくのが遅れてしまった（FOCUS編集部編，1994）。

このように，家庭内でのトラブルや，交代勤務の夜勤明けにもかかわらず昼間に十分な睡眠をとれない住宅事情，長時間・長距離通勤など，生活環境レベルの要因が事故の背景にある。

● 5　「社会・文化レベル」のヒューマンファクター

Aさんが起こした事故で，安定した踏み台が用意されていないとか，はずれにくい構造の蛍光管は環境的要因に属する。この環境的要因を生み出しているものに社会・文化レベルの要因がある。

　a　「安全」の価値認識

「火事だ，さあ，たいへん！」。図8-3のような状況で，常に配慮しなければならないことは何か。

非常扉の前に物が置いてあっては，逃げられない!!

非常扉や防火扉の前には本来，大事なものが置かれている。それは，何だろうか？　消化器？　バケツ？……

答えは，「安全のために空けておく空間」である。狭い日本の国では，人々はすこしでも空いているところがあれば物を置いたり，詰めようとする。防火扉や非常扉の前には商品や書類を積み上げる。消火栓の横でも空いていれば駐車する。

図8-3　社会・文化のレベルのファクターを示す一光景

車間距離を詰める。また，前車が踏切を渡り終えていないのに続いて進入して線路上で立ち往生する。「安全」が認識できていない，「危険」が見えていないと思われることが多い。

b 安全態度

人は多くの情報に取り囲まれて生活している。それら情報のすべてには反応できない。そこで，これは自分にとって大事だと思う情報だけを取り入れ，選択的に反応する。安全を重要であると考え，感じ，そして安全に行動する傾向が安全態度である。この安全態度の形成にとって，両親や学校，地域の人たちの考え方，会社の方針や職場の雰囲気が重要である。安全を大事に考えているか，安全より利益追求を強調するかという社会的環境によって，育まれる安全態度が変わってくる。

‖2節‖ ヒューマンファクター・物的・環境的要因の複合と事故

事故の発生に関係するヒューマンファクターと代表的な事故事例をあげた。ここでは事故（ヒューマンエラー）発生にかかわる各要因の複合を物的，環境的要因の特性からみる。ひとつの事故事例に単一のヒューマンファクターが関係するのではなく，いくつもの要因が複合していることがわかる。

●1 機械のハイテク化

名古屋空港で1994年4月に起きた中華航空機の事故に関する，運輸省航空事故調査委員会の最終報告書がまとめられた（朝日新聞，1996年7月20日朝刊）。同報告書によれば，中華航空機は名古屋空港に着陸しようとして副操縦士が操縦していた。ところが誤って副操縦士が着陸復行（やり直し）モードに入れ，解除しないまま自動操縦装置を働かせて着陸を続行した。ハイテク機であった機体のコンピュータは尾翼の水平安定板や推力を調整して，着陸復行のため機首を上げようとし，副操縦士は着陸のため機首を下げようと，人とコンピュータが拮抗してしまった。操縦輪を強く押すことで対応しようとした操縦者側に対して，コンピュータは機首上げの調整を進めた。機首下げができないため交代した機長が着陸復行を試みたが，機首が上がりすぎていて失速し，墜落してしまった。同委員会は，図8-4のような12要因の連鎖，あるいは複合によって事故に至ったと認定

墜落に至る12の要因の連鎖
(AP=自動操縦装置)

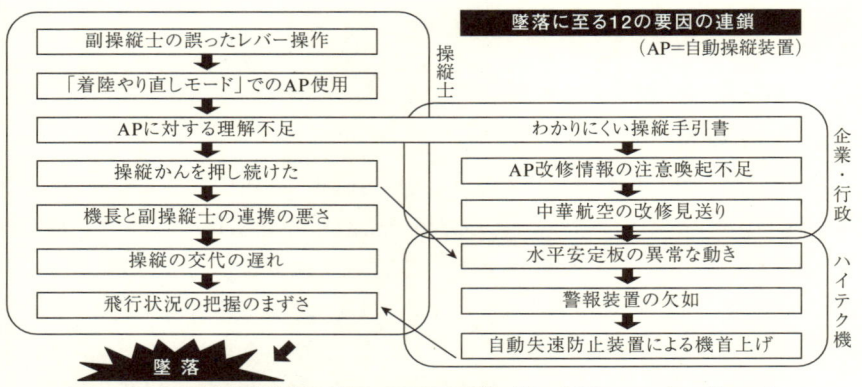

```
操縦士:
  副操縦士の誤ったレバー操作
  → 「着陸やり直しモード」でのAP使用
  → APに対する理解不足
  → 操縦かんを押し続けた
  → 機長と副操縦士の連携の悪さ
  → 操縦の交代の遅れ
  → 飛行状況の把握のまずさ

企業・行政:
  わかりにくい操縦手引書
  AP改修情報の注意喚起不足
  中華航空の改修見送り

ハイテク機:
  水平安定板の異常な動き
  警報装置の欠如
  自動失速防止装置による機首上げ

→ 墜落
```

図 8-4　中華航空機墜落に至る12要因の連鎖（朝日新聞, 1996年7月20日）

した。

　アメリカの NTSB (National Transportation Safety Board：国家交通安全委員会) の事故調査手法では，事故原因分析において，事故・安全にかかわるすべての事項を時系列にそって洗い出し，諸事項の連鎖関係を明らかにする。さらに，諸事項を次の4Mに当てはめる。

(1)　Man　（パイロット，管制官などのエラー，ヒューマンファクター）
(2)　Machine　（機体やエンジンなどの欠陥や故障）
(3)　Media　（交信・運航に関する情報・気象・空港施設・航法援助施設など環境条件）
(4)　Management　（会社・団体・行政機関が安全のために何をやりあるいは何をやらなかったか）

そして原因を絞り，勧告する（柳田，1978）。

　中華航空機事故に関する分析では，運輸省航空事故調査委員会の最終報告書において，諸事象の連鎖関係が4Mに見事に整理されている。

　航空機をはじめ原子力発電所など巨大システムから，身近に存在する自動車や電子レンジやパーソナルコンピュータなど電子機器に至るまでハイテク化が進んできた。この結果，機械・システムの背景にあるメカニズムがほとんどわからないまま操作している。そのうえ，スイッチ，ボタン，レバー，キーなどの簡単な操作ですみ，中華航空機の例のように重大な事態が進行していても，体感できなくなる。また，適当なフィードバックがなければ，思い違いがさらに誤判断を生

み，事故に至る。

●2 高速化

　鳥飼基地から新大阪に向かう回送列車が1973（昭和48）年に起こした脱線事故は，新幹線の安全に自信をもっていた国鉄に大きなショックを与えた。それは，運転士にミスがあっても，居眠りをしていても，何があってもATC装置によって危険な区間の手前で列車を停止させることができたはずが……，列車が開いていないポイントを通過して脱線したのである。ポイントが開いていなければ，近づく列車に対してATCは減速，徐行，停止の信号を送り，それでもなお接近すれば，絶対停止信号を発信し強制的に停止させてしまう。ところが，この回送列車は止まらずに本線に向かって進んでしまった。一方，本線上では「こだま」が時速200km近いスピードでこのポイントに近づいていた。回送列車の異常な進入に対して，ATCは「こだま」に時速30kmの徐行を命ずるとともに，自動的に非常ブレーキをかけた。回送列車が脱線しているポイントから，わずか500m足らずの距離を残して「こだま」は停止した。国鉄の徹底した事故原因分析の結果，カーブをスムーズに通過させるために塗られた油がレール上に広がり，これが車輪をスリップさせ，そして，スリップ防止のためにブレーキ効果が緩んで停止距離を伸ばしたことが判明した。油の塗布装置が故障したため，作業員が手で塗っていたこととも関係があるのではと考えられている（柳田，1977）。

　高速化のため高度に機械化，自動化されたシステムでは，故障の修理やメンテナンス時にヒューマンファクターの関与することが多い。また，システムの背景が見えにくいために，ポイントに侵入した列車の処置について，総合指令所は十分な情報もないままバックさせ，被害を大きくしてしまった。その背景には高速である新幹線の遅れを取り戻すために，指令員に「急ぎ」のヒューマンファクターが関与している。

●3 複雑化

　新幹線の運行では列車は，コンピュータによってコントロールされた速度表示に従って運転されている。この速度表示がまちがって出されると，事故につながる。品川基地付近で「こだま」が70信号で発車したところ，急に0信号が出て停止する事態が1974（昭和49）年に起こった。ポイントの手前で，しかも，そのポ

イントは「こだま」側には開いていなかった。他にも変な70信号を受信した列車があり，いずれも事故にはならなかったが「危険側」に信号が出たことは，システム全体を揺るがす大問題となった。ところが，このとき ATC 信号回路が一時的に停電しており，そのなかに「幻の70信号」が出たのである。大がかりな再現調査の結果，信号発生器に隣接して設置された列車洗浄機に関連して発生した「誘導電流」が原因であることがわかった。自動洗浄機の導入にともなって付加されたコンデンサーが問題であったが，そのときに信号発生器の誘導電流チェックは行われていなかった（柳田，1977）。

システムが大きく複雑になってくると，ある箇所の変更，新規に増設した箇所と旧来の施設の接合部が，他の予想外の箇所に影響を与えてしまう。そのことに気づくのも容易ではない。さらに，担当部局が異なったりすると情報交換が少なくなり，さらに困難になる（組織間のコミュニケーション）。

●4　局所最適化

鉄道の単線区間で列車同士の正面衝突事故というあってはならない事故が，1990年信楽高原鉄道（第三セクター）で起こった。同鉄道は，JR 貴生川駅から世界陶芸祭への多数の乗客を運ぶため，単線に待避線を設け，それまでの単純な信号システムを変更したり，信楽方面への列車を優先させる図8-5のような「方向優先テコ」を設置するなどした。その結果，「優先テコ」が引かれたり，列車が続いて発車するなどの条件が加わると信号を固定してしまい，反対側の列車が誤出発しても，これに対応して適切に信号を変化させて安全を確保することができないようなシステムになっていた。

一部のなかで最適を求めても，全体でみると不適切な場合がある。この事例でも，JR 側と信楽高原鉄道側との連絡，システム変更などの情報交換がうまくいってなかった。さらに赤信号にもかかわらず，多数の「乗客の圧力」や，運輸局の査察などのために「急ぎの要因」も強く働き，さらに以前にうまくいったという経験もあって，列車を出発させてしまったものといえる。不十分なシステムが多くのヒューマンファクターと複合し「あるはずがない」事故を発生させた（北川，1992）。

小事故でもその背景にある要因は巨大なシステム同様，人がかかわる限り，影響するヒューマンファクターは同じである。失敗，小事故が発生したときに，そ

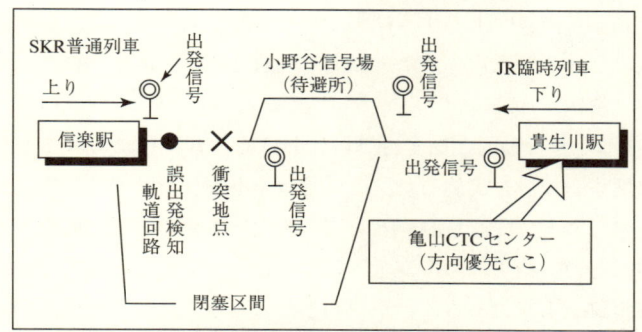

図8-5 信楽高原鉄道の信号システム (北川, 1992)

こに関係するヒューマンファクターをできるだけ多く抽出して,対策をたてることが大事故の防止につながる。しかし,小事故のときには,「気をつけろ」だけですまされることが多く,原因も一般に公表されることは少ない。航空機や巨大システムの事故は,結果が重大であるので,詳細に分析され,公表されている。このような多岐にわたる結果を参考にし,小事故分析への活用を進めることも大切となろう。

3節 安全教育・訓練

● 1 現況と安全教育・訓練

　心理学には,学習心理学や教育心理学という大きな研究分野が存在している。あるいは幼児心理学,発達心理学という,学習・教育と一見距離のある分野のように思えるかもしれないところにも,学習や教育の心理学が含まれている。このように,教育——ここでは安全に関する教育——は,心理学分野では関係の深いテーマである。加えて,近年のわが国における安全教育の必要性が,三戸 (1991, 1992a, 1993) によって強調されている。

　近年の交通事故,火災における放火,労働災害の増加と,その事故や災害の型が異なっても,いずれも増加傾向に転じてきている (三戸, 1992b ; 三戸・清水・広沢, 1993 ; 三戸・清水, 1993a ; Mito, 1996)。かりにその背景要因に,不安全行動の出現傾向の上昇,すなわちその背景にある安全教育や訓練等の欠如があるとするなら,事故や災害は性差にあまり関係なく出現し,かつ若年齢層か

ら年々にその年齢階級が上昇するはずである。解析結果は，これを補強する結果が得られ続けている（三戸・清水・広沢，1994；三戸・清水・松本，1994；三戸，1995；三戸・清水，1995）。

さらに，「不安全行動群と安全行動群における教育課程における安全教育の記憶痕跡」に関する検討を実施した。ここでは，不安全行動群として長期自動車運転免許停止処分者と，安全行動群として一般大学生から，年齢層をバランスさせてデータ解析した。結果は，不安全行動群のほうが，安全行動群に比較して安全教育の記憶痕跡が希薄であることが判明した（三戸，1989；三戸，1990；三戸・清水・広沢，1990）。

以上からも，安全教育・訓練の再検討が緊要といえる。さらに安全教育は，発達の一時期――たとえば若年齢期――に限定するものではなく，一生を通じて実施すべきまさに生涯教育でもある。なぜなら激しく変化する現代社会では，ライフ・スタイルの変化，その裏に見えかくれする急速な技術革新の進展などは，知らないうちに新たな危険性を含んでくるからだ。よって生涯を通じて無視することのできない教育・訓練である。

● 2　法定の勤労者教育

法律で定められている勤労者向けの安全教育は5種類ある。すなわち，①働く人を新たに雇い入れたとき（パートタイマー・季節労働者等を含む）の教育，②働く人の作業内容を変更したときの教育，③働く人を一定の危険または有害な業務につかせるときの教育，④一定の業種において新たに職務につくこととなった職長に対する教育，⑤安全管理者等に対する能力向上教育，⑥危険有害業務に現在従事している者に対する教育である。

さらにこれ以外に，1984年2月に策定された安全衛生教育推進要綱は，4項目を加えている（労働省労働基準局，1987）。すなわち，①免許取得者・技能講習修了者（取得後一定期間経過した者）に対する実務または技能向上教育，②生産技術管理者・設計者等に対する教育，③定期自主検査者等に対する教育，④教育担当者（インストラクター，トレーナー等）の養成のための研修である。これらの教育・訓練に関係して，中央労働災害防止協会はさまざまな講習会を実施している。たとえば，RST（Rodosho Safety and Health Education Trainer）講座は，この一環に位置づけられ，4泊5日にわたって実施するものである。

● 3　安全運動という教育

　安全に関するキャンペーン運動には，たとえば，安全の日，安全週間，安全月間，安全年などといった期間を限ったキャンペーンを行っている。それらの例には，全国火災予防運動（春，秋），全国交通安全運動（春，秋），土砂災害防止月間，国民安全の日，全国安全週間，全国鉱山保安週間，電気使用安全月間，防災週間，建築物防災週間，防災の日，船員労働安全衛生月間，救急の日，高圧ガス危害予防週間，その他がある。

　産業安全に関する安全期間のキャンペーンとして，1919年6月に東京で初めて安全週間が実施された。その際に用いられたシンボル・マークが現在でも用いられている緑十字である。さらに1928年7月に，全国規模で統一安全週間が実施され，1932年11月に全国産業安全大会が開催された。1954年に全国労働衛生大会が独立したが，1969年に全国産業安全衛生大会に統一され現在に至っている。

　交通安全に関する安全週間は，春と秋に年2回実施されている。最初は1920年に全国一斉の交通安全運動が実施された（森，1990）。この交通安全運動のキャンペーン効果について解析した（三戸・清水，1993b）。発生件数と負傷者数について，安全運動期間の春秋の合計20日値と年間交通事故における20日間平均値の比率を求め，経年的推移をみた。年間交通事故における20日間値と安全運動期間（春＋秋）の20日間値が同じであれば，安全運動の効果はなかったことを意味

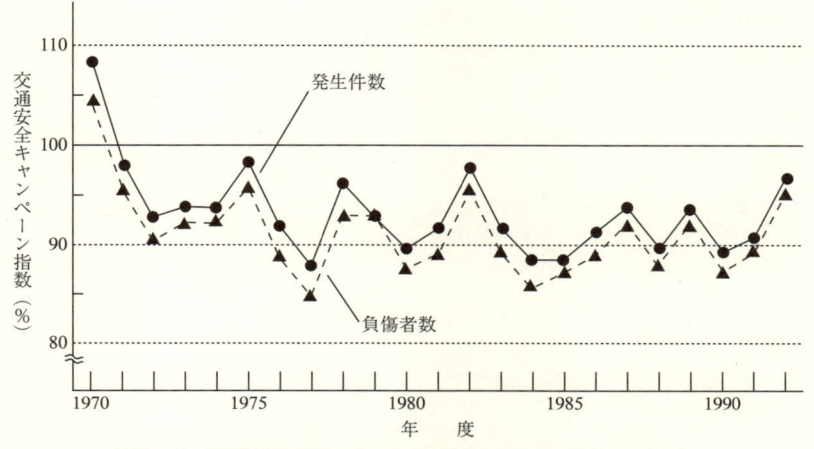

図8-6　交通安全のキャンペーン効果（三戸・清水，1993b）

する。春と秋の全国交通安全運動期間の計20日間中の総交通事故値を，その年の総交通事故値で除して正規化し，これをその年の交通安全キャンペーン指数とした。図8-6から，たしかにキャンペーン効果があらわれていることが判明する。毎年の春秋の交通安全週間は，マンネリ化した印象をもっているかもしれない。しかしその効果は，確実にあるのだといえる。

　車のシートベルト着用は，1986年11月の着用義務化にともなって，その直後のシートベルト着用率は90％を越えていた。しかしながら，その後は次第に着用率が低下し，最近は一般道路における助手席のシートベルト着用率が60％台を示すに至り，高速道路における運転手着用率は90％を割ってしまっている（図8-7）。また，自動車乗車中の交通事故死亡におけるシートベルト着用の有無は，1992年はシートベルト非着用死者数は3,678人と全自動車乗車中死者数の76.9％を占めていた（菅沼，1993）。このシートベルト着用へ導くキャンペーンや運動展開は，上記の交通安全運動のように地道な教育・啓蒙の展開が必要だといえよう。加えて，多数を対象に安全運動をすすめる場合，さまざまなしかけを講じながら展開することが，その効果持続性において重要な意味をもつと考えられる。

　無災害記録を更新している日立製作所・神奈川工場では，別にこれが対策ですというものはないが，ひとつひとつ不安全な事柄に対して実施してきた積み重ねであると述べている。また交通安全に関して，昭和40年代に年間200件あった有責事故を，平成元年度は8件，平成2年度は7件と減少させることに成功した日立物流は，別に取り立てていえる良策はないという。しかしながら，ひとりひとりが繰り返し安全の意識を身につけることができる機会を設けていると述べていた（日立物流，1991）。ここにおいても，究極的対策をもっているのではなく，

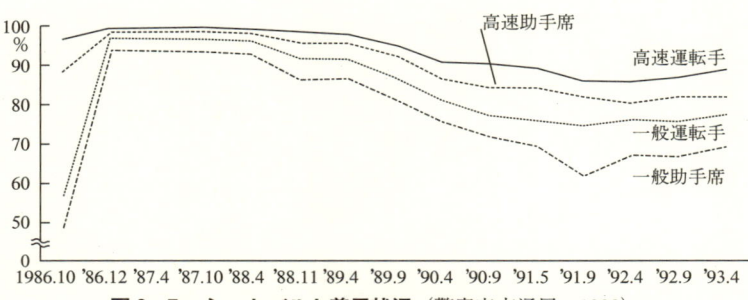

図8-7　シートベルト着用状況（警察庁交通局，1993）

さまざまなしかけを根気よく展開していると考えられる。

●4　KYT（危険予知トレーニング）

　危険に対する予知能力を育成しながら，危険予知を実行することを目的としている手法であり，わが国独自の手法である。なお，Kは危険，Yは予知，Tは訓練のトレーニングを意味している。最初は1974年に住友金属工業が考案し，のちに1978年から中央労働災害防止協会が問題解決4ラウンド形式として確立し，さらに1982年に指差呼称をつけ加えていった（内藤，1991）。最近は，「交通KYT」と称して交通安全へ使うことがすすんでいる。

　実際のKYTは，作業メンバーが現場の作業設備を見ながら，作業にどのような危険が潜んでいるかを話し合い，対策を考え，目標をたてて実践するためのトレーニングないしは活動である。方法を以下に具体的に紹介してみよう。

　あらかじめ作業現場（工程）のイラスト，模造紙，マジックインクなどを準備する。そして構成は4つのラウンドからなっている。

(1) 第1ラウンド：現状把握　　全員で作業現場のイラストをながめながら，ブレーンストーミング的に不安全状態と不安全行為に関する潜在的危険因子を発見していく。

(2) 第2ラウンド：本質追求　　第1ラウンドででてきた危険因子のうち，最も重要と思われる因子を2～3因子に絞り，赤丸印をつける。

(3) 第3ラウンド：対策樹立　　赤丸印をつけた因子に関する解決の方法についてブレーンストーミング的に知恵を出し合い，対策をたてる。対策は2～3項目の行動内容であらわす。

(4) 第4ラウンド：行動目標設定　　第3ラウンドでたてた対策のうち，とくに質の高いものに絞りこんで行動目標をたてる。その結果，スローガン様の行動目標に仕立てる。

　しかし，単なる論理的理解にとどまれば，安全を志向する実際の行動発現は多く期待できない。この意味から，さらにチェックシートを併用することは，KYTをより実際的なものとするものだといえる（平岡，1982）。

● Essay 6 ● 心の視野

　速度60km/h，右視野90度ライトON「ハイ，右」，速度70km/h，左視野80度ライトON「ハイ，左」学生被験者の反応が返る。運転室が左半分の電車があった。右半分には乗客が乗り込める。そこに椅子に座って前方を見つめる被験者がおり，馬蹄形の腕木に多数の豆球を取り付けた視野計で視野の測定をしていた。人の静止時の視野は左右合わせて約180度ある。自動車運転中に速度が上がると視野が狭くなるといわれていた。「動態視野」が私の卒論であった。人が移動するとき視野はどのように変化するのかそれを確かめる実験である。

　大学での講義中に学生に「静止時180度ある視野が時速30kmでの走行時にはどれくらいになるか」とたずねると，「150度ぐらいかな」，時速50kmでは「120度ぐらい」こうなるとしめたもので時速100kmでは「60度」となる。「それではたとえば時速200kmの新幹線では乗客の視野は30度ぐらいになってしまう。もっと速い飛行機なら視野は10度以下？」。ここで皆気がつく。単に移動しているだけなら周辺のものもよく見えている。実験でも視野は速度に関係なく180度ほどあった。高速運転中は風景が流れるから視野周辺の景色は見えにくくなる。それでも視野が60度にも狭くなることはない。

　たまたまこの実験中に前方の警報器のついた小さな踏切を，ひとりの男性が右からゆっくりと渡り始めた。運転手は直ちに非常制動をかけ，警笛を鳴らした。その人は気づく様子もなくそのまま渡ってくる。電車はブレーキを軋ませながら踏切に近づいていく。被験者も実験スタッフも，もちろん私も総立ちになって，「あーっ」と声にならない声をあげていた。電車が踏切をまたいで止まったとき，その男性（老人だった）はゆっくりと線路を離れていった。よかった無事だった。もしこの間も，私が視野計のライトを点け続けていたら被験者はライトに気づかず，測定された視野はおそらく30度もなかっただろう。スピードは時速2，30キロだったのに。

　動態とは単に移動しているということではなく，こころが活動している，何かに集中している状態といえる。そのためにまわりが見えなくなる。「こころの視野」が狭くなるのである。短時間に多くのことを処理しなければならないときも「こころの視野」は狭くなる。自動車運転中スピードを出せば一生懸命前方を見なければならず，まわりの情報は取りにくくなっている。

（森田敬信）

■9章■
働く意欲

　私たちは「働く意欲」についてどう考えればよいのか。経営組織において「働く意欲」はいかに管理され，また，今後どのように管理されるのか。そのなかで，私たちはどのような働き方をしていけばよいのか。
　近年，働く場面では，組織や労働をもっと人間らしいものにしたいという願いがとみに強まりつつある。これは一般的に組織や労働の「人間化」といわれており，その本質は人間の主体性の確立にある。そのような人間の主体性が確立された働き方と，「働く意欲の管理」とはいかなる関係があるのか。「労働の人間化」を推進するための前提となる基本的条件とはいったい何なのか，また，それをどう整備すればよいのか。この章ではこれらのことを働く意欲（仕事への動機づけ）の観点から考えるための理論や素材を提供する。

1節 ワークモチベーション理論の歴史的発展

● 1　理論の全体的な流れ

　働く意欲（仕事への動機づけ；ワークモチベーション）に関する理論の歴史的発展を概観すると以下のようになろう（ここで述べる理論の具体的なことは本節の2項および2節以降を参照）。

　科学的心理学の誕生以降，ワークモチベーションの研究を大きくみれば，「強化理論」から「欲求理論」をへて「認知的理論」へと発展してきたといえよう。強化理論は主として行動変容における外的報酬を強調し，動機づけが基本的に報酬と罰のスケジュールによって形成されると主張した。これは行動主義心理学のハル（Hull, C. L.）の「動因低減説」や，スキナー（Skinner, B. F.）の「オペラント条件づけ」などの学習理論を背景としている。

　動因低減説は「要求―動因―誘因」の枠組みのなかで，誘因（報酬など）の獲得によって要求や動因が低減または解消することが，学習（新しい行動の仕方を身につけること）を成立させる必須条件だとするものである。この場合，「動因低減」が誘因獲得の行動を強化するはたらきをしている。また「オペラント条件づけ」は，報酬の獲得や罰の回避の手段として新しい行動が学習されることをいう。この場合，報酬や罰はその新しい行動を強化するはたらきをもつので，その強化の仕方が強化スケジュールとして研究された。

　一方，「欲求理論」は外的な報酬への反応は内的な動因にもとづくものであるから，個人の欲求の状態を知ることが行動の予測にとって本質的に重要であると主張した。しかし，「認知的理論」では外界（報酬など）や内界（欲求など）は客観的に同じであっても，それらをいかに認知するかによって意欲の強さや行動の仕方は変化することを強調している。

　ところで，最近はこれら3つの立場を相互に補完したり，統合したりする方向も出てきた。また近年，行動主義の「動因低減説」に対立する形で，「内発的動機づけ理論」も注目されている。ここでの「内発的」とは，外的報酬によって「外発的」に動機づけられていないということだけではなく，積極的に内的報酬（やりがい，生きがい，自己成長などの自足的な喜び）を求めるという意味をもっている。ただし，この外発的と内発的の区別には混乱も生じているので鹿毛

(1994) はそれを整理して,「内発的動機づけとは『自己目的的な学習の生起・維持過程』であり,『熟達指向性』と『自律性』という特徴を合わせ持つものである」としている。

● 2　理論の核となる構成概念の歴史的展開

カンファ (Kanfer, R., 1992) は動機づけ理論に用いられた「構成概念」を,身体の反射的次元からこころの中枢的次元に至る線上に位置づけた (図 9-1)。これは理論の核となる構成概念の歴史的な展開を示すものとも考えられる。こうした発展の方向は次のような考え方を反映しているのであろう (Locke, E. A. & Henne, D., 1986参照)。

通常私たちが人間の行動を理解する場合,「なぜ」その行動をしたのかを知り

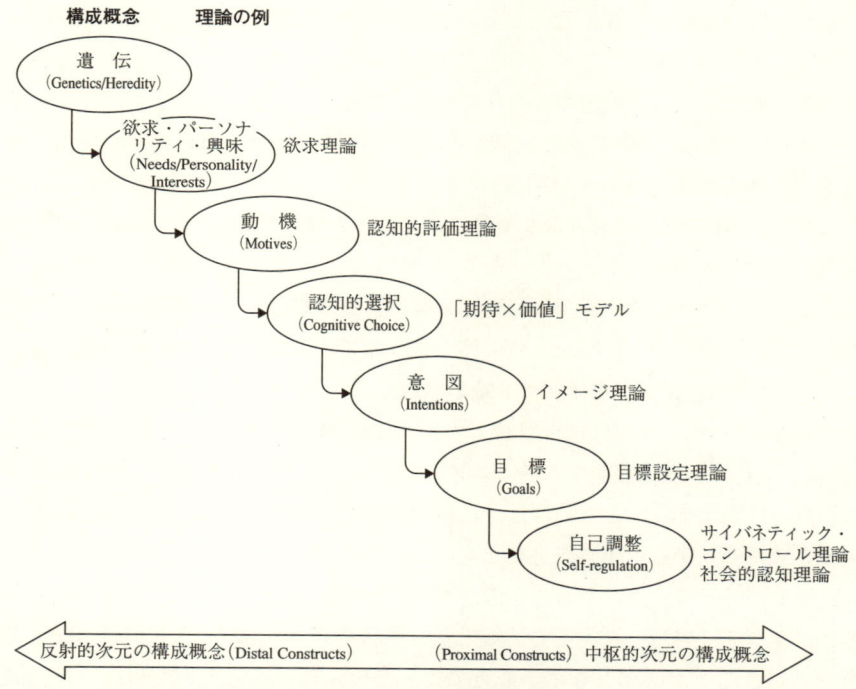

構成概念　　　理論の例

- 遺伝 (Genetics/Heredity)
- 欲求・パーソナリティ・興味 (Needs/Personality/Interests) ── 欲求理論
- 動機 (Motives) ── 認知的評価理論
- 認知的選択 (Cognitive Choice) ──「期待×価値」モデル
- 意図 (Intentions) ── イメージ理論
- 目標 (Goals) ── 目標設定理論
- 自己調整 (Self-regulation) ── サイバネティック・コントロール理論　社会的認知理論

⟵ 反射的次元の構成概念 (Distal Constructs)　　　(Proximal Constructs) 中枢的次元の構成概念 ⟶

図 9-1　動機づけの構成概念と例示的な動機づけ理論のヒューリスティックな枠組み
　　(Kanfer, 1992を一部省略・改変)

たいと思うであろう。そこで，まず行動の原因を説明するために，人を行動に駆り立てる原動力としての「欲求」や「動機」などの構成概念が用いられてきた。しかし，それらは一般的に人がなぜ行動するのかについては説明してくれるが，その人がその場面でなぜその「特定の行動」をしたのかまでは説明してくれない。また，ここでは人は同じ欲求や動機をもつとされるが，人によって行動の仕方が異なるという個人差は説明できない。

その疑問に答えるために導入された構成概念が「認知的選択」である。この認知的選択に必要な構成概念としては，まず「価値」があげられよう。「価値」は「特定の行動」を選択するための基準となるからである。また，主観的な次元では「価値」には個人差も生まれる。つまり，この「価値」の導入によって，個人はその場面で自分が望ましい（価値）と思う誘因（報酬など）を獲得するために「特定の行動」を選択するのだと説明できる。しかし，一般的にはその誘因がいくら望ましいと思っても，それを獲得するための「特定の行動」を起こす意欲が常に出るとは限らない。これを説明するためには「価値」だけでは不十分である。

その疑問に答えるために導入されたのが「期待」という構成概念である。つまり，「特定の行動」を選択する意欲が出るためには，自分の努力によって価値ある誘因を獲得できるという「期待」（成功の見込み）をもてることが必要である。そこで，「特定の行動」を選択する動機づけの強さは，「期待」と「価値」の相乗効果によって決定されるという「期待×価値」モデルが生まれることになった。しかし，このモデルは「特定の行動」を選択する過程とメカニズムについては説明してくれるが，その行動を実行に移すプロセスまでは説明できない（なお，図9-1の「意図」については次の3項を参照）。

それを説明するためには「目標」という構成概念が必要となる。「目標」は「価値」を行為の形に翻訳するメカニズムである。つまり，「価値」を有する特定の行動を実際に実行するためには，具体的に何を実行するのかという形で翻訳・表現された「目標」の設定が必要である。

しかし，その設定された目標を達成するためには，目標を実行する「方法」を考え，それを「実行」し，その「結果」を評価・フィードバックして軌道修正を行うということが必要となる。最近では，その過程を説明するために「自己調整」という構成概念が導入されるようになってきた。

以上のような考え方を背景に，動機づけに関する構成概念は身体の反射的次元

に近い「欲求」や「動機」から，「価値」と「期待」にもとづく「認知的選択」，「目標」などをへて，「自己調整」という最も認知的・中枢的な次元に至る方向へ発展してきたと考えられる。ただし，これらの構成概念は相互補完の関係にあり，これらの統合によってより包括的な理論が形成されていくと考えられる。

●3　ワークモチベーションに関連する代表的な理論

前述の構成概念を用いた動機づけ理論のうち，労働場面への応用が可能な代表的理論を概観すると，以下のようになろう。

a　欲求理論

まず，「欲求」の概念にもとづくもの（欲求理論）としては，一般的な動機づけ理論であるマズロー（Maslow, A. H., 1954）の「欲求階層説」（3節参照）と，労働場面の動機づけ理論であるハーズバーグ（Herzberg, F. *et al.*, 1959）の「動機づけ―衛生理論」（二要因説）（4節参照）がある。次に「動機」にもとづくものとしては，困難な仕事や目標を達成しようとする「達成動機」に注目し，その測定や育成を重視したマクレランド（McClelland, D. C., 1961）の「達成動機理論」がある。また，「内発的動機」（2節1項参照）に注目する一般的理論もある。デシ（Deci, E. L., 1975）の「認知的評価理論」はそのひとつである。これは内発的な意欲や興味などが，外的報酬を与えられることによって低下することもあるという現象について説明するものである。そこでは，外的報酬を受けた者が，外的報酬を「制御的」（外的コントロール）に意味づけた場合は内発的動機を減少させ，「情報的」（有能さや自己決定を促進する情報）に意味づけた場合は内発的動機を増加させると考えられている。労働場面における重要な外的報酬のひとつは給与であるが，現在では給与と内発的動機との関係は複雑なことが指摘されている。

b　期待理論

「期待×価値」モデルにもとづくものは一般的に「期待理論」ともよばれる。労働場面ではヴルーム（Vroom, V. H., 1964）やロウラー（Lawler. E. E. III, 1973）が主導した期待理論がある。ロウラーはヴルームのモデルを修正して次の公式を提起した。

$$\text{仕事意欲} = \Sigma[(E \rightarrow P) \times \Sigma[(P \rightarrow O) \times (V)]]$$

この公式では動機づけの要素として，①努力（effort）すれば目標達成

(performance) に結びつくという期待（E→P），②目標を達成すれば誘因としての成果（outcome）が得られるという期待（P→O），③成果そのものの魅力度（valence）の3つを重視し，どれかひとつが欠けても働く意欲は生じないと考える。

上記の公式において，期待度を主観的な（客観的ではないことに意味がある）可能性としての確率（0〜1）であらわし，また成果の主観的な魅力度を「−1〜＋1」であらわすと，たとえば，今期の仕事の目標Aに対して，ある人の①E→P期待は0.4，②P→O期待は，昇進が0.3，昇給が0.4，達成の喜びが0.5，自律的活動が0.3，疲労が0.8，同僚のねたみが0.7，③V（成果の魅力度）は，昇進が0.6，昇給が0.8，達成の喜びが0.6，自律的活動が0.8，疲労が−0.7，同僚のねたみが−0.8の場合，その人の仕事の目標Aに対する意欲は−0.032となる。これは目標達成の自信も低く，いやいや仕事をすることを意味している。

この人の仕事意欲を高めるためには，①と②の期待度と，③の魅力度を高めるように工夫する必要がある。たとえば，目標達成の可能性を高めたり，昇給，達成の喜び，自律的活動などへの期待度や魅力度を高め，疲労や同僚のねたみを少なくする方法などを工夫する。そのために，①については，「目標設定理論」（d参照）が参考となる。②と③の「成果」の内容やその魅力度については，「動機づけ―衛生理論」の動機づけ要因（4節3項）とそれにもとづく職務充実（5節）や，「職務特性論」（6節），および「労働価値観」（work values）の測定項目（たとえば，能力の活用，達成，昇進，権威，自律性，創造性，経済的報酬・安定，人間的成長，社会的評価，社会的交流）などが参考となろう。

C　イメージ理論

期待理論が主張するように，人間は常に功利的な観点から帰納的方法で，利害得失の完全な分析や計算を明確に意識的に行うとは限らない。むしろ選択や意思決定においては，その人があらかじめ抱いている「意図」（図9-1）にもとづいて，演繹的にかつ幅広く情報処理が行われる場合も多いであろう。この「意図」に関連する理論のひとつに「イメージ理論」（Beach, L. R. & Mitchell, T. R., 1987など）がある。そこでは意思決定に用いられる基本的な情報構造として，「価値判断の基準」「目標および多様な成果獲得への道筋」「目標達成への計画や方法」に関する「イメージ」が重視されている。この理論を労働場面に応用すれば，職業や仕事，会社，労働，職場の人間関係などについてどのようなイメージやビジ

ョンを描くかが，働く意欲に大きく作用するということになろう。

d 目標設定理論

「目標」にもとづく理論としては，ロック（Locke, E. A., 1968）の先導した「目標設定理論」が有名である。そこでは一般に，①本人の能力と目標に関する「納得性」を前提とすれば，より難しい目標のほうが業績が高くなる，②目標の「明瞭度」（意義と具体性）が高いほど，目標達成の意欲，業績，満足度が高くなる，③結果のフィードバックが意欲と業績を高める効果があるのは，目標が具体的で困難度の高い場合である，などの研究結果が報告されている。

また困難な目標の「納得性」（受け入れ）を高めるためには，目標設定に参加させる方法が有効であると考えられる。この「目標設定理論」は，労働場面における「目標による管理」（5節参照）の心理学的根拠のひとつになっている。

e 自己調整にもとづく理論

既述のカンファは自己調整を社会的認知理論としての「社会的学習理論」（Bandura, A., 1986）および「サイバネティック・コントロール理論」（Carver, C. S. & Scheier, M. F., 1981）との関連で述べている。前者では，困難な特定の目標は，自己観察，自己評価，自己反応（失望，自己効力，期待など）を含む自己調整の活動を通して達成されることに注目した。また後者では，目標と結果との食い違いを減少させるためのフィードバックサイクルにおける自己調整に注目している。

この「自己調整」の概念は，「目標設定→方法→実行→結果の評価」のフィードバックサイクルを自分で統制する「自己管理」につながるものである。この自己管理は個人の自律・自立にとって不可欠である。労働場面では最近，自己管理や自律・自立をキーワードとする動機づけが，行動科学的管理論（4節・5節参照）や現在の経営・人事管理（10章参照）などで用いられるようになってきた（たとえば，目標による管理，自己評価制度，仕事の自主管理，フレックスタイム制，裁量労働制，社内企業家公募制度，自己啓発にもとづく能力開発など）。

2節 従来の経営組織における動機づけ管理の基本的原理

●1 「やる気」を引き出す事例

　組織成員の動機づけ管理は，個人の組織への貢献意欲を引き出すために，組織の提供する「誘因」（報酬など）をいかに管理するかということである。一般に，動機づけは常識的には「やる気を引き出す」というように，他律的な意味で用いられることが多い。経営組織における動機づけ管理はまさしくその意味で使用されている。そこではやる気を引き出すために，「誘因」をいかに操作するかが関心の的になる。

　しかし，のどの渇いていない馬を水辺に連れていくことはできても，水を飲ませることはできないという話がある。これはやる気（動機づけ）の本質は，「自らがやる気を出す」という「内発的動機づけ」（1節1項参照）にあることを示唆しているといえよう。つまり，馬自身に水を飲みたいという「動因」がない限り，いくらおいしい水を与えてもそれは馬にとっては「誘因」（のどの渇きを癒す価値のあるもの）とはならないので，やる気を引き出すための「誘因」（ここでは水を指す）の操作・管理は成立しないことを示している。

　にもかかわらず，のどの渇いていない馬に水を飲ませるための巧妙な「やる気の管理」が行われているのである。つまり，一方では水を完全にとりあげて，馬が自分で好きなように飲めなくする（他律的管理による誘因の操作）。他方では，ムチで尻をたたき，鼻の先にニンジンをぶらさげて，一刻も早くのどが渇くように走り回らせる（他律的管理による欲求・動因の操作）。そこでのどが渇いた頃合いをみて，管理者の思惑どおりのところに水を置いておけば（誘因の操作），馬は「自発的」（内発的）にそこまで走っていき，自分で「自主的」に水を飲む（動因の操作）。この状況を反復経験させると，ムチで脅したり，ニンジンをぶらさげたりしなくても，「自主的」に「一刻も早くのどが渇くようにがんばって走り回ってから」，目的地にしかけられている水（誘因）を飲みにいくという「習慣的行動」を自動的に繰り返すようになる。このような状態になった場合，このしかけに気がつかなければ，まるで馬が自分で目標を定め，その目標達成のために「自主的」にがんばるという「自己管理」を行っているようにみえるであろう。

　ここで試みに，「馬」を「経営組織の従業員」に，「水」を「賃金や昇進・昇格，

やりがいのある仕事，休暇などの誘因」に置き換えてみよう。同様に「ムチで尻をたたく」を「脅し」（人事考課の評価点を下げたり，左遷や解雇をにおわせることなど）に，「鼻の先にニンジンをぶらさげる」を「なだめたり，すかしたりすること」（上からのひき，昇進・昇格などをにおわせることなど）に置き換える。また，「一刻も早くのどが渇くように走り回らせること」を，「売上競争のキャンペーンを繰り返しやらせる，毎日の成績を壁に貼り出す，仕事の改善の提案を奨励する，高いノルマでプレッシャーをかける，小集団活動や仲間意識で競争をあおる，出世競争を意識させる等々」に置き換える。

さらに，「管理者の思惑どおりのところに置かれた水を『自発的』に飲みにいくこと」を，「管理者の操作する誘因を獲得するために，自らやる気（動因）を出して管理者の思惑どおりの仕事をすること」に，また，「水を求めて一刻も早くのどが渇くように自ら走り回る習慣的行動を自動的に繰り返すこと」を，「はじめは生計のために仕方なく始めた賃金労働も，それに駆り立てられているうちに習慣化して，たまの休日には何をしてよいのか気分が落ち着かなくなり，退職後には完全に落ち込んでしまうサラリーマン像」にそれぞれ置き換えてみる。そして，そのうえでもう一度前述の文章を熟読玩味すれば，従来の経営組織（とくに企業組織）における，一般的な動機づけ管理の基本的な原理とその本質が浮かびあがってくるのではなかろうか。

● 2 従来の経営組織における動機づけ管理の基本的原理

上記 1 項の事例における「やる気の管理」の原理は，ハルの「動因低減説」（1 節 1 項参照）にもとづく他律的（外発的ともいう）動機づけで説明できるものである。

この動機づけの特徴は，相手の欲しがるもの（誘因）をとりあげて，勝手に手に入らないようにすること（誘因の独占的管理）や，ムチでたたいて苦痛や不安を強めること（動因の独占的管理）である。その目的は動因を高めることにある。高められた動因はそれに対応したアメ（誘因）を獲得するまで低減（または解消）しない。そのアメを獲得する（つまり，欲しいものを手に入れたり，不安や苦痛を低減・解消する）唯一の方法としてしかけられているのが，「動因と誘因を独占的に管理・操作している者のいうとおりにする」という行動である。そこではこの行動を習慣化させればよい。あとは動因を高める操作を行いさえすれば，

管理者の思惑どおりの意欲と行動を引き出すことができる。それを公式化したものが,「動機づけの強さ＝動因×習慣」である。

●3　まやかしの自主管理や労働の人間化

上記の1項と2項で述べた「やる気を引き出すしかけ」のなかで,上記の事例のように「自発的,内発的,自律的,自主的,主体的」などということばがいくら使われていても,それらは上記のアメとムチによる他律的な動機づけ管理に奉仕するための,似て非なる「まやかし」の内発的（自発的,自律的）動機づけにすぎない。

たとえば,自主管理と称して行われる職場の小集団活動（仕事の改善を自主的に行わせるQC〔品質管理〕サークル活動など）や,人間性回復と称して行われる職務充実（5節参照）など,また,自己実現欲求（3節2項参照）にもとづき組織の要求と個人の要求の統合をめざすと称して企業の目標を個人に容認させようとする「目標による管理」（5節参照）や,主役意識とチャレンジ精神の高揚と称して行われる自己申告制度,社内（企業家）公募制度など,さらに主体性や自律の奨励と称して行われるフレックスタイム制や裁量労働制等々（以上は10章参照）について考えてみよう。

問題の本質は,それら自体の善し悪しではなくて,肝心の「誘因」が経営管理者によってとりあげられ,その操作・管理が「経営側に独占されている」状態下で,それらが行われているかどうかということである。もし「誘因」としての仕事の計画や成果（利益など）を「従業員自身」で自主的・主体的に管理・配分できない（たとえば,従業員の働きによる企業のもうけを,経営側の一方的な温情主義ではなく,従業員の参加による主体的な意思決定のもとで配分できる成果の評価・還元システムがない）状態でそれらが実施されているならば,現象はともかく,それらの本質的な意味は上記のアメとムチによる他律的な動機づけ管理に奉仕するための,「まやかし」の,つまり内発的動機づけの名のもとに,支配や活用の対象を単なる「労働力」から,働く人々の「人間性」にまで拡大した強制的な労働強化の隠れみのとしての,自主管理や労働の人間化にすぎないということになろう。

● 4　問題の核心——動機づけの観点からみた労働の人間化の前提条件

　要するに，組織における動機づけ管理の本質的意義は，動因と誘因を誰が何の目的で管理するのかという問題に帰属する。「労働の人間化」（人間の主体性が確立された働き方）は成員の自律性や自己実現欲求にもとづく（つまり，自己実現を目的とする）内発的動機づけを基盤としているが，その内発的動機づけは成員が「自分の動因と誘因を自己管理」しうるところにしか存在しない。なぜならば，個人の自己実現（自己の独自の価値や潜在的可能性を最大限に追求すること）は本来それ自身が目的であって，手段ではないからである。また自己実現は経済効率とも本来矛盾している。企業の経済効率の向上や，他者の利益またはイデオロギーなどのために，個人の自己実現が手段（道具）として一方的に操作・管理されることは，人間の主体性や人間性の尊厳に基本的に反することである。

　したがって，「動因と誘因の自己管理をともなう経営への参加」，すなわち「各成員が，①組織の目的・目標の決定権，②仕事の管理サイクル（計画→実施→統制）の自己管理権，③『誘因』の自己管理として不可欠な成果（利益など）の管理・配分に関する主体的な決定権，を有していること」が，自己実現を目的とした内発的動機づけにもとづく自主管理や労働の人間化にとって不可欠の基本的な「前提条件」となるのである。またこれは産業民主主義の基盤でもある。

　この前提条件を満たす（満たそうとする）何らの方法もない状態下で，従業員に「責任ある自由と自立」を求める種々の人事制度・施策や従業員参加制度は，従業員にとっていったい何なのかを問題にする必要があろう。生きがい・ゆとり・自立などが叫ばれるのとは裏腹に，企業組織で現在なお労働強化や過労死あるいは一方的で不明朗な処遇を生み出しやすく，またそれを防ぎにくい原因，そして不幸な過労死や働きすぎが報われないゆえんを，上記の「人間化の前提条件」の観点からも再考する必要があろう。3節以下の内容はこの観点から考察することも大切である。

3節　経営組織における動機づけ管理の歴史的展開

　これに関する理論は主としてアメリカを中心に発展してきた。その理論的な流れを端的にいえば，他律的動機づけから内発的動機づけの重視（基本的には労働の人間化の方向）へと変化してきたといえよう。しかしその実態は前述（2節3

項）のように，他律的動機づけの枠組みは変わることなく，依然として強固に存続しているように思える。

ただし見方を変えれば，長期にわたる人間の意識や文化の進展の歴史は，紆余曲折をへながらもゆるやかではあるが，全般的な動向として他律的動機づけから自律的な内発的動機づけへと，基本的な枠組み自体を変える方向へ進みつつあることは認められるであろう。今後もこの方向を進展させることができるか否かは，結局私たち自身の問題となる。

●1 全体的な流れ

経営組織において従業員の動機づけ管理を理論的な根拠にもとづいて行い始めたのは，1900年頃のテーラー（Taylor, F. W.）の科学的管理法以降であると考えられる。その後，動機づけ管理の根拠となる理論は，1920年代後半に始まったホーソン研究を契機とする人間関係論，1950年代から台頭してきたいわゆる行動科学的管理論（およびその後の発展）へと進展してきた。

●2 マズローの欲求階層説

動機づけとは基本的には生体の欲求充足の過程である。この欲求に注目して，マズロー（1954）は人間の動機づけに関する次のような欲求階層説をたてた。この説の特徴は，基本的欲求の構造が5段階の層をなし，上層の欲求はそれぞれ下層の欲求がある程度満たされた状態になって，はじめて中心的なはたらきをするようになると考えるところにある。

人間が本来もっている5つの基本的欲求とは，下層から順に，①生理的欲求（physiological needs；食物，水，性，睡眠などの欲求），②安全欲求（safety needs；安全，安定，依存，保護などを求める欲求），③所属と愛の欲求（belongingness and love needs；集団帰属，および孤立，拒否，排斥などを避けて他者の理解や受容を願う人間関係の欲求），④自尊欲求（esteem needs；自尊および名声，名誉，地位，権力，他者からの尊敬などを求める欲求），⑤自己実現欲求（need for self-actualization；潜在的な可能性の実現を最大限に追求する自己達成の欲求）である。この説は階層の考え方など実証的なレベルではあまり支持されていないが，自己実現の欲求にもとづく内発的な動機づけに光をあて，動因低減説にみられるような受動的・機械的な人間観からの脱皮に大きく貢献し

●3　人間観と動機づけ管理との関係

およそ動機づけの理論は心理学的な観点からみた人間観なるものを作り出す役割をもっている。また，動機づけの管理や，いかなる組織を作ればよいかは，基本的に人間観にもとづいて発想されるものである。そこで，説明をわかりやすくするために，シェイン（Schein, E. H.）の考えなども参考にして，1項で既述した動機づけ管理の3つの流れとその基礎となる人間観などを，仮にマズローの基本的欲求と対応づけながら示したものが表9-1である。

経営組織において歴史的にまず支配的だった人間の見方は，いわば自分にとって損か得かを第一義とし，その利益を最大にするように行動する「経済人説」である。これは人間が生きるための基礎的な生理的欲求および安全欲求の優勢な段階に該当する人間観であり，それにもとづく代表的な組織論はテーラーの科学的管理法である。ここでは「より高い賃金を出せばより高い能率で働く」という人間観から，科学的に設定した課業（1日になすべき公平な仕事高）にもとづく賃金の出来高払制によって，作業者の動機づけに関する動因と誘因を操作した。これはアメとムチによる典型的な他律的動機づけ（2節1項・2項参照）であり，「動因低減説」で説明しうるものである。

経済人説はホーソン研究によって打ち破られ，新たに「社会人説」が導入された。それはテーラー流の「賃金誘因」万能主義の否定と，所属と愛などの社会的欲求の重視である。そして「社会的欲求に満足した人は高い生産性を生み出す」という動機づけ管理の根拠となる仮説にもとづいて，人間の感情や非公式組織（公式的な役割関係とは必ずしも一致しない非公式の情緒的な人間関係）を中心

表9-1　マズローの基本的欲求との対応

マグレガーの理論	マズローの欲求階層説の基本的欲求	人間観	動機づけ管理の理論
Y理論	自己実現欲求	自己実現人	行動科学的管理論
	自尊欲求	自尊人	
	所属と愛の欲求	社会人	人間関係論
X理論	安全欲求／生理的欲求	経済人	科学的管理法

とする人間関係重視の管理方式（人間関係論）が展開された（モラール調査，自己申告制度，提案制度，社内報，人事相談制度等々の人間関係管理の手法も導入された）。

やがて，社会的欲求の充足が必ずしも高い生産性に結びつかないことが明白になるとともに，1950年代中頃からの行動科学の台頭を背景として，新しい人間観にもとづく行動科学的管理論（4節参照）が登場してきた。その人間観とは，自尊欲求を重視する「自尊人説」や，自己実現を求める「自己実現人説」である。上記の経済人や社会人の動機づけは動因低減説による他律的動機づけで説明できるが，自尊人や自己実現人の動機づけは説明できない。なぜならば，自尊や自己実現は外発的な誘因がなくても，内的な有能感，達成感，成長にともなう充実感などの自足的な満足感がいわば誘因となって内発的に動機づけられるからである。とくに自己実現の欲求は充足しても，その動因は低減せずに強く求められ続けている。

‖4節‖ 行動科学的管理論の特徴と代表的な理論

行動科学的管理論の特徴は，公式組織に焦点を合わせ，組織の要求や目的と個人の要求や目的の間には矛盾や葛藤があることを前提にして，その両者の「統合」を重視したことである（科学的管理法や人間関係論では，組織の目的〔生産性〕と労働者の目的〔欲求充足〕は基本的に矛盾しないと考えていた）。また，行動科学的管理論は科学的管理法のマシンモデル（合理的な仕事の組織）と，人間関係論のヒューマンモデル（情緒的な人間の組織）を統合する「統合モデル」としての意義も有しているのである。この「統合」の原理として，ひとつは自尊や自己実現などの高次の欲求による内発的動機づけ，他は公式組織のなかで高次の欲求を充足できるような仕事の管理方法を工夫すること（5節参照），が考えられた。このような動機づけ管理の根拠となる行動科学的管理論の代表的な理論としては次のものがある。

●1　マグレガーの「X理論―Y理論」

マグレガー（McGregor, D., 1960）はマズローの欲求階層説を引用しながら，人間性に関する仮説としてX理論とY理論を展開した（表9-1参照）。X理論と

いうのは，生理的欲求，安全欲求のレベルだけで人は動機づけられる（大多数の人は仕事が嫌いで，責任をとりたがらず，何よりも安全を望むものだ。したがって強制や罰への恐怖などによる命令と統制によって動機づけねばならぬ）とする従来の考え方（つまり，他律的動機づけにもとづく伝統的管理理論；2節参照）をひとまとめにしたものである。

Y理論とは，人は生理的欲求，安全欲求だけではなく，社会的欲求，自尊欲求，自己実現欲求のレベルでも動機づけられる（条件が整えば，人は仕事のうえでも自律的で創造的になれる）とする考え方である。現代社会で高次の欲求が優勢になりつつある人々を動機づけるためには，Y理論にもとづいて個人の目標と組織の目標とを統合すべきであるとした彼の理論は，「目標による管理」（5節参照）の理論的支柱のひとつとなってきた。

● 2　アージリスの「未成熟―成熟理論」

アージリス（Argyris, C., 1957）は従来の命令と統制による服従的・依存的な組織のあり方には人間を未成熟のままにしておく要素があるから，組織をいきいきさせるためには組織自体を人間が成熟しうる方向と合致するように変革することを強調した。彼は人間の成熟の方向（受動的から能動的，依存から自立，他律から自己統制など）を基本的な自己実現の傾向と関連づけ，パーソナリティの成熟の方向と公式組織の要件との間の不適合を減少ないし統合させるために，職務拡大（5節参照）や従業員中心の参加的リーダーシップなどを提案した。

● 3　ハーズバーグの「動機づけ―衛生理論」（二要因説）

ハーズバーグら（1959）は技師と会計士の面接調査を通して，職務満足を促進する要因（仕事の達成，承認，仕事そのもの，責任，昇進など）と，不満足を促進する要因（会社の政策と経営，監督技術，給与，対人関係，作業条件など）を見いだした。そして，前者の，仕事そのものの魅力に関する要因は積極的な動機づけの役割を果たすものとして「動機づけ要因」とよび，後者の環境要因は職務不満足を防止する予防的役割を有するが，積極的な仕事への動機づけとなるものではないとして「衛生要因」とよんだ。ハーズバーグはこれらの二要因に，それぞれ精神的成長や自己実現を望む人間的欲求と，苦痛や不快を避けたいという動物的欲求を関連させた。そして職務へのよりよい適応を実現するためには，不満

足要因の解消だけではなく，仕事の達成を通じて精神的成長の欲求が充足できるように仕事の管理方法を改善すべきであるとし，「動機づけ要因」を組み込んだ職務充実（5節参照）を強調した。

ただし，この二要因説はデータの収集や分析方法，二次元的な構成概念，環境要因の内容（たとえば，人間関係を衛生要因としていること）などに批判があり，現在ではそのままの形で支持されているとはいえない。しかし，仕事そのものによる動機づけや，精神的成長をもたらすような仕事の遂行が，強い満足感を生み出すという考え方を実証的レベルで提起したことは，それまでの考え方（たとえば，科学的管理法では生理的欲求や安全欲求の充足が，人間関係論では社会的欲求の充足がそれぞれ生産的な仕事の遂行を生み出すことを仮定していた）に強い衝撃を与えることになった。

5節 行動科学的管理論の手法

行動科学的管理論の手法は，「目標による管理」（Management by Objectives：MBO）と「職務拡大・職務充実」に代表される。

「目標による管理」の特徴は，組織の目的と個人の目的を高次の欲求（とくに自己実現欲求，自尊欲求）にもとづいて統合するところにある。そのためには，①組織目標の明確化と体系化，②目標達成度や活動内容の評価方法の明確化，③目標設定過程や方法立案過程における，部下の高次の欲求を尊重した上司と部下の話し合い，④目標達成の活動過程（方法の立案や実施）での，上司による権限の大幅な委譲と部下自身による自己統制，⑤部下の自己評価と上司の評価にもとづいて実施結果（目標達成度など）を話し合い，それを自己啓発（能力開発）に結びつけること，が不可欠となる。

これは，2節で述べた従来の他律的動機づけ管理のしかけのなかで，経営側（管理者）が従業員（部下）に対して，一方的に，「ノルマ」としての「目標」を与え，その遂行過程を「統制・管理」し，結果を「評価」するという「ノルマ（目標）管理」とは，本質的に異なることに注意すべきである。

「目標による管理」の動機づけの原理は，基本的に内発的動機づけであり，1節の2項と3項で述べた動機づけ理論の核となる「構成概念」でいえば「目標」や「自己調整」（「計画→実施→評価」の管理サイクルの自己管理）が理論的支柱

となるものである。したがって，見かけは「目標による管理」でも，実態が「ノルマ管理」で，上記の①〜⑤はうわべの形式だけに終わるならば，2節3項で述べた「まやかしの自主管理」となり，かえって従業員の不信感を増大させることとなろう。

次に，行動科学的管理論が最も重視した「職務充実」も，基本的には個人の担当する仕事に「管理サイクルの自己管理」が含まれるように職務を設計することであり，権限と責任の拡大という意味で職務の垂直的負荷を重視したものである。それに対して，「職務拡大」は細分化された仕事を，目的との関連でひとまとまりの意味のある内容にするために，同質の仕事を増やすこと（水平的負荷）を意図している。なお，職務充実に大きな影響を与えたハーズバーグは，職務内容自体が個人の精神的成長を可能とさせ，将来的には専門職になれるように職務設計することを強調した。しかし，成長欲求の個人差や職務環境の差などの状況要因を考慮しないで，自己実現人仮説を絶対化した職務充実の過大な一般化については批判もある。

6節 動機づけ管理の動向

行動科学的管理論が重視した「職務充実」は，その後，より一般的な職務設計や組織編成の理論に包含されつつある。これはかつての行動科学的管理論のその後の方向のひとつを象徴しているともいえよう。それは人間の動機や情緒だけではなく認知的側面も視野に入れつつ，組織の合理性，人間性，経営システム性のすべてを統合的にみていく方向である。

そのなかで動機づけ管理を考えるうえでは，職務充実との関連でより一般的な職務設計への方向をめざした「職務特性論」が参考となろう。これは高い動機づけや職務満足と関連性のある職務自体の一般的な特性を明らかにして，その特性にもとづいて職務の診断や設計を行うものである。ハックマンとオーダム(Hackman, J. R. & Oldham, G. R., 1975) は，職務自体がどの程度個人を内発的に動機づける潜在的可能性 (Motivating Potential Score : MPS) をもっているかを測定する次の公式を提示した。

MPS＝(仕事の多様性＋仕事のタスク・アイデンティティ＋仕事の有意味性)／3×(自律性)×(フィードバック)

公式における5つの変数はMPSに関連する中核的な職務特性と考えられている。「タスク・アイデンティティ」は，はじめから終わりまでまとまった仕事ができて目に見える成果が得られること，「仕事の有意味性」は，仕事が組織内外の人々の人生や仕事に多大の影響を与えること，「自律性」は，仕事の計画や実施手続きにおける自由裁量や自己統制，を意味している。

　この理論では個人差も研究され，たとえば成長欲求が低い場合は上記の中核的職務特性のどれを高めても内発的動機づけは高まらないことが示唆されている。さらに，状況的要因（人間関係，組織の制度や構成，仕事保障，賃金，監督など）によっても動機づけの効果は異なると考えられる。

　現在では，激変する環境への適応という観点から，組織を，環境との相互作用を重視した「オープンシステム」と考え，外部環境との能動的な相互作用を行うために種々のネットワークを組織化する必要性も増えつつある。また，それに対応して組織自体もフレキシブルな構造が要求されるであろう。さらにコンピュータ化によって，トップから末端に至る情報の流れが短縮化されたり（たとえば，電子メールでトップと担当者とが直接つながること），情報の共有性が高まることなど，働く環境も変化しつつある。

　そうした労働環境のなかで個人の働き方に要請されるものは何であろうか。その中核的なものは「自律・自立」（自己統制，自己管理）であろう。最近，仕事に関する「エンパワーメント」（empowerment；大幅な権限委譲により個人の権限と責任を拡大すること）という概念が重視されるのも，そうした流れのなかで理解できよう。動機づけ管理でいえば，1節2項の「自己調整」という構成概念が中心的になってきたということである。10章にみるように，個人に焦点を当てた能力・業績主義へと移行しつつある，わが国の人事管理・能力開発の動向もその流れのなかにあるといえる。しかし，一方では「労働の人間化」を推進するために，その前提となる基本的条件（2節4項）の整備が，今後の動機づけ管理やわが国の経営・人事管理の最大の課題となろう。

■10章■
人事管理と能力開発

　現在，わが国の企業経営はいわゆる「バブル景気」のあとの深刻な経済不況や国際化，高度情報化，従業員の高齢化などの経営環境の変化に対応するために，経営の根本的な再構築を迫られている。その一環として，人事管理・能力開発では「終身雇用・年功序列型」から「能力・業績重視型」への転換を意識した制度・施策が導入されつつある。これらは能力・業績主義や経営の合理化，人材の流動化などに対して，従業員自身が個人として「自立」した働き方や生き方をいかに構築していくかが問われる時代状況に入ったことを示しているといえよう。この章では，このような人事管理・能力開発の実態や動向を中心に述べ，さらに従業員の人権や人間性の擁護の観点から今後の課題を考える。

1節 定義と内容

●1 人事管理

　人事管理は経営組織の職能のうち，人的側面の職能管理を専門的に行うことである。その目的は経営目的達成のために，労働秩序の安定と維持および労働生産性（従業員1人当たりの生産性）の向上を図ることにある。人事管理の基本的な内容は，従業員の「雇用」（適正要員の管理や採用など），「配置と異動」（適材適所の人員配置や昇進管理など），「評価」（人材の選抜や，仕事の能力・業績・執務態度などに関する評価），「処遇」（賃金，就業時間，福利厚生，定年などの労働条件に関する管理），「職場集団の維持強化」（リーダーシップの向上，動機づけの管理，教育訓練の実施，ストレスやメンタルヘルスの対策など）である。

　上記の基本的な内容に関しては各種の管理制度が作られている。たとえば次のような制度がある。

(1) 「配置と異動」については，人事情報システム（従業員の情報のデータベース化など），自己申告制度（自己の将来展望にもとづき希望職務などを申告する制度），職能資格制度（従業員を職務遂行能力に応じて序列化し，それを昇進や昇給などの基準とする制度），複数型キャリア制度（昇進のルートを管理職，専門職などの複数にする制度）など。

(2) 「評価」については，人事考課制度（能力，業績，執務態度などの評価制度），アセスメント制度（管理者選抜などを目的に適性や能力などを事前に評価する制度），自己評価制度（業績，努力度などを自分自身で評価する制度）など。

(3) 「処遇」については，「賃金」（最近では，職能資格制度にもとづく職能給，成果にもとづく業績給，職務の価値〔経営への貢献度〕にもとづく職務給，賃金・職務内容などの年間契約を行う年俸制などがある），「就業時間」（最近では，就業時間を一定の範囲内で自由に自己管理させるフレックスタイム制や，ほとんど全部自己管理させる裁量労働制，在宅勤務制などのほか，ボランティア休暇，介護休暇などもある），「福利厚生」（最近では，医療，保険，住宅など企業が提供する諸制度のなかから，一定の基準でいくつかを選択できるカフェテリアプランなどもある），「定年」（最近では，早期退職優

遇制や選択定年制などもある）などの労働条件に関する制度。
(4) 「職場集団の維持強化」については，動機づけ管理の目的も含めた「目標による管理制度」（9章参照），提案制度（仕事の改善などの提案を奨励する制度），表彰・報奨制度，社内企業家公募制度（能力と意欲のある社員に資金援助などを行い，いわゆる社内ベンチャー企業を育てる制度）など。

●2 能力開発
a 定義と内容

「企業内教育訓練」は経営目的の効果的かつ能率的な達成の手段として，従業員の職務能力の向上，執務態度の形成，組織への貢献意欲の向上を図るために，企業が企業の立場から行うものである。一方，「能力開発」という用語は，近年激変しつつある経営環境に対応できる能力を開発する必要性が高まるにしたがって使用されるようになったもので，基本的には従業員の自発的な自己啓発に基盤をおいた概念である。しかし最近ではこの両者を区別しないで，「教育訓練」も含めて「能力開発」とよぶ場合も増えてきた。

一般的に企業内教育訓練の体系は図10－1のようになる。この教育訓練の体系と関連して，従業員の自発的な自己啓発を尊重する能力開発には，従業員が自己を長期的に展望できる計画的な能力開発の内容や方法（たとえば，3節1項で述べるキャリア開発計画など）を工夫することが重要となる。

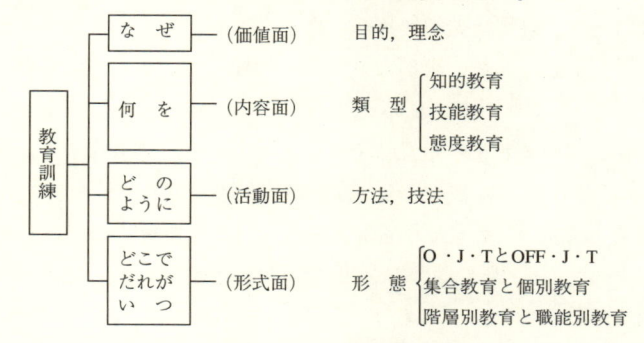

```
                なぜ    ─（価値面）  目的，理念
                                              ┌ 知的教育
          ┌     何を    ─（内容面）  類型 ┤ 技能教育
教育訓練 ┤                                    └ 態度教育
          │     どのように─（活動面）  方法，技法
          │                                    ┌ O・J・TとOFF・J・T
          └     どこで・だれが・いつ─（形式面）  形態 ┤ 集合教育と個別教育
                                              └ 階層別教育と職能別教育
```

（注） 1 O・J・T（On the Job Training）は現実の職務遂行を通して行う教育を，OFF・J・T（Off the Job Training）は職場を離れて集合教育などで行う教育を意味する。
    2 階層別教育は新入・中級・上級の各社員や管理者などの教育を，職能別教育は仕事の内容，種類などで分けて行う教育を意味する。

図10－1 企業内教育訓練の体系

b　理論的背景

　教育訓練の方法や技法の理論的背景には，大別すると行動主義的な学習理論（「刺激―反応」の習慣的結合）にもとづくものと，認知論的アプローチにもとづくものとがある。前者では行動分析を行い，行動の仕方を単純なものから複雑で高度なものへと，計画的に習得させる行動変容理論を応用したものが基本であり，技能を中心とした訓練に主として用いられている。また，バンデューラ（Bandura, A.）の提唱した社会的学習理論におけるモデリング（現実の，または象徴化されたモデルの示範を観察してその行動の仕方を学習すること）の原理を活用した訓練もある（たとえば，モデルのビデオ，ロールプレイなどの活用）。

　一方，認知論的アプローチは主として知識の習得や問題解決能力の向上などの場合と，認知（理解，思考，記憶などのこころのはたらき）および情動（感情，欲求などのこころのはたらき）的側面に直接はたらきかけ，認知を変化（意識変革）させることによって，態度，意欲，行動などの持続的な変容を図る場合に用いられる（たとえば，共感性の向上や相互理解などを目的として相互にフィードバックを行う集団体験学習，動機づけや態度変容を中心とした体験的訓練）。

　なお，最近では認知心理学の研究成果を活用した教育の設計や方法も進展しつつある（Tannenbaum, S. I. & Yukl, G., 1992）。たとえば，「知識の習得」や「理解」などに関する認知的活動については「スキーマ」（schema）の考え方が参考となろう。この「スキーマ」とは，知識を外的（見える形）に表現するためのひとつの形式であり，階層構造（埋め込み構造も可能）をなす人間の知識構造の構成単位をいう。それは具体的事例よりもある程度一般的あるいは典型的な知識の構造（たとえば，「個々の犬（私の犬など）」ではなく，「犬というもの」に関して全体的にひとつのまとまった意味をもつ知識の単位）を意味する。この考え方の特徴は，「理解」や「知識の習得」は刺激（入力情報）を受け身的にそのまま受け入れることではなく，「入力情報」に本人がすでに獲得している知識（つまり「既有スキーマ」）を当てはめて（関連づけて），自分にとって意味が理解できる方向で入力情報を解釈し（これが「理解」とよばれるこころのはたらき），能動的に「既有スキーマ」を再構成して「新スキーマ」を形成する（これが「知識の習得」の原理）ということである。つまり，記憶として貯蔵されるのは伝達された情報そのものではなく，既有スキーマとの関連で自らが能動的に構成した「スキーマ」であることに注意する必要がある（このスキーマにもとづく教育方

法については足立〔1994〕を参照)。

このような研究成果は近年議論されている「構成主義」に立つ教授・学習論にもつながるであろう(足立, 1994)。この構成主義は哲学的な次元で使用される用語であり、それは知識の習得や学習などの考え方の背景にあって、それらに根底から影響を与えている前提的な考え方である。その基本的な考え方のひとつは、上記のスキーマの考え方と同様に、「人間は環境を受動的に受け入れるのではなく、環境と能動的に相互作用して、知識を能動的に構成する」ということである。このような人間観は環境の変化が激しくなり、環境への主体的な対応の必要性が高まるにつれて重視されてくる。そしてその人間観は、「自立」をキーワードとする最近の能力開発の動きの背景にもなっているといえよう。最近の能力開発では、知識や技能の一方的な伝達とその受動的な詰め込みを中心とする従来の伝統的な教育方法ではなく、自主的に環境にはたらきかけて現実の問題解決に有効な知識や技能を能動的に獲得することや、創造的な問題解決能力を開発することに焦点を合わせた教育方法が注目されている。またそのような自己啓発を支援する能力開発の制度づくりも模索されつつある。

2節 人事管理・能力開発の新しい考え方

●1 人的資源管理(HRM)

現在、わが国の企業組織の人事管理・能力開発では、人的資源管理(Human Resource Management:HRM)という考え方が重視されている(田代・梅島, 1995)。アメリカでは1960年代後半頃からこの用語がかなりみられるようになり、現在はこれに関する実証的な調査・研究も進行しつつある(Jackson, S. E. & Schuler, R. S., 1995)。この考え方は採用、配置、給与などに分割されていた人事機能を、システムとして再編成することに主眼をおいている。つまり、人事管理を主として労働力の確保・配置という要員管理の面から発想するのではなく、意思や能力を有する個人を重視し、その育成と管理、能力の発揮などの観点から、長期的・計画的に人的資源の計画としての「プランニング」(HRP)、使い方としての「ユーティリゼーション」(HRU)、能力開発としての「ディヴェロップメント」(HRD)を有機的に組み合わせるということである。具体的には、従業員のキャリア発達の長期的な展望のもとに、従来その連携が不十分であった能力開

発の施策と，採用・配置・昇進・給与などの人事施策とを有機的に関連づける体系的な人事管理と能力開発が望まれるであろう。

なお，「キャリア」(career) の概念は従来，職業的な役割の連鎖として把握されてきた。しかし近年は職業的役割だけでなく，個人が生涯で関与する種々の役割（家族や親戚の一員，親と子，配偶者，学生，職業人，地域住民，市民，国民等々）の全体的な組み合わせや連鎖をキャリアと考える動きが強くなっている (Super, D. E., 1980など)。これは生涯発達にとってキャリアの形成・発達が重要な意味をもつことを示すものである。こうした生涯発達の観点からキャリア形成を考えるならば，従業員のキャリア形成については特定の企業内に限定して考えるのではなく，企業内外における従業員個人の生涯にわたるライフワークやライフ・キャリア（人生経歴）の形成・発達を援助するような人事管理・能力開発が期待されているといえよう。

ところで，現在の「人的資源管理論」の背景には，第2次産業の主導型から第3次産業拡大への産業構造の転換に対する対応や，経営環境の厳しさに対する経済効率のさらなる追求などがある。そこには人を管理すべき労働力とみる考え方から，個として開発し有効に活用すべき経営資源とみる考え方への変化がある。しかし「人的資源アプローチの経済理論は，労働力を対象とするだけではなく，労働力の担い手である人間に対象を拡張し，労働能力の育成をも対象に取り込んでいる」ので（草野，1985），人的資源管理は経済効率向上のために，従業員に対して全人格的に関与することになる。

この背景のもとで，最近，経営ないし人事管理のキーワードとしてよく口にされる「個人の重視」や「自立」はいかなる意味をもつのであろうか。それは第一義的には，必ずしも従業員の人権や人間性そのものを擁護するという人権思想上の単純な意味ではない。もちろん個人の個性や能力の発揮，自己責任などは重視されるが，その実質的な意味は，能力主義や成果主義を導入し直接的に個人の生産性向上を図ることによって，会社全体の生産性向上をねらうということである。そこには従来の「みんなで一丸となって」という集団型の生産性向上の限界を突破したいという，さらなる経済効率追求の経営意図がある。したがって，このような人的資源管理の推進においては，他方で，従業員の人権や主体性を確保するための人間らしい労働のあり方を重視する「労働の人間化」（9章参照）の推進が，その前提条件として不可欠であると考えられるのである。

● 2 「新しい働き方」の方向性

1995(平成7)年に日本経営者団体連盟が発表した「新時代の日本的経営」では，定期昇給の見直しを含む職能・業績重視型の賃金管理や「目標による管理」を柱とするトータル処遇制度の整備を打ち出すとともに，雇用政策として，長期安定雇用には「長期蓄積能力活用型グループ」(正規従業員)で対応し，労働の流動化には契約社員などの「高度専門能力活用型グループ」と，パート・派遣労働者などの「雇用柔軟型グループ」で対応するとした。しかしこれに対しては，正規従業員の終身雇用による雇用保障も揺らぎつつあることや，能力主義の名目による労働強化や賃金水準の低下などの危険性もあるので労働者の立場から反論もある。

そのひとつとして，労働組合の立場から連合の連合総合生活開発研究所が「新しい働き方の創造をめざして」と題する報告書を発表した(労務行政研究所，1995参照)。骨子は，「職業生活のキャリアプラン」(図10-2)と，これからの新しい働き方のコース・イメージを提起した「新しい処遇・賃金・雇用のフレーム」(表10-1)である。その要点は以下のとおりである。

(1) 入社後十数年間(図10-2の「基礎能力蓄積期」)は，従来の日本型人事管理，つまりブルーカラー(生産現場系)もホワイトカラー

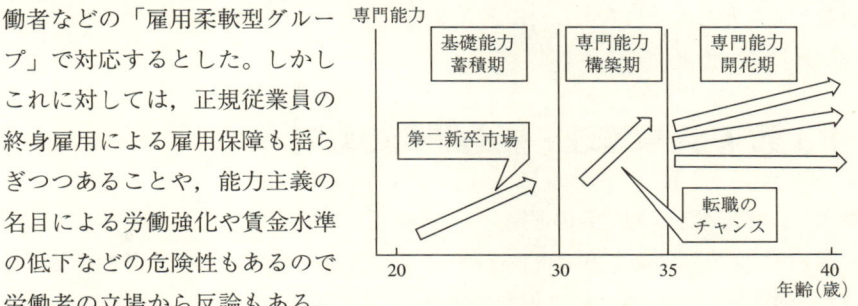

図10-2　サラリーマンのキャリアプラン
(労務行政研究所，1995)

表10-1　新しい働き方のコース・イメージ
(3パターンのフレーム)(労務行政研究所，1995)

区　分	低リスク・低リターン型	中リスク・中リターン型	高リスク・高リターン型
雇用形態	長期安定雇用	原則として長期雇用　出向転籍・部分流動化	雇用保障なし　完全流動化
人事処遇	職能資格　年次管理	職能資格＋能力・実績主義	完全能力実績主義
給　与	仕事給(熟練度別職能給)　定期昇給，時間外手当	完全仕事給 or 日本型年俸制	完全年俸制
時間管理	定型時間管理	フレックス・タイム，裁量労働	労基法(時間)適用外
退職金	年齢勤続リンク	評価累積ポイントリンク	なし
勤務地	勤務地限定	社命＋個人の選択権	社命により全世界

（事務技術系）もひとつの制度で職能資格制度（図10‐3参照）の年次管理と定期昇給を堅持し，幅広い熟練形成と長期的選抜を実施する。

(2) 30～40歳間の一定期（図10‐2の「専門能力構築期の終了時期」）に選択可能な3つのコースのメニュー（表10‐1）を設定し，原則として本人の意思で選択できるようにする。

ともあれ，能力・業績主義や経営の合理化，人材流動化などに対して，従業員自身が個人として「自立」した働き方や生き方をいかに構築するかが問われる時代状況に入ったといえよう。

3節 人事管理・能力開発の動向

●1　人事管理と能力開発の連携

図10‐3は先進的な企業で現在行われているものを参考として，本来の人事機能にかかわるシステム的な人的資源管理（2節参照）の基本的な概念的枠組み（参考例）を作成したものである。このポイントは，従業員のキャリア発達を長期的・計画的に支援するために，長期的・計画的な能力開発の理論的支柱をなす一般的な「キャリア発達過程のモデル」（産能大学，1995），すなわち「初期キャリア形成期（入職～35歳）→中期キャリア形成期（30～45歳）→後期キャリア形成期（40歳～退職）」にもとづいて，従業員のキャリア形成・発達の道筋としてのキャリア・パスの体系図を作成し，その体系図のなかに職能資格（職務能力によって従業員を序列化し，昇進や給与などの基準とするもの），採用，昇進・配置，給与などの人事制度と各種の能力開発施策を関連づけて位置づけることである。

上記の体系的なキャリア・パスに関連づけられた長期的・計画的な能力開発の枠組みは，「キャリア開発計画」（Career Development Program：CDP）とよばれる。このCDPは総合的な人的資源管理の観点から，昇進・配置，給与などの人事制度・施策と連動してその人事制度・施策の効果的運用を裏づけるものとなる。証券市場の上場企業を中心とした最近の産能大学，日本人事行政研究所，日本能率協会などの調査報告でも，人材育成については基本的に「個人の重視」と「経営戦略との連動」にもとづくCDPの必要性があげられている。

なお，業績や職務能力における「個人の重視」「終身雇用の縮小化」などは従業員にも「自立（自律と自己責任)」を要請するので，自発的な能力開発による

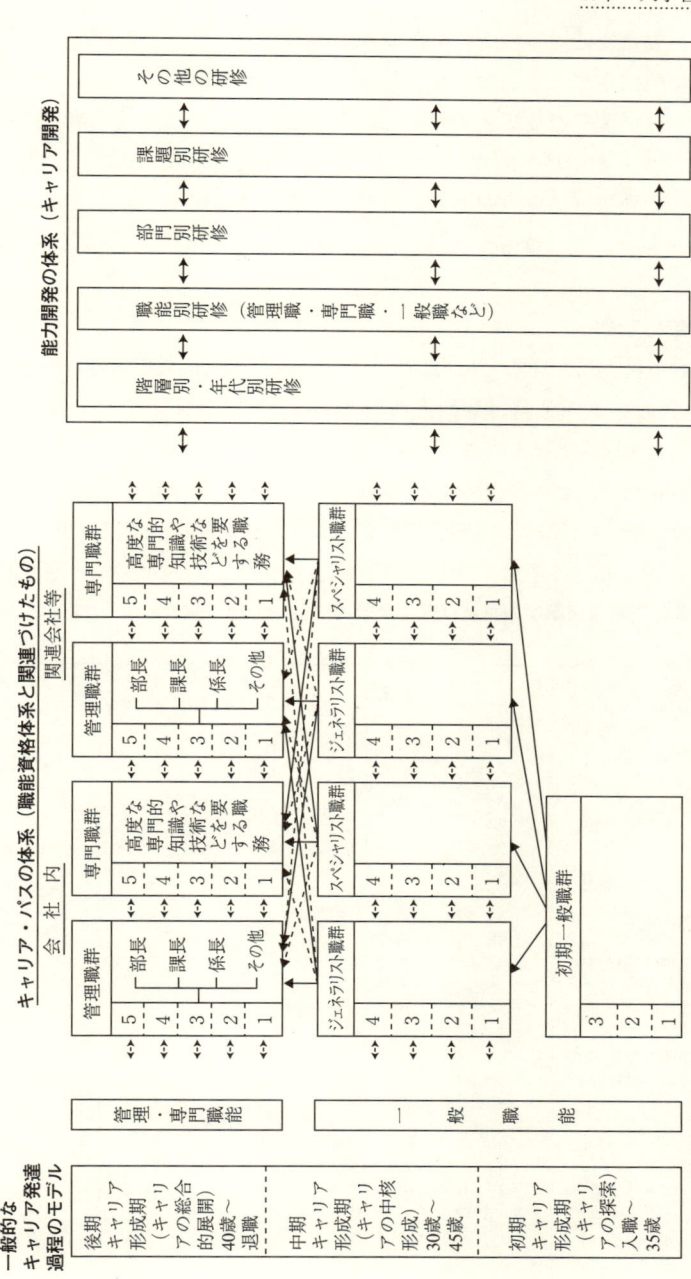

(注) 1 ここではキャリアとはキャリア・パス（キャリア形成・発達の道筋）を示すこと。職群内の数字は資格等級の例を示す。←→は相互の有機的な関連づけを表す。↔はキャリア・パス、→は途中で進路を変更しうることを示す。職群内の数字は資格等級の例を示す。←→は相互の有機的な関連づけを意味する。
2 複線型のキャリア・パスとして、管理職群、専門職群の他に、生産技能系のエキスパート職群、何らかの自己都合により一時的に在籍できる職群などを設定している企業もある。

図10-3 キャリア発達過程に即したキャリア・パスと能力開発の各体系および相互関連の概念的枠組み（参考例）

キャリア開発も必要となる。そのためには企業内部だけではなく，外部にも能力開発の機会を積極的に求めて専門的な実力を蓄える自己啓発が重要となる。ホワイトカラーのキャリア開発を支援するために，労働省が平成6 (1994) 年度に発足させた「ビジネス・キャリア制度」(現在は人事・労務，経理・財務，営業・マーケティング，生産管理の分野がある)など，社会的に通用する専門能力開発の制度や機会なども少しずつ整備されつつある。

● 2　制度・施策の動向

表10-2は証券市場上場企業など3,628社の人事課長(有効回答290人)を対象にした調査の一部である(労務行政研究所，2000)。「実施予定」や「充実・拡大」の欄には，能力・成果主義をめざす制度の重視傾向があらわれている。とくに年俸制などの業績評価や，それとの関連で「目標による管理」などが注目されている。表にはないが個人の自律的な時間管理による裁量労働制も増加するであろう。

表10-3は日本経営者団体連盟・日本産業訓練協会が行った1995年の「第8回

表10-2　人事管理関連諸制度の実施状況と今後の方針（労務行政研究所，2000）

(単位:％)

区　分	実施状況			実施している場合，今後5年くらいの方針		
	実施している	実施していない	実施する予定	充実・拡大	現状維持	廃止・縮小
⑱複線型人事制度	36.4	54.3	9.3	53.1	43.9	3.1
⑲限定勤務地制度	27.4	68.1	4.6	23.0	64.9	12.2
⑳転勤, 単身赴任	94.1	5.9		15.2	78.9	5.9
㉑目標管理制度	77.6	15.7	6.6	75.6	24.0	0.5
㉒職能資格制度	78.8	19.8	1.4	32.6	45.9	21.6
㉓役職任期制, 役職定年制	51.4	43.7	4.9	42.8	52.9	4.3
㉔専門職制度	42.7	47.2	10.1	54.8	44.3	0.9
㉕選択定年, 早期退職優遇制度	45.1	47.6	7.3	48.0	48.8	3.2
㉖61歳以上の定年制	5.3	91.5	3.2	7.7	84.6	7.7
㉗人材派遣業の利用	84.3	15.3	0.3	54.0	41.4	4.6
㉘転籍出向	55.6	42.4	2.1	49.4	48.7	1.9
㉙抜てき人事, 管理職の早期選抜	51.0	40.6	8.4	75.2	24.1	0.7
㉚降格人事(懲戒処分による降格は除く)	32.5	58.5	9.0	43.6	55.3	1.1
㉛社内公募・FA制	19.2	70.6	10.1	56.4	43.6	
㉜自己申告制度	68.5	24.5	7.0	60.1	39.4	0.5
㉝アウトプレースメント	13.3	81.0	5.7	70.3	27.0	2.7
㉞部門別等の業績評価	41.5	44.6	13.9	69.0	30.1	0.9
㉟多面評価	14.4	73.2	12.3	68.4	31.6	
㊱職種別採用	44.1	49.7	6.3	49.2	50.0	0.8
㊲インターンシップ	18.4	77.7	3.9	35.3	60.8	3.9
㊳ワークシェアリング	1.4	94.0	4.6	25.0	75.0	

表10-3　能力開発に関する制度や方策の実施状況(複数回答)（日経連・日産訓の第8回産業訓練実態調査より抜粋／産労総合研究所，1996）

(単位：%)

制度・方策　　　　　　　　実施事項	すでに実施している	今後実施する予定である	今後とも実施する予定はない
1. 社外の講座，講習会への派遣	89.8	4.4	2.3
2. 自己啓発援助の制度化	73.2	16.3	6.6
3. 人材育成を目的とした出向・派遣	53.9	16.1	18.4
4. 社内資格制度	49.7	18.8	21.4
5. 上司によるキャリア面接・進路相談	48.0	27.1	13.5
6. 大学，研究機関等への出向・派遣	45.9	12.0	28.7
7. 能力・適性診断	36.1	24.9	24.9
8. 全員の育成目標の文書化	32.3	26.4	26.4
9. 社内交流で人を育てるプロジェクト制	28.1	22.8	30.9
10. 自分の力を申告させるための社内公募	27.7	25.2	30.9
11. 能力データベースに力を入れた人事情報システム	20.7	45.5	18.8
12. 公的資格による専門職優遇制度	18.2	27.7	39.7
13. 制度化されたCDP	13.3	41.6	26.2
14. 詳細な業務マニュアル化と学習度チェック	17.5	35.9	30.2
15. 能力開発部署による面接	15.7	19.2	45.5
16. 挑戦性の生まれるように職務再設計	7.6	40.6	32.3
17. 教育休暇制度	5.5	11.8	64.1
18. 社内ベンチャー制度	4.9	14.6	57.9
19. 教育部署の別法人化	4.2	5.3	73.4
20. その他	0.4	0.2	5.1

産業訓練実態調査」の一部で，能力開発に関する制度・施策の実施状況を示したものである（産労総合研究所，1996）。これによれば今後は「社員個人の能力に関する人事情報システム」「制度化された計画的なキャリア開発（CDP）」「挑戦性が生まれるように職務を再設計すること」などが重要視されていることが読みとれよう。また，ほかに能力開発の傾向を問う調査では，「早期育成の必要上，入社直後からの綿密な教育の実施」「管理者・若手社員の教育の重視」「自己啓発を重視して自分で勉強する意欲のある者を会社が評価する」などが上位を占めている。最近では能力開発の基本である自己啓発を時間，資金，処遇など何らかの方法で援助する企業も増えてきた。

4節　今後の課題

図10-4はリクルートHRD研究所の調査の一部で，人事システムに対する企業と社員の現状認識と将来像を示したものである（労務行政研究所，1996）。こ

れによると，実力主義の拡大を予想する一方で，終身雇用を希望する割合が企業と社員ともに6割近くみられる。これは実力主義と終身雇用の両者をいかに統合していくかが今後の課題として重要であることを示唆している。この問題については，ホワイトカラーは「転職」を比較的積極的に受け止める傾向があるが，ブルーカラーは社内での雇用確保の要求が強いことなど（既述の連合の報告書を参照）も考慮すべきであろう。また図10-4の将来像における複線型昇進・昇格の拡大傾向は，図10-3にみられるように管理職以外のキャリア・パスを設けた人的資源管理を推進する必要性を指摘したものといえよう。

ところで，人事管理の課題として各種の調査ではほとんどの企業が重視しているのは，能力主義への処遇制度の見直しと，それにそった人材の育成・確保・適正

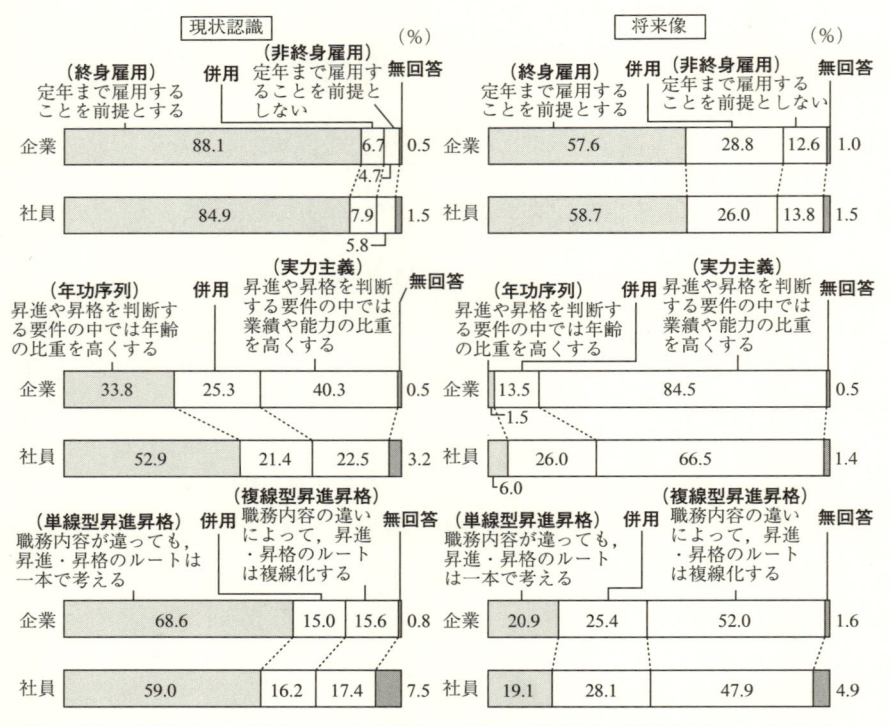

現状認識 (%)

	(終身雇用) 定年まで雇用する ことを前提とする	併用	(非終身雇用) 定年まで雇用す ることを前提と しない	無回答
企業	88.1	6.7	4.7	0.5
社員	84.9	7.9	5.8	1.5

	(年功序列) 昇進や昇格を判断す る要件の中では年齢 の比重を高くする	併用	(実力主義) 昇進や昇格を判断 する要件の中では 業績や能力の比重 を高くする	無回答
企業	33.8	25.3	40.3	0.5
社員	52.9	21.4	22.5	3.2

	(単線型昇進昇格) 職務内容が違っても， 昇進・昇格のルートは 一本で考える	併用	(複線型昇進昇格) 職務内容の違い によって，昇進 ・昇格のルート は複線化する	無回答
企業	68.6	15.0	15.6	0.8
社員	59.0	16.2	17.4	7.5

将来像 (%)

	(終身雇用) 定年まで雇用する ことを前提とする	併用	(非終身雇用) 定年まで雇用する ことを前提としない	無回答
企業	57.6	28.8	12.6	1.0
社員	58.7	26.0	13.8	1.5

	(年功序列) 昇進や昇格を判断す る要件の中では年齢 の比重を高くする	併用	(実力主義) 昇進や昇格を判断 する要件の中では 業績や能力の比重 を高くする	無回答
企業	13.5	1.5	84.5	0.5
社員	26.0	6.0	66.5	1.4

	(単線型昇進昇格) 職務内容が違っても， 昇進・昇格のルート は一本で考える	併用	(複線型昇進昇格) 職務内容の違い によって，昇進 ・昇格のルート は複線化する	無回答
企業	20.9	25.4	52.0	1.6
社員	19.1	28.1	47.9	4.9

（注）企業，社員ともに，全体値を1993年時調査サンプルの正社員規模別構成比と同じになるように調整した。

図10-4　人事システムに対する企業と社員の現状認識・将来像の違い
（労務行政研究所，1996）

配置である。この能力主義の拡大に対しては，個人の能力や業績をいかに「評価」し「処遇」するかが最も重要な課題となる。この「評価」は職能資格制度にもとづく職務遂行能力（潜在能力）評価から成果主義による業績（顕在能力）評価へと，また「処遇」における賃金制度は職能給から業績給へとそれぞれ重点が移りつつある。今後「同一労働同一賃金」の流れに対応しうる職務給も重視されるであろう。さらに成果主義評価のもつ「自分さえよければよい」「目先の利益に走る」などの欠点を補うために，「コンピテンシー評価」を導入する動きもある。コンピテンシーは目標達成に貢献している人物の行動特性を意味している。それを実際の職場で調査し，組織目標への貢献を具体的な行動で示した評価票を作成して，その評価結果を採用・配置・能力開発などに使うことが多い。

　一方，「年功序列・終身雇用」から「能力主義・業績重視」への転換を背景に，企業が従業員個人に対して自立と自己責任の要請を強める以上，その前提として，賃金・昇格・降格・配置転換・解雇などで企業の一方的な都合による不明朗な人権侵害的行為を防ぐための歯止めが必要となる。その歯止めとしては少なくとも3つのことが必要である。

　第1は，仕事の内容，能力・業績の評価基準，結果責任の基準などを明確化し，それらを客観的に明示して，それを本人が事前に了解するというような公明で透明性の高い人事制度・施策を整備するとともに，それを公正に実施することが必要となる。

　第2は，業績の評価や処遇に関する従業員の不服を自由に受けつけて，従業員と使用者間のトラブルを仲裁するという何らかの公平な第三者機関が必要となる。

　第3は，人材の流動化を前提とした労働市場が社会的に成熟していることが必要となる。なぜならば，人材の労働市場が社会的に未成熟な段階では，組織内の力関係だけが強くはたらくので，相対的に力の弱い立場の従業員は業績評価や処遇などで不利な条件をのまざるをえなくなるからである（とくに年俸制の場合は深刻な問題となる）。

　さらに，能力・業績主義は経済効率追求への傾斜を強める傾向があるので，これに対しては産業の民主化とともに福祉も向上させなければならない。そのためにはハンディキャップを背負う人々の基本的な人権や生存権を，労働の場でも擁護するような人事制度の工夫や改善（たとえば，適正な就業保障，職能訓練や仕事の方法の改良など）も不可欠となる。

● Essay 7 ● 最近の労働事情断片

　朝日新聞から最近の労働事情をうかがわせる見出しを少し改変して以下にあげてみよう。①「退職金がなくなる日」「長くいても得にならず『フェア』と感じる若手」(1999年2月20日夕刊) ②「難職時代漂う中高年」「逃げる年金揺らぐ生計」「能力上げても"狭き門"」「転換期迎えた雇用政策」(2000年6月22日朝刊) ③「自己責任というけれど；資格得ても少ない求人」(1999年10月3日朝刊) ④「派遣社員立場弱く」「人事制度に異変；コスト・人減らし容易に」(1999年12月7日朝刊)「働く側に募る不安（派遣社員は賃金低く使い捨て；正社員や臨時職員らは仕事を奪われる）」「突然解雇された；有給休暇なく；サービス残業」(1999年5月20日朝刊) ⑤「主要50社本社調査で成果・能力主義賃金が8割」「春闘型要求限界に」(1999年12月24日朝刊) ⑥「福利厚生・私の献立；カフェテリア型企業に広がる；持ち点制、語学も休暇も」(1999年10月4日朝刊) ⑦「本当に時代遅れか；揺れる終身雇用」「安定あっての高生産性」「仕事の分け合い（ワークシェアリング）採用も」(1999年9月24日朝刊) ⑧「意識にギャップ；企業〈欲しい人材〉伝わらず、学生〈やりたい仕事〉見えず」(2000年11月21日朝刊) ⑨「あなたの仕事部下がチェック（部下が上司を勤務評定すること）」(2000年5月16日朝刊)「M社新制度、上司含め6人で評価；中間管理職対象、ゴマすり登用防ぐ」(2001年1月13日朝刊)

　以上は最近の労働事情の断片にすぎないが、これらは企業の人事制度が年功重視から能力・成果主義へと変化し、国の雇用政策も企業による雇用保障から転職や再就職の促進へと転換しつつあることを示している。そしてそれらの推進にあたっては「自己責任の時代の到来」が叫ばれている。しかし上記の断片は、②③④などにもみられるように、「自己責任」の強要によって生じた、不安定な労働を保護するための基盤整備が不十分であることも物語っている。

　ところで、このように自己責任や自律を迫られる個人にとって、重要となり、かつ不可欠な能力とは何であろうか？　そのひとつとして「メタ認知」に関する能力があげられると思う。このメタ認知とは、自分の認知（理解、思考、判断などの心的機能）を自分でチェックして修正する認知的機能を意味している。自己統制の根幹をなすこの心のはたらきは、変化が激しく不透明な環境においてはますます重要になると思われる。ということで研究課題として取り組んではいるが、自分自身のメタ認知を向上させることについては、残念ながら研究以上にその難しさを痛感している次第である。

（足立明久）

■11章■
職場のなかの人間関係

　職場の一員になるということは，同僚や上司，部下から，メンバーとして認められることである。認められるように努力するのが，個人にとっての社会化の過程である。職場の人間関係の網の目のなかで，それぞれ人は，自らの役割を学び，応分の役割を果たすように務めるのである。
　しかし，この過程を，誰もが円満に通過できるとは限らない。人によっては，認められなかったり適応できないこともある。職場にも，それぞれ決まりごとがあって，誰でも受け入れてくれるとは限らない。独自の規範があり規律がある。その雰囲気も職場によっては相違している。
　しかも，職場のなかで，人はその一員として，助けあったり，競いあったり，時には，対立したりしながら，自らのために，そして，集団のために，組織のために寄与することになる。なかには，耐えられず出ていく人もいる。
　このような人間関係の集合が職場という空間を構成している。

1節 組織のメンバーになること

●1 社会化

組織のメンバーになるためには、いくつかの通過儀式がある。形式にすぎないことも、実質的に重要なこともある。たとえば、会社訪問であり、採用試験であり、入社式である。そして、入社後の新入社員研修もメンバーになるための手続きのひとつである。辞令の紙一枚でただちにメンバーになれるというのではない。メンバーとして認められ、メンバーとしての立場を得るためには応分の努力が入用であるとされ、その努力を積むことが期待されている。組織と個人の間には、真面目な相互作用の積み重ねがなくてはならない。慣れないところやわからないところは、先輩から手とり足とり教えてもらわなくてはならない。それぞれの職場には固有の、必ずしも表面にはあらわれない決まりもあるが、それらも熟知していかなければならない。そして、新参者は組織のメンバーとして認められるようになるのである。ルーキーはやがてベテランにならなければならない。

図11-1は入社して、成員性を得、組織のメンバーとして貢献をなし、やがて、その立場を後進に譲り、定年を迎える流れを図示したものである。この図で示されることは、メンバーになること、つまり、成員性を得ることと、メンバーとしてメンバーシップを発揮することは別のこととして区別すべきということである。

●2 キャリアの取得

成員性を得なければならないが、得た後、誰もがメンバーとして熱心に組織のために働くとは限らない。メンバーにはなってみたものの、やる気になれない、個人的に組織に貢献することに動機づけられない、職場の雰囲気から疎外されるような気持ちの人も少なくはない。メンバーとは、種々雑多な人々を包括している。組織のなかの人間行動を考える場合、メンバーとは途方もなくバリエーションの大きい存在であると考えなければならない。

シェイン（Schein, E. H., 1971）は、図11-2のようなキャリア・モデルを提示している。成員性には、組織の構造に対

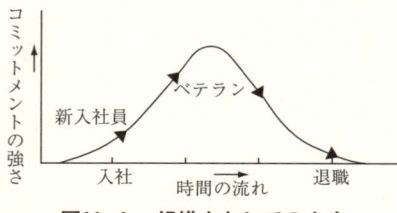

図11-1　組織人としての人生

応して，地位の上下，そして，役割において中心と周辺，さらに，仕事の機能的な分化に応じて，多様な広がりがみられる。組織内のキャリアとは，このようなコーン状のステージをまわりながら，下から上へ，周辺から中心へ昇っていくとされている。エリートと非エリートの選別も，この図のどこかでなされているはずである。このなかで，地位の下の役割の周辺に甘んじる人もいる。この図からいえば，その人たちのほうが多いはずである。だから，働く意欲のない人もいる。途中でドロップアウトしたりスピンアウトする人も少なくない。

また，成員性を得た後，メンバーを続けることに意欲的ではない人もいる。家庭や趣味のほうが大切と考える人もいる。デュービン（Dubin, R., 1956）は，人には，それぞれ生活のなかに，独自の中心性をなす価値（central life interest）があると考えた。休日出勤もいとわない会社人間もいれば，家族のことなど少しも顧みようともしない仕事人間もいるし，逆に，エリート・コースに乗り遅れ，昇進や昇格をあきらめたり捨てて，趣味や道楽に生きる人もいる。職場の外で，地域や社会奉仕活動に献身する人も多くいる。仕事以外にも，中心的な価値をもつ人が多くいるということである。

図11-2 シェインのキャリア・モデル
(Schein, 1971)

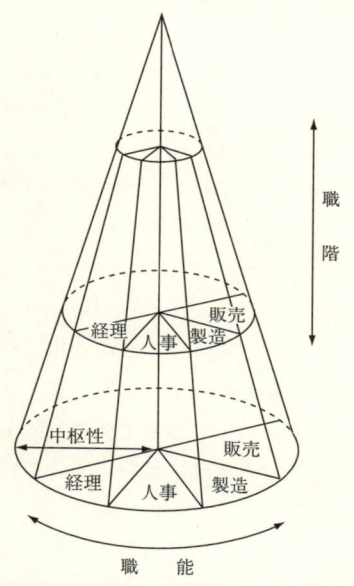

● 3 所属と準拠

さらに，組織のメンバーであることに動機づけられないだけではなく，組織外との関係を重視する人もいる。行動の規範を内ではなく，外に求めているのである。準拠の枠組みが外にあるので，「お家大事」という意識に乏しく，忠誠心が弱い。強いてメンバーになろうとはしないので，成員性の維持に熱心ではない。この人たちは，所属集団と準拠集団が分離しているのである（図11-3）。しかし，このような事態は必ずしも特殊なことではない。病院に勤務している医師は，病院と出身医大という2つの集団が合致しない端的な例であるが，専門的な知

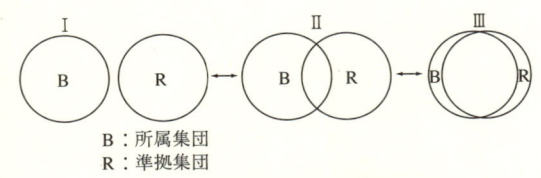

```
   Ⅰ            Ⅱ            Ⅲ
 ⓑ  ⓡ    ⓑ◯ⓡ    ⓑⓡ
B：所属集団
R：準拠集団
```
図11-3　所属集団と準拠集団

識・技術をもった人たちには，しばしばみられることである。サラリーマンでも，顧客のほうに顔を向けがちの営業マンの場合では，2つの集団が一致しないことがある。

　成員性と準拠性の分化は，組織に雇用されたプロフェッションについて典型的である。グールドナー（Gouldner, A. W., 1957；1958）によれば，ローカルとコスモポリタンという役割分化に典型的にみられる。この役割を分ける基準は，専門的な知識や技術に対するコミットメント，雇用されている組織に対するロイヤルティ，彼らの準拠すべき集団が組織の内にあるか外にあるかの3つである。

　ローカルとは，彼らの働いている組織への忠誠が強く，組織の目標や価値を内面化している人たちである。ヒエラルキーのなかで自らの地位を上昇させようとして，何よりも上司からの評価を重視することになる。メンバーとして内部的に活躍したいと考えている人にとって，ローカルの行動様式を採用し，組織ヒエラルキーを昇りながら，組織の意思や価値を体現することは最も重要なことである。これとは逆に，コスモポリタンは，彼らを支えている専門的な知識や技術に深くコミットして，それに強い自負や自信をもっている人たちである。彼らは，組織の目標や価値よりも，自らの職業に由来する価値や倫理を重んじることになる。彼らは外部にいる同業者の批判や賞賛に関心を向け，内部のヒエラルキーのなかで高い地位に就くことや強い権限を得ることにはあまり関心を向けない。出世しようとは考えない。組織に対しては半身の構えがみられる。

　以上のように，メンバーになることと，なった後，成員性を発揮して組織に尽くすことは別個のことである。また，さまざまの人たちがさまざまにあるというのが，組織のなかの人間の行動を考える際には欠かせないことである。

2節　職場集団の形成

● 1　インフォーマルな集団の成り立ち

　組織では，仕事をすすめるのに際して，幾人かの適当な作業単位を構成している。この作業単位が職場集団である。小さな組織でも大規模な組織でも，何人か

の少人数の集団が仕事をすすめる基本的な単位として存在している。平行的で互いに協働を必要とはしない場合でも，仲間がいること，彼らと日常的に顔を合わせ，ことばを交わすことで，日々の職場は存在する。在宅勤務のような新しい勤務形態の場合でも，仲間がいなければ，メンバーのモラールを向上させることも維持することさえもできない。ワーク・ステーションを作るのも，小さな集団による人間関係が重要であり，欠かせないことを示唆している。

　要は，われわれ意識（we-feeling）を醸成するために，集団はなくてはならないものである。組織が成果を得るために物理的に近くにいる人が，互いに関係を密にして信頼しあい，信用しあうことが欠かせない。この関係を円滑に築きあげるために，小集団は決定的に重要である。慣れない新参者の社会化を促すのも，小集団のはたらきである。

　また，小集団は係，それをまとめて課，それをさらにまとめて部というように，組織のヒエラルキーを成り立たせるための単位でもある。集団の編成は，組織による管理可能性を高めることにも役立っている。ビューロクラシーのような大規模な組織とは，このような小集団がピラミッド状に編成されたものであるし，リッカート（Likert, R., 1967）では，図11-4のような連結ピン・モデルで知られるように集団の集合として組織が構想されている。

　重要なことは，職場集団という人々の集まりが，組織という大きな枠組みのなかで，何をどのようにするかということである。ただ好きな人同士が一緒に働くというだけではない。組織の目標を達成するための役割を分与された下位単位でもある。しかし，集団である以上，信頼や信用などの個人的な情動もぬきにしては考えられない。この二面性をどのように理解するかによって，とらえ方は大きく相違する。

　ウエスタン・エレクトロニック会社ホーソン工場におけるメーヨ（Mayo, E.）らハーバード大学経営学部による調査研究は，ホーソン実験として知られている。この研究から以降，組織を小さな集団の積分とする組織論が優勢になった。レスリスバーガとディクソン（Roethlisberger, F. J. & Dickson, W. J., 1939）によって詳し

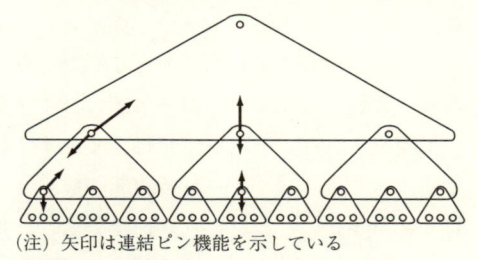

（注）矢印は連結ピン機能を示している

図11-4　連結ピン・モデル（Likert, 1967）

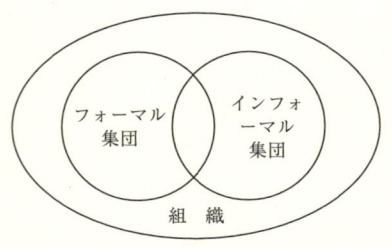

図11-5 フォーマル集団とインフォーマル集団

く紹介されているが，当初は，適度の照明を探るという，当時における科学的管理法の視点からの研究プランであった。インフォーマルな集団や情動的な人間関係重視というのは，偶然の発見でもある。

ホーソン工場における研究は，いわゆるヒューマン・リレーションズが組織の生産性や効率にとって非常に重要であることを示唆している。身近の職場集団を中心に，気のあった人や互いに好ましく思う人がインフォーマルに仲間集団を作っている。この集団は，組織によるフォーマルなそれとは必ずしも合致しない。

集団が形成される過程で，親しくなるほど，仲間だけで通じる独自のノルマを作り，約束ごとを決めることになる。場合によっては，組織が提示する約束ごとと鋭く対立したり競合することもある。ノルマ以上に働いたり，それに達しないようなメンバー，約束ごとを破ったり，守らないようなメンバーはインフォーマルな集団の外に追われ，村八分にされることもあったのである。図11-5のように，組織のなかでは，公的に認知されるフォーマルな部分とメンバーが自然発生的に，インフォーマルに作り出す部分が重なりあったり，離れあったりしている。

レヴィン（Lewin, K.）を中心とした集団力学（グループダイナミックス）のアイディアも，同じように小さな集団が個人の行動を強く規制していることを明らかにしている。社会とは小さな集団の集合であり，この集団の健全な育成が社会を再建するための有力な手がかりであるというオプティミズムに支えられ，その後の集団研究の有力な分析パラダイムになった。社会的な相互作用を営む個人間の影響が大きく，それを作り出すのが小集団のはたらきであると考えたのである。カートライトとザンダー（Cartwright, D. & Zander, A., 1960）による集大成は，小集団が個人の行動に大きな影響を及ぼすものであることを明らかにしているが，これらは，すべて職場集団のダイナミックスにも該当するものである。

集団を作れば，その集団を維持するように，固有の機制がはたらくようになる。集団，とくにインフォーマル集団の成立は，メンバーが互いに好意をもちあう，対人魅力が互いに高いことが前提である。集団として成長しながら，互いに魅力を感じ凝集的となって，一致団結して目標に向けて協力しあう度合いが大きいほ

ど，効率的とされ，多くの成果が期待される集団になる。このような集団では，メンバーは応分以上の貢献をしようとして自我をいっそう没入させる。

また，集団については，目標の達成という，いわば公的な視点からだけではなく，私的なはたらきにも注目すべきである。それは，組織というジャイアンツから，か弱い個人を護る防波堤であり，アージリス（Argyris, C., 1957）のいう組織の非人間性に対して，人間的な心情や生活を再興する場でもある。小さな集団のなかで個人はストレスを低減され，心理的に安定を覚え，順調な社会化が促されることになる。もし，個人がひとりで組織に相対すれば，異常な経験が強要され，個人の自我は押しつぶされることになる。

しかし，反面，集団は，個々人の行動の制約要因でもある。個人が職場集団に埋没すれば，個人の創造性が喪われ，自立性が失われ，非人間的になるというパラドックスを経験することもある。後述するように，規範に従うことがメンバーの義務でもあり，その規範が個性を押しつぶし，人間的な心情を圧殺することもある。個人にとって集団とは，両刃の剣である。

クロジェ（Crozier, M., 1964）によれば，集団重視はアングロサクソン的な視点であり，フランスでは個人主義的な文化のもとで，職場集団の影響は大きくはないと主張している。この点については，経験的な分析が必要であるが，無条件に小集団至上という考え方は再検討されるべきである。

●2　規範の形成

集団が成長して目標や価値が明確になり，制度化が進むと，メンバーの地位や役割が上下左右に分化する。中心から周辺に向かう権威システムの傾斜が有効に機能するようになると，エリートもできるが，落ちこぼれも発生する。すべてのメンバーから等質等量の貢献を引き出すことは困難となる。それにもかかわらず，フォーマルな集団はメンバーのロイヤルティを維持し，それぞれの能力や適性に相応した貢献を調達しなければならない。

そのために，自発的，場合によっては強制的ともいえる制約条件がメンバーに課せられる。これらの制約条件については，集団に所属する以上従うべきであるとされる。そうでないと罰を受け，極端な場合は，メンバーとしての資格を失うことになる。フェスティンガーら（Festinger, L. *et al.*, 1950）やシャクター（Schachter, S., 1951）によれば，小集団の内部では，できる限り，メンバーの行

動や判断を斉一化させようという圧力がはたらいている。これに従うことがメンバーであることの条件にもなることを明らかにしている。これらが積み重なることで，社会的事実（social reality）が形成され，集団規範（group norms）が成立する。仲間意識の強い凝集性の高い集団では，規範から逸脱しているメンバーに対しては，はじめは従うように圧力をかけ，それでも従わないとみると，やがて，メンバーとして認めない，つまり，村八分にして疎外するようになる。規範に同調させ，行動を斉一化することで，集団はその形態を維持することができるのである。

●3　同調と逸脱

　職場集団は，目標に向けてメンバーを動員しなければならない。円滑な動員が効果的な目標達成に結びつくとすれば，できるだけ多くのメンバーが規範に同調し従うことが重要である。同調するかしないか，あるいは，しないメンバーがどれほどいるかは，集団の効率と密接にかかわっている。同調の円滑な調達は，職場集団の管理の基本であるといってよい。

　しかし，メンバーが集団の規範を受け入れて，それに同調し従う場合，ただ報酬を求め罰を恐れてだけの面従腹背のこともあれば，外的な圧力とは関係なく心からそれに従うこともある。ケルマン（Kelman, H. C., 1961）は，このような規範の受容，つまり，同調を内面的に受け入れている程度について分類を試みている。強制されてやむをえず従う場合が服従（compliance），規範が自らの行動や判断の一部になっている内面化（internalization），そして，規範の指し示す方向にまったく合致している同一化（identification）である。

　服従よりも内面化，内面化よりも同一化のほうが，成熟した集団の発達段階に対応していて，正当化された権威に対する内面的な同調によって集団の秩序が保たれている。組織の管理コストが少なくすみ，目標の達成に向けて効率的に運営されることになる。

　また，フレンチとラベン（French, J. R. P. & Raven, B., 1959）による権力の分類に従えば，同調に対して報酬を与えることができたり，逸脱に対して罰を与えうる権力よりも，判断や行動の参考になる準拠性や専門的な知識や技術について優れている専門性，その立場や役割を果たすのが当然と思われている正当性のような権力のほうが，応諾のためには効果的である。従わせる，そして，従うとい

うむき出しの権力関係よりも間接的なそれのほうが，メンバーのこころからの同調を得やすく，長続きするような支持を得て，組織のなかのヒューマン・リレーションズは安定する。

組織の目標や価値がメンバーに積極的に受け入れられ，共有されている限り，応諾が意識されない。これはバーナード（Barnard, C. I., 1938）のいう無関心域（area of indifference）である。そこではメンバーが，規範に従うべきであるか否かを強いて考えることもなく，判断は停止される。判断停止による同調は組織の権威を積極的に受け入れる素地を作ることになる。

要するに，規範への応諾といい同調といい，組織がそれを調達しようとする際には，それを得るために払うコストとのバランスが配慮されることになる。強制的に同調させても長続きせず，それに要する費用が大きければ，用をなさない。メンバー個々についても，同調しない，逸脱できるというのは，コストとのバランスである。

同調によって何が得られるのか，そして，何が得られないのかはメンバーにとって重大な関心事である。心からの同調を獲得するためには，組織と個人の間に安定した信頼関係がなければならない。シェイン（1980）は，これを心理的契約（psychological contract）とよんでいる。メンバーは「人間らしく扱われ，仕事と成長の機会を与えられ欲求をみたしてくれ，自己の業績の良し悪しを知らせてくれる」ことなどを組織に期待し，それらが保障され，人間としての尊厳や価値を保持できる限り組織にとどまり，貢献に努める。組織もまた，彼らに対して「組織のイメージを高め，忠誠があり，秘密を守り，組織のために尽くしてくれる」ことを期待している。その期待が充足される限り，組織はメンバーの保護に努めなければならない。

● 4　小集団の病理

職場集団には，逸脱に対して神経質になること，同調を必要以上に強制すること，選択肢を制限するようになること，パーソナルな関係を重視して，手続きや決まりを基準化しようとしないなど特有の病理現象がみられる。

古川（1988；1989）は，集団の寿命という概念を導入して，集団が形成され，中期の緊張をへて老年期に至ると，集団病理があらわれやすくなるとしている。職場集団を活性化するためにも，小集団の病理は克服されなければならない。

ジャニス（Janis, I. L., 1972）の集団浅慮（groupthink）の事例もある。何かを決めようとしても，そこにはさまざまの思惑がはたらいて必ずしも最良の決定を得ることができない。リスクをむしろ多くするような状況を作ることにさえなる。責任が分散して，誰もが回避的になるようなこともある。

● 5　自立と規範の変革

　他に依存できうる資源がある場合，規範に逆らい，従わなくても，制裁が恐くはないことがある。個々のメンバーの同調の度合いは，彼らの集団への依存の度合いによって決められる。その集団のなかの他のメンバーとの相互作用に依存することが少なければ，それだけ同調することも少ない。所属集団に準拠するほど，そして，所属と準拠の2つの集団が重なりあうほど，同調するようになる。組織に対して自立できるメンバーほど，同調を必要としない。斉一化への圧力に抗することができる。

‖3節‖ 対　人　葛　藤

● 1　葛藤関係とは

　職場集団のように，何らかの共通の目標をもち，それを達成するために互いに協力しあうことも必要で，それまでは知り合うこともなかった人が結びつかざるをえない二次的な社会集団では，家族や友人の場合にくらべるといっそう親密な人間関係が重要であると考えられている。いわば無理をしてでも信頼しあう関係を作りださなければならないからである。ヒューマン・リレーションズとは，このような雑多な人間をひとつに束ねるための接着剤のようなものである。

　しかし，それぞれがそれぞれに異なる考え方をし，価値関心が異なるとすれば，ひとつにまとまること自体滅多にありえないことである。それにもかかわらず特定の方向に集団のメンバーを一致団結させ，駆り立てるというのは作為である。親密な人間関係が，もし自然にあるというのではなく，強いて達成されなければならないものとすれば，ヒューマン・リレーションズとは，一種のイデオロギーであり，価値の転倒でもある。

　日常の職場集団のなかで，深刻にいがみあうことこそ少ないものの，ささいな意見の衝突や感情の対立は茶飯事ともいえることで，何が何でも仲良くしなけれ

ばならないというのは，調和の規範イデオロギーともいうべきものである。日常的な，したがって，生理的ともいえる対立や競合を抑え込むことは，自由なコミュニケーションを阻害して，組織によくない結果をもたらすことにもなる。

一般的に，社会的な葛藤というのは2つないしは3つ以上の社会的な単位の間に生じる対立的あるいは敵対的な関係のことである。この関係は，従来のバランス関係を最も価値的とみなす構造―機能分析のパラダイムでは重視されなかった。しかし，現実には，表出されたものも，それ以前の，互いに好ましく思わない，潜在的な葛藤も含めて，対立的とされる関係は無数にある。組織のなかの人間関係についても，葛藤を組織崩壊の予兆とする極端な均衡論の立場を除けば，部門間で，上司と，同僚と，部下と，そして，外部の顧客や関係者との対立や競合は日常茶飯に存在することである。しかし，組織分析のなかで積極的に位置づけられ，評価されるようになったのは，コーザー（Coser, L. A., 1956）以後の比較的新しい視点というべきであろう。

ポンディ（Pondy, L. R., 1967）は，葛藤関係は，組織にとって機能的でもあり，逆機能的でもあるという両義性に注目しているが，それを組織の内部過程のなかで，どのように処理するか，または，できないかは，組織の目標達成にとって，基本的でかつ重大な問題である。

トーマス（Thomas, K., 1976）によれば，葛藤そのものは悪ではなく，それが建設的にはたらくか，それとも破壊的にはたらくかが問題であり，さらに，ロビンス（Robbins, S. P., 1974）は，葛藤はあらゆる組織に対して有意味な価値をもっているとしている。つまり，葛藤とは組織の存立にとって，絶対に必要であり，ある立場に対して，それとは反対の立場が存在し，対立的な関係が形成されるということはむしろ奨励されるべきである。それは，組織に対して新しい価値の導入でもあり，革新の可能性を拓くものでもある。

●2　対人葛藤の発生と解消

組織のなかで，対人葛藤は，どのような要因によって引き起こされることになるのであろうか。組織が日常的に仕事をすすめるなかでは必然的に起こらざるをえない要因，つまり，生理的な要因が考えられる。不確実さや曖昧さを少なくするためには標準化をすすめることになるが，それによって，互いの利害が表面化することになる。次に，個人が組織に十分適応できていない，または，能力や資

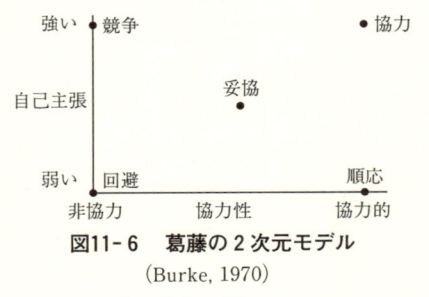

```
       強い ●競争            ●協力
自己主張        ●妥協

       弱い  回避            順応
            非協力  協力性  協力的
```

図11-6　葛藤の2次元モデル
（Burke, 1970）

質のミスマッチのような適応不全として対人葛藤がとらえられる。そして，組織が構造的に，制度的に，対人間で葛藤関係が生じざるをえなくしているような，体制不備の要因も指摘できる。おそらくは，これらの要因が複合的に絡まりあって，葛藤を生み出しているので，単一の要因だけを抽出することは難しい。同じ要因でも場合によっては主要な要因になったり，モデレータ要因になったりすることもある。

互いに仕事の境界が曖昧で，役割の遂行に困難を来すところでは，対人葛藤が生じやすい。準拠集団が組織のなかにあり，外に出ることを好まないような人は，解消に向けて努力するが，組織のなかに資源を依存しない人はそれほどでもない。成員性の確保に熱心なメンバーは葛藤を解消しようとする。コスモポリタンよりもローカルのほうが内部の対人葛藤には強い関心をもつことになる。

葛藤には図11-6のような二次元モデルを想定できる。互いの関係について協力的であるか，また，どれほど自己主張したいかによって，葛藤関係の処理法が異なることになる。葛藤は日常的に発生するために，むしろ，それを効果的に処理できることが組織を活性化することに役立つことになる。事前に防止するよりも，葛藤関係を生かすような方策を考える必要がある。バーク（Burke, R. J., 1970）は，葛藤が日常的なことであるとすれば，それを避けたり先送りにしないで，前向きにその原因を探し，その関係を直視（confrontation）することが，最も効果的な解決策であるとしている。

4節　リーダーとフォロワー

●1　リーダーシップとは

リーダーシップは，組織内部の人間関係の成り立ち，とくに，対人間の影響関係をとらえるためには不可欠の概念である。しかし，それに含まれる意味が包括的であるために，たとえば，友人関係のインフォーマルなリーダーシップも経営幹部のそれも同じリーダーシップという用語用法で一括されてしまうことになる。

一般的に，リーダーシップとは特定の個人の能力や資質に帰属できるものでは

なく，対人関係，あるいは集団の機能そのものであるとされている。もし，特定のメンバーによってなされることがあっても，それはリーダーシップの機能がその個人に仮託されているとみなすべきであり，その機能を必要とする状況の制約からはずれることはできない。ハンブリン（Hamblin, R. L., 1958）によれば，ある状況のもとで有効であったリーダーも，状況が変わり不要であることが明らかになると，その地位から追われることになる。対人関係のなかではたらく，あるいは集団機能としてのリーダーシップとリーダーは厳密に区別されるべきである。

スタジル（Stogdill, R. M., 1974）は，リーダーシップとは集団のメンバーに受け入れられるような目標を設定し，それを達成するために個々のメンバーの態度や行動を統合的に組み立て，いわゆる組織化を行い，それをさらに，一定の水準に維持するという集団全体の機能であるとしている。リーダーであることを理由にスタンドプレーをしても，必ずしもリーダーの役割を果たしたことにはならず，リーダーシップにはならない。

リーダーシップはフォロワーシップとの対応関係で理解されることがある。ベールズ（Bales, R. F., 1950）の相互作用モデルに従えば，方向づけを与えるなど集団や組織の目標に向けて能動的にはたらきかけるのがリーダーシップであるとすれば，受動的にそれを受け入れ，実行することがフォロワーシップの役割である。フォロワーがあってのリーダーであり，フォロワーがいなければリーダーシップはありえない。メンバーすべてがリーダーでは，船頭多くして船は山に登るばかりである。

1950年代に，オハイオ州立大学を中心に，リーダーの行動を詳細に記述して，その機能次元を明らかにする研究が精力的に行われた。ハルピン（Halpin, A. W., 1954；1957），ハルピンとウイナー（Halpin, A. W. & Winer, B. J., 1957）などにその結果が詳細に報告されている。因子分析によって，主要な2つの機能次元が措定された。ひとつは配慮（consideration）であり，メンバー相互に生じる緊張やストレスを和らげ解消し，人間関係を友好的に保つようにはたらきかけるようなリーダー行動である。他のひとつは，体制づくり（initiating structure）で，メンバーのさまざまな関心や行動をひとつの方向に，つまり，集団目標の達成に向けて動員し統合するようなリーダー行動である。他にも，生産性の強調や社会的感受性などがあるが，実質的には，配慮と体制づくりの2つの次元が大きな意味をもち，これらによって，リーダーシップの行動が説明できると考えた。

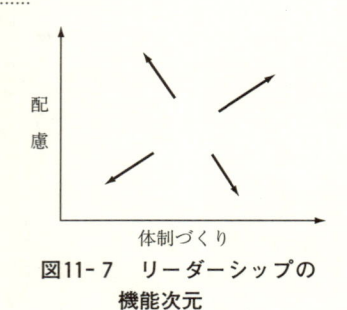

図11-7 リーダーシップの機能次元
(縦軸: 配慮, 横軸: 体制づくり)

この関係は，図11-7のように考えられている。

同じ時期に，ミシガン大学における，いわゆるミシガン研究においても類似の構造が指摘され，ひとつは従業員指向（employee oriented）であり，他のひとつは生産性指向（production oriented）である。前者は配慮に，後者は体制づくりに対応している。

これら2つの機能次元の間にはどのような関係があるのか。ベールズとスレータ（Bales, R. F. & Slater, P. E., 1955）は，リーダーの役割として課題領域の専門家と社会情緒領域の専門家を考えた。これは，それぞれ，体制づくりと配慮に相当する。この2つの専門家は時間の経過とともに，異なるメンバーによって分担されるようになる。最も有能な人と最も好意をもたれる人は別人になるのである。共同作業を重ねた後，最もアイディアを出した人が最も好かれている人ではないことを示している。2つの役割は共存しないのである。役割分化（role differenciation）である。

鬼軍曹よろしく人使いの荒いリーダーと，互いの関係を気遣うまとめ役がひとりの個人のなかに統合され，その役割を自然に遂行することは不可能ではないけれども，難しいことである。役割葛藤を経験することになる。互いに並立しない役割を分担しながら，集団のなかには2人以上のリーダーがいたとしても構わない。やり手のボスと，なだめ役の二人三脚が職場集団をまとめることがしばしばある。

他方，バーク（Burke, P. J., 1967）は，2つの機能が，ひとりの個人に統合されるか否かは，いくつかの条件に依存すると考えた。リーダーが他のメンバーから，その立場にいることが正当であるとみなされているとき，役割分化は起こらないことを明らかにした。メンバーの意向とは関係なく上から指名されてできたリーダーや，ヘマを重ねて信頼を失いかけたリーダーでは，代替的な，あるいは補足的なリーダーが生じることになる。

● 2　リーダーシップ・トレーニング

仕事の領域と人間関係の領域を独立の次元と考えて，これら2つの機能の同時極大化の可能性をプログラム化しようとする試みがある。リーダーシップは，組織分析において中核的ともいえる重要な概念であり，その有効性と組織が得る成

果は密接に関係している。これに関する研究は当初から，理想的なリーダーシップをいかに実現するかという実際的な課題に大きな関心を払ってきた。現在でも，リーダーシップの訓練は組織開発（organizational development）のなかで主要な位置を占めている。

　ブレークとムートン（Blake, R. R. & Mouton, J. S., 1964）のマネジリアル・グリッドでは，リーダーが人間に対する関心（配慮に対応）と仕事に対する関心（体制づくりに対応）をそれぞれどの程度もっているかを直交する2つの軸の上に表現している。とくにどちらにも関心をもたない1・1型から，どちらか一方に関心を示す1・9型，9・1型，どちらにもある程度関心を示す5・5型をへて，仕事にも部下にも強い関心を示し，メンバー相互の信頼関係を確立しつつ，高い業績も達成できるような9・9型のリーダーに至るまでのリーダー養成のためのプログラム（マネジリアル・グリッド）を工夫している。

● 3　リーダーシップの状況適合

　リーダーシップは状況に適合的でなければならないとされる。集団がおかれた状況がリーダーシップを必要としているので，要請されたニーズを適宜読みとることができるようなリーダーが望まれるのである。

　フィードラー（Fiedler, F., 1967）のコンティンジェンシー（状況適合）モデルや，ハウス（House, R. J., 1971）のパス・ゴール仮説などがその例である。リーダーシップは，状況の要請にしたがって，そのはたらき方を変えなければならない。たとえば，パス・ゴール仮説では，仕事が構造化され，ルーティンが多くなったところでは，仕事中心のリーダーはすでに必要ではない。また，仕事が構造化されるほど，メンバーは仕事そのものから内発的に得る満足は乏しくなり，リーダーは，人間関係に気遣うなど補完的な役割活動が望まれるようになる。

　カーとジェルミア（Kerr, S. & Jermier, J. M., 1978）は，代替性モデルを提示して，リーダーシップのはたらきは状況要因によって代替されることもあることを示した。たとえば，一定の速度で流れるベルトコンベアは厳しい仕事中心のリーダーである。職場の規則もそれそのものがリーダーの役割を果たしている。このように考えると，リーダーシップ自体が状況の一部であり，全体的な均衡のなかで機能性を発揮するものであることがいっそう明瞭になる。

● 4　カリスマ的リーダーシップ

　職場のなかの人間関係は，さまざまな要因に影響を受けながらさまざまに変化することになる。場合によっては，集団の生産性や効率を向上させるために，従来からの枠組みを変更しなければならないことがある。しかし，これまでに論じてきたように，人間関係のネットワークや集団は，それぞれ深いところで変えがたい規範や規律を作っている。従来からの関係に慣れているようなこともある。さまざまな変化に対応して変えようとしても，既存の利害が絡んでくると反対したり妨害するようなこともある。

　職場の人間関係を，根本から改善しようとする場合，ひとつにはカリスマのような個人の強烈な個性による，状況変革的なリーダーシップを想定するようなことが多くなった。職場を変革し，さらには，組織そのものを状況に適合的に変革するのである。これは，トレーニングだけでは習得できない特異な個人属性を意味することがある。しかし，そのようなリーダーの出現がもたらす功罪などについては，今後に議論されるべきであろう。

‖5節‖ 人間関係の活用

● 1　情としての人間関係

　同じ人が同じところで，長い間一緒に働けば，気心も知れてくるものである。職場のなかの人間関係とは，家族や学校集団などを除くと，人々の間で密接な相互作用が長く続くような社会集団である。人生の多くの時間を職場のなかで過ごしている。時には家族以上に親しくなる人もなくはない。職場のなかだけではなく，外のつきあいも重なるといっそう親密さは増すことになる。とくに，いわゆる日本的な経営とよばれてきたものは，職場内外の濃密な人間関係を，むしろ促進するような考えによって，職場を管理しようとした。社宅やクラブ活動，職場旅行，運動会など，職場のなかの考え方がひとつにまとまることを重視するような施策を重視してきたのである。

　しかし，このような情としての人間関係は，合理的に設計された組織のシステムと折り合わないことがある。繰り返すが，ヒューマン・リレーションズ学派が強調したように，職場集団を家族に擬するとすれば，思い入れや思い込みのような情緒的な関係が，職場の雰囲気を決め，非合理的な要因が効率や生産性などの

指標に大きな影響を及ぼすことがないとはいえない。メンバーの気まぐれな情動の積み重ねが，彼らの関係の現実のありようを規定していることも多いので，フォーマルな組織は，合理的に企画された裏や底の部分に注意しなければならなくなる。しかし，いくら注意しても，この人間関係のありようを十分理解し，管理できるということはない。人間関係の活用とは，この非合理性を，組織として，職場集団として，そして，個々のメンバーとして，いかに取り込むことができるか，ということである。

さらにいえば，人間関係とはネットワークである。この広がりの大きい人ほど，たくさんの情報に接することができる。いざというとき，相談できる人も多くなる。人間関係のもつ，このような支援関係を活用できる人は，精神衛生的にもよいのではないか。

●2　道具としての人間関係

職場のなかの人間関係は，単なる人間同士の関係にとどまらず，職場内外の，仕事やそれに必要とされる物理的な要因も含めた複合的な構造のなかで考えられなければならない。好き嫌いのような個人の情動を越えた仕事を応分に果たすべきところでもある。ひとりではできないから関係ができ，集団ができる。しかし，人間関係とは，単に個人の都合にあわせて，形成されるものではない。職場のなかの人間関係とは，それ自体ひとつの有機体として，いわばシステムとして，何かにはたらきかける力をもった存在である。その人間関係を，積極的に活用して，自らのため，そして，集団自身のため，組織のために，活用に努めなければならない。

職場とは，上司や同僚，部下というヒエラルキーはありながら，ともに助け合うことによって成り立つ小さな社会である。巨大な組織も，職場集団というミクロ社会の集合である。組織が冷徹な管理原則で貫徹するほど，それに対抗して，アージリスがいうように，人間的に生きるためには，そのなかで人間関係を積極的に，自らの仕事に活かす工夫が望まれる。職場のなかの人間関係は受け身ではなく，何をするために誰と組み，誰に助力を乞うかというストラテジーを考えなければならない。その努力がなければ，管理されるだけの子羊に終わってしまうことになる。

● Essay 8 ● 嫌な奴とのつきあい方

　職場のなかでは，さまざまの人たちと出会うことになる。そのなかには，つきあって楽しい人もいれば，勉強になる，ためになる人もいる。けれど，それだけではすまない。その逆に，ためにならない，それどころか，むしろわが身にとって，害を及ぼすような人もいる。たで喰う虫も好きずきで，好みだけは人さまざまではあろうけれども，それだけに有象無象の塊で，好いた人との出会いもあれば，嫌な奴と無理をしてつきあわなければならないことも少なくない。それが職場という世界である。家族のような，温かさを期待できるようなことは少ない。家族でさえも，離婚が多くなったり子どもの虐待などが聞こえてくると，必ずしも温かさだけの世界ではないようには思うけれども。

　好ましい人との出会いだけであれば，この世は，楽しいことだらけのようであるかもしれないが，要は，単純な快楽説に浸るだけでは，職場の人間関係の奥底はみえてこないということである。たとえば，好ましい人との出会いが高じて不倫に至れば，職場から出ていかざるをえなくなるようなこともある。嫌な奴もいて職場は楽しいものだと思うようにならないと，少なくとも，人間関係の達人にはなれない，なれるはずもない。

　けれど，誰もがその達人になれるのではなく，そのほか大勢の人たちは，嫌な奴とのつきあいに悶々としなければならないことになる。その悶々をできれば少しでも少なくすることが，ひとつの人間関係のテクニックとして必要になるということである。しかし，これを難しく考える必要はない。嫌な奴には近づかないようにすることであるし，どうしても一緒に働かなければならないようであれば，目を合わす機会，ことばを交わす機会を少なくすることである。それでもやむをえず，仕方のないことがあれば，馬耳東風と，五感のなかを素通りさせることである。たぶん，誰にとっても嫌な人というのは，その辺りの五感の鈍い人である。鈍さには鈍さをもって対処する以外ない。職場という世界は，感受性を鋭くすればするほど，生きがたいということもなくはない。

　そうはいいながら，鈍いだけでは，当のご本人が嫌な奴になってしまいそうであるが，逆にいえば，いくらか嫌な奴になることも，その人にとって必要なことではある。誰からも好かれるような八方美人になろうなどとは考えないほうがよい。私も含めて，この娑婆，嫌な奴だらけ，だから嫌な奴もいて当然，だから，この職場，おもろいと感じてしまうようなポジティブ思考が大切であるということになる。嫌な奴も視野のなかにいれながら，職場を人間喜悲劇の舞台，もしかして舞台裏とみてしまえれば，これほど楽しいことはない。それくらいのことは，多少鈍くなれば，誰にでもできるようになる。それを身中深く修得できれば，人間関係の名人になれるのではないか。

（田尾雅夫）

■12章■
働く人のライフ・スタイル

　これまでの各章でみてきたように，今日の産業界は急速に変革を迫られている。私たちは勤労者をもっと広い視野でとらえる必要がある。たとえば勤労者を単に働く人とみる見方から，それらを包括した生活者としてみる新たな視点への変革，あるいは視野の拡大が必要になってきている。
　それでは勤労者はいかなるライフ・スタイルが好ましいと考えているのか，いかなる方向をめざそうとしているのかの分析が必要である。これらはこれまでの産業心理学の守備範囲としてきたところを越えて考えなければならなくなってきている。
　本章では，われわれ NIP 研究会で取り組んできたライフ・スタイル研究の結果を紹介しつつ，21世紀における生活者としてのありようを考える手がかりを提供する。

▎1節▎ ライフ・スタイル分析構想

●1 ライフ・スタイルの測定尺度

　勤労者のライフ・スタイルを分析するためには，いわゆる労働の場だけをとりあげるのではなく，生活の場，社会の場をも同時並行的にとらえる必要がある。すなわち職場を相対化して，個人生活の場や社会活動の場を考慮した，大きな枠組みのなかの職場でなければならない。さらにそうした3つの物理的空間に加えて，心理的次元として仕事志向，余暇・自由志向，社会活動志向の3つの志向性を組み合わせる。それが図12-1に示したNIP研究会による9つのセルからなるライフ・スタイル測定の枠組みである。

　図では［労働の場×仕事志向］セルを太く囲んであるが，それはこれまで多くの企業では，労働の場で，いかに仕事志向を高めるかが，勤労者管理の中心的課

場　　　　　　　　　　　　　　　　志向性（希望）	生活様式，時間・金・エネルギー投入の場（物理的空間）		
	労働の場	生活の場	社会の場
価値観・心理的空間 仕　事　志　向			
余暇・自由志向		原点	
社 会 活 動 志 向			

図12-1　ライフ・スタイル測定の枠組み（NIP研究会，1990より作成）

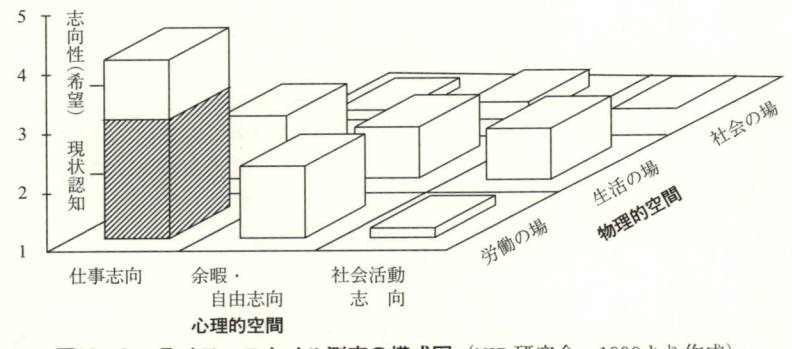

図12-2　ライフ・スタイル測定の模式図（NIP研究会，1990より作成）

題であった。勤労者の意識もそこを中心に構成されていた。その結果，隣接する生活の場も仕事志向の肥大によって侵犯されてきたことを示している。いわゆるふろしき残業などはその典型である。したがって図では9つのセルを同じ大きさに描いているが，実際には個人の生活空間のなかで，［労働の場×仕事志向］セルが大きな比重を占めてきたといえる。これら9セルの枠組みに加えて，各セルごとに現状認知と要求水準・希望の2種の測度を取って，勤労者のライフ・スタイルを分析する。図12-2はそれらを立体的に示したものである。

　すなわち勤労者は誰でも9つの分身をもっている。そして各セルは平面ではなく，ちょうど9棟のビルが建っているようなものと考える。つまり9個のセルの組み合わせによって個人の生き方の如何を描こうというのである。原点は［生活の場×余暇・自由志向］セルである。勤労者は現状認知と要求水準・希望の2種の設問に回答することによって，9個の分身がそれぞれのビルで，現在どの階にいるか，どの階に行きたいと思っているのかが明らかになる。たとえば家庭を顧みず仕事に没頭する会社人間は，その中心的分身は原点から出発しながらも［労働の場×仕事志向］ビルに入り，今やその最上階にいると考えられる。もとの［生活の場×余暇・自由志向］ビルではその分身が1階かせいぜい2，3階にいる。彼が［労働の場×仕事志向］ビルから地上に降り立つのは定年か，病気か，過労死かもしれない。出向はさしずめ同一セルの別のビルに入るといったところであろうか。一方，「仕事は仕事」と割り切ると揶揄され，時には新人類などとよばれる若年勤労者は［労働の場×仕事志向］ビルと［生活の場×余暇・自由志向］ビルを各分身が上下するといったところであろうか。各セルの分身のありようと願望によって，現在の勤労者のライフ・スタイルを描き，志向性からその心理を分析する。また分身がいかに階を移動したか，その軌跡をみることによってライフ・スタイルの変化を時系列的に観察することもできる。このような考えにもとづき，9つのセルについて68項目からなる質問紙を作成し，男性3,480人，女性909人の回答から各種分析結果を報告してきた（NIP研究会，1990；1995）。

　その後，それらの約4,000人のデータについて9つのセルに関する68の質問項目間の相関係数を求めるなど詳細な解析を行い，9セル24項目からなる新たな質問紙を作成した（西川ほか，1995）。

表12-1　各セルを構成する質問項目（西川ほか，1995）

労働の場×仕事志向

（現状認知）
1. 給料やポケットマネーを仕事に使うことが　　　　　　　　　　　　（多い 5 - 4 - 3 - 2 - 1 ない）
2. 定められた勤務時間の後でも，残業など，仕事をすることが　　　　（多い 5 - 4 - 3 - 2 - 1 ない）
3. 家族が病気で手がいるかも知れない時でも，出勤することが　　　　（多い 5 - 4 - 3 - 2 - 1 ない）
4. 勤務時間外や休日でも，仕事仲間や仕事関係の人とのつきあい（ゴルフ，麻雀，食事・酒，カラオケなど）が　　　　（多い 5 - 4 - 3 - 2 - 1 ない）

（希望）
14. 給料が増えたら仕事関連にできるだけまわしたいと　　　　　　　（強く思う 5 - 4 - 3 - 2 - 1 思わない）
15. 他に予定があっても，求められれば，時間外労働や休日出勤をしたいと　　（強く思う 5 - 4 - 3 - 2 - 1 思わない）
16. 家にいても，仕事の段取りなど職場や仕事のことを考えるのは当然だと　　（強く思う 5 - 4 - 3 - 2 - 1 思わない）
17. 仕事に役立つならば，勤務時間外や休日でも，仕事仲間や仕事関係の人とのつきあい（ゴルフ，麻雀，食事・酒，カラオケなど）をしたいと　　（強く思う 5 - 4 - 3 - 2 - 1 思わない）

労働の場×余暇・自由志向

（現状認知）
5. 定められた勤務時間の後は，余暇・自由時間，家族との時間を確保することが　　（多い 5 - 4 - 3 - 2 - 1 ない）
6. 日曜・休日などは，家族との団欒・趣味・スポーツなどに使うことが　　　　　（多い 5 - 4 - 3 - 2 - 1 ない）
7. 給料やポケットマネーを趣味・スポーツや余暇活動のために使うことが　　　　（多い 5 - 4 - 3 - 2 - 1 ない）
8. 仕事と関係のない人達とサークルを作り，趣味・スポーツを楽しむことが　　　（多い 5 - 4 - 3 - 2 - 1 ない）

（希望）
18. 自分の趣味と関わりのあるような仕事をしたいと　　　　　　　　　（強く思う 5 - 4 - 3 - 2 - 1 思わない）
19. 職場を離れたら仕事のことは忘れ，スポーツや趣味などを楽しみたいと　　（強く思う 5 - 4 - 3 - 2 - 1 思わない）
20. 給料が増えたら趣味・スポーツや余暇活動にできるだけ多くまわしたいと　　（強く思う 5 - 4 - 3 - 2 - 1 思わない）
21. 勤務時間外や休日には，仕事を離れて，趣味や遊びあるいはスポーツを通じて得た友人とつきあいたいと　　（強く思う 5 - 4 - 3 - 2 - 1 思わない）

労働の場×社会活動志向

（現状認知）
9. 定められた勤務時間の後は，社会活動の時間を確保することが　　（多い 5 - 4 - 3 - 2 - 1 ない）
10. 日曜・休日は，社会活動に使うことが　　　　　　　　　　　　　（多い 5 - 4 - 3 - 2 - 1 ない）
11. 社会活動の会合などに出席したり，世話をすることが　　　　　　（多い 5 - 4 - 3 - 2 - 1 ない）
12. 給料やポケットマネーを，社会活動のために使うことが　　　　　（多い 5 - 4 - 3 - 2 - 1 ない）

（希望）
22. 社会活動と結びつくような仕事がしたいと　　　　　　　　　　（強く思う 5 - 4 - 3 - 2 - 1 思わない）
23. 社会活動に関係した本・雑誌・新聞記事を読んだり，そ
　　ういったテレビをもっと見たいと　　　　　　　　　　　　　　（強く思う 5 - 4 - 3 - 2 - 1 思わない）
24. 勤務時間外や休日は，社会活動の講習会や仲間との勉強
　　会に参加したいと　　　　　　　　　　　　　　　　　　　　　（強く思う 5 - 4 - 3 - 2 - 1 思わない）
25. 給料が増えたら，社会活動に多くまわしたいと　　　　　　　　（強く思う 5 - 4 - 3 - 2 - 1 思わない）

（補足質問）
13. 信仰に関する活動に参加することが　　　　　　　　　　　　　　　（多い 5 - 4 - 3 - 2 - 1 ない）
26. 信仰に関する活動にもっと参加したいと　　　　　　　　　　　（強く思う 5 - 4 - 3 - 2 - 1 思わない）
27. 今，もっとも増やしたいのは（1．家族と過ごす時間
　　　　　　　　　　　　　　　　2．仕事と仕事に関する時間
　　　　　　　　　　　　　　　　3．睡眠・休養のための時間
　　　　　　　　　　　　　　　　4．地域社会活動やボランティア活動などの時間
　　　　　　　　　　　　　　　　5．趣味・スポーツ，教養，レジャーの時間
　　　　　　　　　　　　　　　　6．その他（具体的には　　　　　　　　　　　　　）

● 2　新項目と9つのセル

　新たに抽出した24の質問項目を，各セルごとに表12－1に示す。
　この新版のライフ・スタイル調査票は，各項目に対する回答結果が2枚目の用紙に複写され，回答者が自己採点し，自らのライフ・スタイルを診断できるようになっている。この新質問紙によって，1998年から調査を開始し，1999年に男性2,206人，女性853人から回答を得た。それらのデータにもとづいて分析した各種結果を以下に示すことにする。

2節　ライフ・スタイル分析結果

● 1　フェイス・シートから概観した現代勤労者

a　回答者の属性（性，年齢，勤務先区分・規模，職種，職階など）

　男性2,206人，女性853人の回答者の各種属性について，男女間の比較を行う。年齢層別の構成比を表12－2に示したが，男性は29歳以下が15.5％，60歳以上が6.0％と少ないが，30歳代～50歳代はそれぞれ23～30％を占めている。女性は29歳以下が約58％と半数以上を占め，年齢層が高くなるにつれて構成比が小さくなり，60歳以上は1.8％ときわめて少なかった。
　配偶者については，男性は78.6％が既婚であるが，女性は既婚36.1％，未婚が56.5％で，回答者の年齢分布を反映していた。

勤め先について会社員・公務員・自営業で分類すると，表12-3のごとく，会社員が男女とも約86％と大多数を占め，公務員と自営業は数％であった。勤務先での身分は，正社員・正規職員が男女とも90％を超えており，勤務形態も男女とも90％以上が常勤であり，非常勤やその他は数％であった。勤め先の本社・支社などをあわせた総従業員数の分布を表12-4に示したが，1,000人以上が男性では52.4％，女性は66.0％であった。9人以下は男女とも約4％であった。

職種構成について表12-5に示した。男性で多い職種は営業23.3％，事務が21.5％，次いで技術が15.1％，製造11.6％であった。女性は，事務が49.7％と約半数を占め，次いで製造の20.4％が多く，営業と技術は4％台と少なかった。

b 勤務実態

余暇・自由時間や社会活動の時間と関係が深いと考えられる勤務時間外の各種状況について表12-6でみると，①1カ月当たりの平均残業時間は男性が約38％

表12-2 回答者の年齢構

年齢層	男性	女性
29歳以下	15.5%	57.7%
30〜39歳	23.1	22.9
40〜49歳	30.6	11.6
50〜59歳	24.0	5.4
60歳以上	6.0	1.8
不明	0.7	0.7
平均年齢	42.6歳	31.5歳
人数	2,206人	853人

表12-3 勤め先の男女比

	男性	女性
会社員	86.1%	86.2%
公務員	6.2	4.2
自営業	2.9	2.8
その他	4.3	5.0
無記入	0.5	1.8
人数	2,206人	853人

表12-4 勤め先の従業員

人数	男性	女性
1〜9	4.0%	4.1%
10〜29	8.5	6.0
30〜99	12.7	7.0
100〜299	11.3	3.5
300〜999	10.5	11.1
1000人以上	52.4	66.0
無記入	0.5	2.2
人数	2,206人	853人

表12-5 職種構成の男女比

職種	男性	女性
営業	23.3%	4.0%
販売	2.5	0.9
事務	21.5	49.7
研究	1.7	0.5
技術	15.1	4.6
技能・現業	7.0	1.3
製造	11.6	20.4
医療	1.1	3.8
福祉	1.9	5.0
教育	1.5	1.5
複数答・他	10.5	6.0
無記入	2.3	2.3
人数	2,206人	853人

表12-6 勤務外の各種状況（男女別の平均）

項目	男性	女性	男回答数	女回答数
①残業時間(時／月)	37.9	13.1	1,988	704
②休日出勤(日／月)	2.3	2.1	1,228	122
③有給休暇(昨年分)	27.7	26.0	1,961	719
④有給休暇消化日数	12.3	18.6	1,773	706
⑤通勤時間(分)	40.9	40.1	2,085	826

表12-7 働く目的（上位3位までの複数選択の合計による割合）

(単位：%)

項 目 名	男性	女性
1. 収入を得て，充実した生活を送りたいため	26.8	26.1
2. 企業や社会のために役立ちたいから	6.0	1.9
3. 働かないと生活できないから	14.3	11.4
4. 金銭的により豊かになるため	6.1	8.2
5. 将来，したいことをするための準備のため	3.4	5.1
6. 働くことが生きがいであるため	2.4	1.0
7. 職場で，多くの人々と人間的なふれあいや対話をもちたいため	6.3	12.9
8. 仕事をとおして，自分の能力や可能性を確かめたり高めたりするため	13.0	9.7
9. 働くことにより，生活に張り合いが得られるため	9.6	12.3
10. 特別な目的はなく，働くことは人として当然のつとめだから	5.5	6.4
11. 高い地位や役職をえるため	0.9	0.1
12. 老後の生活の準備，あるいは，老後の生活の足しにするため	5.3	4.5
13. その他：（自由記述　　　　　　　　　　　　　　　　　）	0.4	0.4

で女性の13％の3倍であった。②休日出勤の日数は，男女とも2日程度で，差はなかった。③調査の前年の有給休暇の取得可能日数は，男女とも26〜27日で大差なかったが，④その休暇を取った日数は，女性が平均18.6日（取得可能日数の70％）で，男性の12.3日（同45％）より多かった。

C 働いている目的

回答者が働いている目的について，最も当てはまるもの，2番目に当てはまるもの，そして3番目に当てはまるものを13項目のなかから選択してもらった。結果を表12-7に，1〜3番までに選択された項目をこみにして男女別に示した。

最も高率であった項目は，男女とも「1. 収入をえて，充実した生活を送りたいため」で26％台であった。男女とも10％程度を超えている項目は「3. 働かないと生活できないから」「8. 仕事をとおして，自分の能力や可能性を確かめたり高めたりするため」「9. 働くことにより，生活に張り合いが得られるため」の3項目であった。

一方，男女差が大きかった項目は「7. 職場で，多くの人々と人間的なふれあいや対話をもちたいため」で，男性6.3％に対し，女性は12.9％と2倍あり，男女の労働観，勤労意識の相違を示しているようである。

●2 現代勤労者の仕事，余暇・自由および社会活動の意識

前節の表12-1に示した「仕事・生活の志向性に関する質問」の結果から，労働，生活，および社会の3つの場それぞれにおける平均値を求め，「仕事」，「生

```
         現状  希望                          現状  希望
仕事志向  2.94  2.55              仕事志向  2.26  1.95
生活志向  3.14  3.83              生活志向  3.62  4.10
社会志向  1.72  2.49              社会志向  1.46  2.49
        (実線)(破線)                       (実線)(破線)
```

図12-3　男性のライフ・スタイル平均像　　**図12-4　女性のライフ・スタイル平均像**

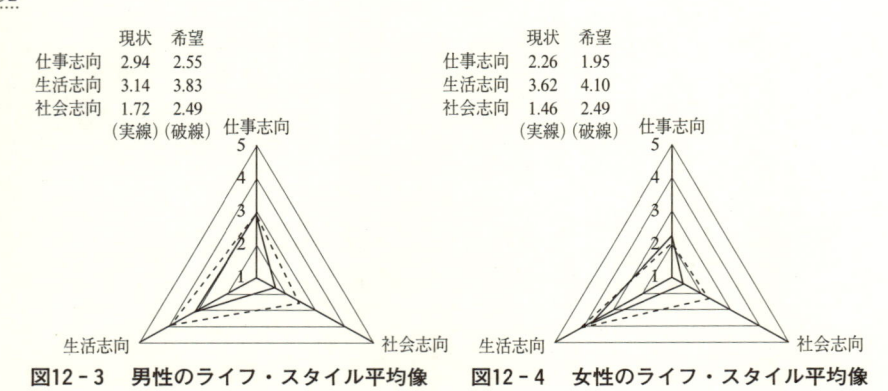

活」および「社会」として，その現状と希望について，男女別に図12-3および図12-4に示した．両図によって，現代勤労者の仕事，余暇・自由および社会活動の意識を検討する．

a　ライフ・スタイル平均像

(1) **男性**　仕事に対する現状（取り組み）が2.94，希望は2.55で，現在より仕事をしたくないとする結果であった．しかし，生活における現状は3.14で仕事より高い値であり，希望は3.83で余暇・自由をさらに求めている．

一方，社会に対する現状は1.72で，仕事や生活にくらべ低い値であった．これに対し，希望は2.49で，現状よりさらに社会活動を志向している．

(2) **女性**　仕事に対する現状が2.26，希望は1.95で，男性にくらべると，仕事への取り組みも希望も低く弱い．しかし，生活における現状は3.62，希望は4.10と男性にくらべ高い値であり，より多く余暇・自由を求めている．

社会に対する現状は1.46，希望は2.32で，現状よりさらに社会活動を志向しているものの，男性よりその程度はやや低い．

(3) **男女差の背景要因**　これらのライフ・スタイルの男女差の背景を，フェースシートで別途質問した各種項目をみながら検討する．

まず，"職場の満足度"が「大いに満足」と「まあ満足」を合わせると男性が46％で女性は40％，"転職を考えたこと"のない男性が39.4％で女性は30.1％で，男性がやや高率であったこと，月当たりの残業時間が男性37.9時間（1日1～2時間）で女性の13.1時間（1日30～40分）と大差があったこと，そして休日出勤が男女とも月に2日以上と変わらなかったことも影響していよう．さらに，働く

ことの目的が，男女で少し異なっていたことも関係していると思われる。

また，"家族と過ごす時間"が「少ない」人が男性50.2％，女性31.3％で差があるが，「もっと時間が欲しい」は男性55.6％，女性41.0％で，男女差が少し縮まっていた。これは，仕事をもつ女性の"家族と過ごす時間"の感覚が男性と異なっていることを示しているようである。

また，社会活動としてのボランティア活動の経験者が男性32％，女性27％で，男性のほうがやや多い。しかしながら，社会活動の希望が男女ともに現状を1ポイント上回ったことは，自らの生活にゆとりができてきたことや，近年の環境問題や，障害者や高齢者に対するボランティア活動，さらには青少年に奉仕活動教育を導入する方向にあることも関係があると思われる。

b 年齢階層別の現状と希望

男女別に10歳きざみで，年齢階層別の仕事，生活，および社会の現状と希望の意識を求めたところ，図12-5のようになった。

(1) 男性　仕事に対する意識は，40歳代までは現状が希望を0.5ポイントほど上回っているが，60歳以上でわずかであるが希望が現状を上回っている。一方，生活においては，全年齢層とも希望が現状を上回っているが，29歳以下から年齢が高くなるにつれて，その差が小さくなる傾向であった。60歳以上で現状が50歳代よりわずかであるが高まる傾向がみられる。社会においては，年齢段階が進むにつれて希望が現状を上回った状態で，並行的に上昇している。

(2) 女性　仕事は現状が全年代を通じて2.2～2.3程度と一定であるのに対し，希望は年齢段階が進むにつれて上昇している。したがって，40歳代までは現状が希望をわずかに上回り，60歳以上になると仕事にもっと取り組みたい希望が0.6ポイント現状を上回った。生活に対する意識は，全年齢段階で現状を希望が上回っているが，年齢段階が進むにつれて現状・希望とも低くなり，40歳代以上では差がなくなっている。社会においては，年齢段階が進むにつれて男性と同様，希望が現状を上回った状態で，並行的に上昇している。

以上みてきたように，1999年における働く人のライフ・スタイルは，男女とも年齢にともなう変化がみられ，またその傾向に男女差もみられた。読者諸氏は，年齢差や男女差が生じた背景要因を，これまでの資料から考え，みんなで話し合ってほしい。とくに60歳以上で，仕事と生活において，40歳代までとは異なる傾向がみられ，男女における差も大きくなったが，その原因を考えてみてほしい。

(注) 図中 ●— は現状，--○-- は希望。

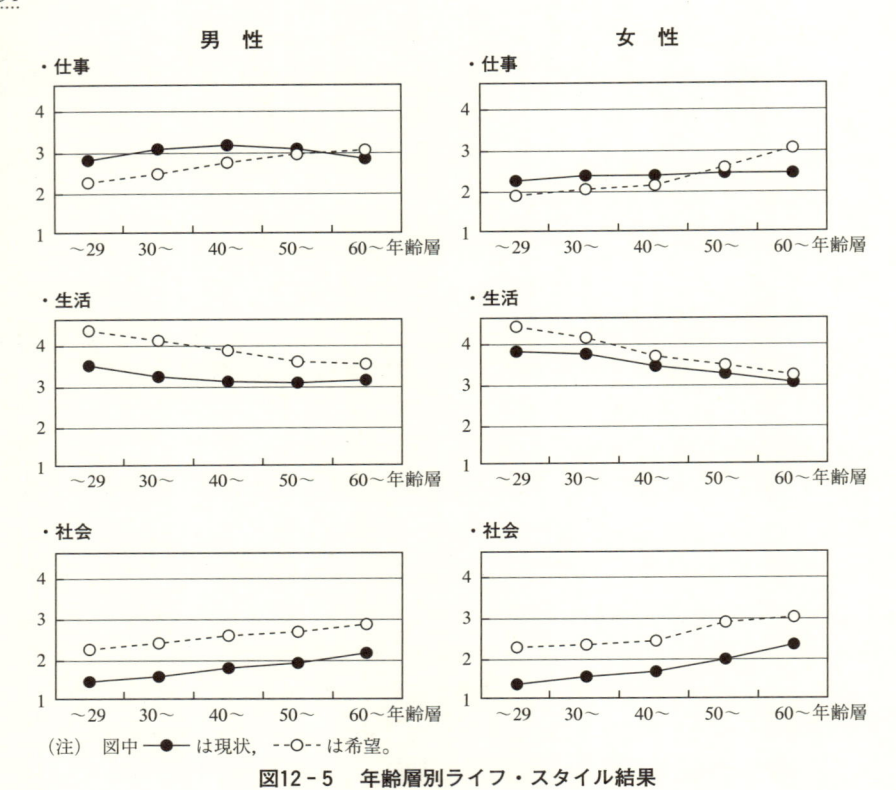

図12-5　年齢層別ライフ・スタイル結果

‖3節‖ 1999年と1989年の調査結果との比較
（同一企業の結果から）

　ライフ・スタイルの時代変化を把握するため，1999年と10年前の1989年に調査した同一企業の結果を比較し，この10年間の急激な経済，社会の変化が勤労者のライフ・スタイルにどのように影響したのかをみていく。なお，この企業は1部上場のメーカーである。

　1999年のデータは2節の対象者に含まれているが，ここではまず調査対象者全体の結果として，1999年と1989年の各コホートによる全体結果を比較する。次に，1989年に20歳代であった対象者は10年後に30歳代に，30歳代は40歳代に達するが，加齢による縦断的変化をみる。

また，1999年の20歳代，30歳代，40歳代といった対象者を横断的にみる分析と1989年の20歳代と10年後の1999年で20歳代，30歳代に対する30歳代といったコホートによる時代差による変化を取り上げる。

●1 年齢，職種，職階の比較

a 年　齢

結果を表12-8に示したが，1999年の男性は，20歳代，30歳代，40歳代の3つの年齢層を加えると全体の90％を超えている。これに対して，女性は20歳代が70.2％，30歳代は21.5％，40歳代は7.0％で，年齢が増加するに従って急減している。

一方，10年前の対象者では，男性1,341人のなかで最も多いのは，30歳代が37.0％，第2位は40歳代30.4％，第3位は20歳代26.8％である。女性は108人中，20歳代が最も多く64.8％，30歳代は22.2％である。

b 職　種

1999年と10年前の1989年の結果とも職種を営業（販売），事務，研究（技術），製造（技能・現業）の4つに分けてみると，1999年の男性は，研究が最も多く31.2％で，第2位は営業で26.4％，第3位は製造で23.4％と続いている。女性は事務が最も多く55.2％で，第2位は製造が29.7％である。

一方，10年前の対象者では，男性は研究が最も多く31.7％，第2位は製造の31.1％，第3位は事務の21.5％である。これに対して女性は，事務が最も多く58.3％，第2位は製造の39.8％である。

表12-8　1999年と10年前の調査対象者の年齢比較

年齢層	1999年 男性		10年前 男性		1999年 女性		10年前 女性	
	N	%	N	%	N	%	N	%
19歳以下	4	0.4	9	0.7	2	0.3	5	4.7
20歳代	250	28.1	360	26.8	431	70.2	70	64.8
30歳代	272	30.6	496	37.0	132	21.5	24	22.2
40歳代	284	31.9	408	30.4	43	7.0	8	7.4
50歳代	79	8.9	60	4.5	6	1.0	—	—
未記入	—	—	8	0.6	—	—	1	0.9
合計	889	100.0	1,341	100.0	614	100.0	108	100.0

c 職　階

　職階は部課長級以上，係長・主任級，役職なしの3つに分ける。1999年の男性で部課長級以上の管理職の役職にあるのは32.6%，係長・主任級を含めると63.9%である。女性は役職にあるのがわずか6.4%で，92.3%が役職なしである。

　10年前の前回の対象者では，男性の役職者は全体の34.3%，役職なしは59.7%である。女性は，役職なしと答えたものが全体の92.6%である。

●2　ライフ・スタイル結果の比較

a　調査対象者全体のライフ・スタイル結果

　1999年の調査結果と10年前の結果を表12-9にt検定の結果とともに示したが，両年の相違について男女別に検討する。

　(1) 男性　　1999年の男性は，仕事において現状が2.92，希望が2.38，10年前は現状が3.07，希望が2.75で，仕事に対する取り組みが0.15下がり，もっと働きたいとする希望も0.37下降した。現状と希望とも統計的に有意な低下である。生活については，1999年の男性の現状は3.20，10年前が3.22でほとんど変わらなかった。希望も1999年と10年前はともに3.99でまったく同じであった。社会活動については，1999年の現状は1.54で，10年前の1.77より有意に低下した。希望はほとんど同じであった。

　これらの結果は，調査対象企業の男性は，10年間のなかで，経済・社会状況が

表12-9　1999年と1989年のライフ・スタイル結果の比較

男性		仕事 現状		仕事 希望		生活 現状		生活 希望		社会 現状		社会 希望	
	N	Mean	SD	Mean	SD	Mean	SD	Mean	SD	Mean	SD	Mean	SD
1999年	896	2.92	0.73	2.38	0.80	3.20	0.76	3.99	0.69	1.54	0.69	2.40	0.38
10年前	1341	3.07	0.75	2.75	0.75	3.22	0.72	3.99	0.62	1.77	0.76	2.39	0.78
t検定		4.62***		11.13***		0.66		0.17		7.37***		0.19	

女性		仕事 現状		仕事 希望		生活 現状		生活 希望		社会 現状		社会 希望	
	N	Mean	SD	Mean	SD	Mean	SD	Mean	SD	Mean	SD	Mean	SD
1999年	618	2.22	0.65	1.80	0.65	3.66	0.74	4.23	0.64	1.35	0.60	2.20	0.86
10年前	108	2.26	0.62	2.29	0.81	3.55	0.75	4.00	0.74	1.55	0.65	2.00	0.73
t検定		0.59		6.90***		1.44		3.29***		3.18**		2.29*	

*$p<.05$　　**$p<.01$　　***$p<0.01$

停滞するなか，勤労者の意識は仕事から離れ，余暇生活に焦点を移行し，家族との団らん，趣味やスポーツをもっとしたいとの希望が強くあらわれたものとみられる。つまり，経済不況下にあって，自らの生活の豊かさやゆとりに目が向き始めたことを示しているようである。しかし，現実は，余暇生活の取り組み内容は，まだまだ厳しいとみられる。この傾向は，程度の差はあっても，日本の男性に共通するものであると思われる。

(2) 女性　　1999年の仕事の希望は1.80で，10年前の2.29に比し0.49下がり，この差は有意な低下であった。また，生活の希望は1999年が4.23で，10年前の4.00より0.23上昇し，その差も大きく統計的にも有意な結果であった。社会活動の現状については，1999年は1.35で，10年前の1.55に比べると低い。希望も1999年が2.20で，10年前の2.00より0.20上昇し有意に高かった。

これらの結果から，最近の女性は，仕事よりも余暇を重視し，仕事に時間をより多くとる以上に自分の生活・余暇時間を確保し，余暇をもっと楽しみたいとする傾向が強くなっていると思われる。さらに，もっと社会活動をやりたいとする希望も強くなっている。

(3) 仕事と生活・余暇の関連性　　仕事と余暇の関係について，森下ら(1999)は，生活時間に仕事がどれほど影響するかと余暇生活に時間を費やして，仕事がどのように影響を受けるかについては，次のような結論を得ている。

男性は，仕事時間が多くなると生活・余暇の意識が弱くなり，逆に余暇時間が多くなると仕事意識が減少することが明らかになったが，社会活動にまで影響は及ばなかった。この原因は，全般に社会活動が低調であることによる（社会活動をしていない比率は男女とも約80％）。

女性は，男性より仕事意識が低いところに，仕事時間を軸にした2群間の分析では違いがみられず，余暇生活にまで影響が及ばないことがわかった。逆に，余暇を軸にした場合は仕事に影響することも明らかになった。

以上から，この結論は，1999年の調査結果でも裏づけられた。すなわち，この10年間，日本の男性は，仕事に時間やエネルギーを投入することから離れ，余暇・生活に焦点を移行したが，現実では，仕事に対する取り組みが弱くなっているものの余暇・生活の現状認知には変化がなかった。

これに対して女性は，生活の希望が，男性以上に仕事への希望が下降したことを受けて，さらに強くなった。

表12-10　1999年の30歳代と1989年の20歳代のライフ・スタイル比較

	N	仕事 現状		仕事 希望		生活・現状		生活 希望		社会 現状		社会 希望	
		Mean	SD	Mean	SD	Mean	SD	Mean	SD	Mean	SD	Mean	SD
1999年　30代	272	2.94	0.70	2.25	0.76	3.22	0.75	4.05	0.62	1.47	0.69	2.30	0.82
10年前　20代	336	2.82	0.71	2.44	0.68	3.46	0.77	4.29	0.53	1.52	0.62	2.22	0.77
t 検定		2.02*		3.33***		3.78***		5.15***		0.86		1.28	

表12-11　1999年の40歳代と1989年の30歳代のライフ・スタイル比較

	N	仕事 現状		仕事 希望		生活 現状		生活 希望		社会 現状		社会 希望	
		Mean	SD	Mean	SD	Mean	SD	Mean	SD	Mean	SD	Mean	SD
1999年　40代	284	3.10	0.70	2.61	0.73	3.07	0.75	3.78	0.65	1.67	0.67	2.53	0.80
10年前　30代	496	3.11	0.69	2.67	0.71	3.20	0.65	3.95	0.61	1.75	0.74	2.35	0.77
t 検定		0.30		1.13		2.51*		3.62***		1.50		3.17***	

*$p<.05$　**$p<.01$　***$p<0.01$

b　年齢階層別のライフ・スタイル比較

1999年の調査時に30歳代の対象者は10年前の1989年では20歳代であり，40歳代は30歳代，さらに50歳代は40歳代であったことから，これらの年齢層をとりあげ，ライフ・スタイルの変化を読み取る。調査対象の人数の問題もあって，男性に絞って縦断的検討（加齢による影響）による分析を試みた。

(1)　1999年の30歳代と10年前の20歳代の比較

1999年の30歳代と10年前の20歳代とを表12-10によって比較すると，社会の現状と希望以外は，すべて有意差が認められた。すなわち，仕事に関しては1999年の30歳代は，10年前の20歳代に比べ現状は2.94で高かったが，希望は1999年の30歳代が2.25で逆に低かった。生活については1999年の30歳代が現状は3.22，希望が4.05で，10年前の20歳代の現状が3.46，希望が4.29に比べるといずれも低かった。社会は現状，希望ともに差異はみられなかった。

(2)　1999年の40歳代と10年前の30歳代の比較

1999年の40歳代と10年前の30歳代を表12-11によって比較すると，生活の現状と希望，社会の希望のみに有意差が認められた。仕事の現状（取り組み）は，働き盛りということもあり，両者とも3.1台で変わらない。希望も2.6台で現状より低く差異はなかった。生活では1999年の40歳代は現状が3.07，希望は3.78で，10年前の30歳代の現状が3.20，希望が3.95に比べると低い。社会の希望は1999年の

表12-12 1999年の50歳代と10年前の40歳代のライフ・スタイル比較

	N	仕事 現状 Mean	SD	仕事 希望 Mean	SD	生活 現状 Mean	SD	生活 希望 Mean	SD	社会 現状 Mean	SD	社会 希望 Mean	SD
1999年 50代	79	2.93	0.82	2.77	0.78	3.16	0.60	3.59	0.68	1.89	0.85	2.71	0.84
10年前 40代	407	3.30	0.77	3.06	0.73	3.06	0.71	3.80	0.60	1.99	0.81	2.56	0.74
t検定		3.83***		3.26***		1.10		2.84**		1.01		1.62	

*$p<.05$　**$p<.01$　***$p<0.01$

40歳代が2.53で，10年前の30歳代の2.35に比べると逆に高かった。

(3) 1999年の50歳代と10年前の40歳代の比較

1999年の50歳代と10年前の40歳代を表12-12によって比較すると，生活の現状と社会の現状と希望以外は，有意差が認められた。仕事では1999年の50歳代の現状は2.93，希望は2.77で，10年前の40歳代の現状3.30，希望3.06に比しいずれも低かった。生活は，逆に，1999年の50歳代の希望は3.59，10年前の40歳代の希望が3.80であったことから，今回は低い。しかし，社会における希望は10年の加齢によって，数値的には若干高くなっている。

(4) 年齢層比較の結果の要約

このように，仕事と生活・余暇は結局のところ表裏一体の関係であるといえる。つまり，仕事の役割が増え忙しい時期である40歳代は生活・余暇に時間がとれず，子どものことなどで生活が忙しい20～30歳代は仕事の取り組み以上に生活・余暇に時間をとられ，さらにもっと時間や金銭がほしいという状態にあると思われる。

● 3　ライフ・スタイル比較による時代変化の影響

前項では20歳代の年齢層が10年後に30歳代になる，30歳代が40歳代になる，いわば縦断的検討を行った。ここでは10年の期間をおいて調査した2つのライフ・スタイル結果を比較し，経済，社会の変化が勤労者のライフ・スタイルにどのように影響したのかをみる。先の表12-10～12の3つの場における現状について，1999年の20歳代（$N=250$），10年前の1989年の50歳代（$N=60$）のデータを加えて図12-6を作成した。この図によって横断的および時代差による検討を行う。

a　横断的検討

1999年における調査対象企業の男性の年齢階層による推移を横断的に図12-6によって1999年コホート（黒丸・実線）の推移をみると，仕事の場における現状

・仕事現状

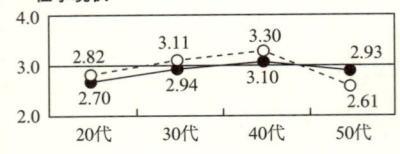

```
4.0
        2.82    3.11   3.30
3.0             2.94   3.10   2.93
        2.70                  2.61
2.0
        20代    30代    40代    50代
```

・生活現状

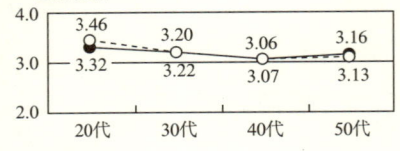

```
4.0
        3.46   3.20
3.0     3.32   3.22   3.06   3.16
                      3.07   3.13
2.0
        20代    30代    40代    50代
```

・社会現状

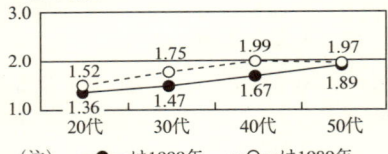

```
3.0
                       1.99   1.97
2.0            1.75    1.67   1.89
        1.52
        1.36   1.47
1.0
        20代    30代    40代    50代
```

（注）　━●━は1999年，--○--は1989年。

図12-6　コホート差

は20歳代，30歳代，40歳代と年齢が増えるにともなって上昇し，50歳代で低下した。生活の場における現状は，逆に40歳代まで下降傾向を示し，50歳代で上昇に転じた。社会の場における現状は，20歳代から50歳代まで全年代を通して上昇していた。

10年前の1989年コホートの推移（白丸・破線）も同傾向であるが，50歳代における仕事の場の大きな低下傾向が目立つ。これは，役職なしの対象が多かったことが原因と思われる。

これら両年のコホートは，先の2節における1999年の男性全2,206人による3つの場における現状認知の年齢階層による推移と同傾向である。

b　時代差による検討

横断的検討は，同一年のコホートにおける20歳代，30歳代，40歳代というようにそれぞれの年齢層をとりあげていく分析法であったが，そこに例えば1989年の20歳代と10年の時代変化のなかでの1999年の20歳代，30歳代に対する30歳代，40歳代に対する40歳代を比較検討しようとするのが時代差による検討である。したがって，ここでは1989年コホートにおける20歳代と1999年コホートにおける20歳代というように同じ年齢層を比較検討する。

仕事の現状（取り組み）は，20歳代が10年のなかで0.12の下降，30歳代が0.17，40歳代が0.20といずれも10年の時代経過のなかで減少している。ただし，50歳代は，逆で1999年の対象者に役職者が多かったため1989年より数値が高い。

また，生活は20歳代が1999の方が0.14低く，下降しているのに対してその他の年齢層は10年の時代差による変化はない。これから仕事に対する取り組みは10年の中で減少したが，生活は時代差による変化は認められなかった。

これに関連して，社会の現状は20歳代が0.16の差異で1999年の今回が低く，30歳代も今回は0.18と下降，40歳代が最も大きく0.32の減少であった。社会の現状は，仕事の現状と密接に関係しており，仕事同様10年のなかで取り組みは弱くな

っている。

C 10年のライフ・スタイル変化と経済・社会の変化

aでみた通り，再度横断的検討の結果をまとめると20歳代40歳代にかけては，仕事の現状（取り組み）は上昇し，生活の現状は低下した。社会の現状は両コホートとも50歳代までは上昇を続けた。一方，bの時代差では仕事の現状は，40歳代までがそれぞれの年齢層ごとに下降しており，いずれも10年の時代経過のなかで減少していた。生活は20歳代を除き，変化はなかった。

また，両年のコホートを縦断的にみた検討でも，20歳代から30歳代と，30歳代から40歳代では仕事の現状は上昇したが，40代から50代にかけては弱くなったことが認められた。生活の現状は逆の傾向であった。社会の現状は点数が低いものの，仕事の現状と同傾向であった。

調査対象の企業では，この10年間で，日本社会全体の経済不況の影響を受けて，分社化にともなう成果主義の導入が図られている。そのため，仕事内容や仕事の進め方が変化し，人員減と勤務日の超勤などの増加がみられるようである。この傾向は，日本の企業社会の変化を代表しているように思われる。

両年のコホートを，横断的に，また縦断的に検討した結果，今後同じ世代の比較や同一集団の何年か後における変化を検討した場合，これから5年，10年後の調査結果は，その前の回よりおそらく高くなることはないであろう。しかし，ある一定の時期，すなわち30代には生活の維持（給料の維持・上昇）ゆえに，仕事への取り組みを強めなければならないため，現状認知の下降に歯止めがかかることは考えられる。その分，家庭生活に対する取り組みがおろそかになることが考えられるので，生活の現状認知は逆に低下することが明らかなようである。

一方，社会活動に対する取り組みは，福祉社会の風潮と年齢が高くなることによる意識の高まり，さらに家庭生活における子どもの成長や時間的・金銭的ゆとりなどによって，加齢にともなって上昇していくと思われる。

● Essay 9 ● ついに来たストレス心疾患とその対処
―――大学研究者の例

　職場におけるストレスと闘いながら20年余りを経過。その内容は詳しく述べないことにするが，非医学部系出身者に対する医学部系からの差別的処遇が根底にあったとだけいっておこう。大学における研究者としては，とにかく研究で勝負するのが正攻法だとひたすら研究とそのアウトプットへと没頭し続けた。夜，研究室を出るのは10時前後，そしてしばしば午前様。ひどいときは明け方の4時。郵便物を24時間開いている郵便局へ届け，高速道路を使って帰宅。しかし，高速道路料金所で「おはようございます」と声をかけられると，何ともしっくりしない気持ち……。時には，夕食を食べてからまた研究室へ……。もちろんこの間には，さまざまな理不尽や不平等を感じ続けていたわけだ。この結果，20余年ほど経過した40歳代後半，夜寝ていると胸が締めつけられ，突然に深夜目覚めてしまい，えも言われないほどの不安感に孤独感，寂寥感とでもいうべき感情におそわれて，八方塞がり的胸苦しさのために布団の中に横になっていられなくなる状態となった。そして明かりのあるところへ行って座りたくなる。このためによる不眠，さらにはその折の手先の冷え，口の渇きなど自律神経失調症状があらわれ始めた。ハハーン，これがいわゆる産業ストレスによる過労自殺へ向かう心情なのかと……。隣に寝ている妻には，心配をかけたくないし起こしたくなくて，最初はごまかしてそっとトイレに立つふりをしたりしていた。結局，隠しきれずに症状の説明をし，そしてその原因について解説をした。

　大学に所属する医学部から遠くの某病院人間ドックへ出かけて検査を受けた。検査が終わって最後に出てきた医師は，何と知り合いの医師。結局，自分の医学部付属病院へ返されて，一連の精密検査を開始。トレッドミルによる負荷試験，ホルター心電図，エコーなど，1カ月ほどかけた精密検査の結果，やはり，軽い虚血性心疾患と診断。

　さっそくストレスのガス抜きの対策を……と考え，死んでは元も子もないので，高価な買い物だがガス抜き用セカンドハウスを購入。これは，海ぎわに建つシーサイドマンションの一区画。ベランダからは前は海だけで，真下が波打ち際，すぐ右隣はヨットハーバー。反対側は漁港というロケーション。ストレスを感じると車を走らせて，波打ち際やヨットハーバーを散歩し，ベランダでひたすら海を眺めて，時に片手にビールと……ライフ・スタイルを変更。もともと，A型行動人間とでもいうべきタイプなので，これを逆手にとって，最初の年に船舶免許を取得，2年目には世界一周したヨットマンについてヨット操船技術を習い，3年目には自前のクルーザー・ヨットを買ってしまいました……。

（三戸秀樹）

■13章■
人にやさしい社会をめざして

　産業心理学は産業場面における心理学的諸問題を，人間と仕事との関係を中心に科学的にとらえ，より人間らしい働き方を労働者と経営者に，また社会に対して提起していく実践的学問とされてきた。

　労働者が働く条件は，社会の動きによって時代とともに絶えず変化する。現代社会は技術革新が激しく，労働者のからだとこころに大きな負担を与えている。高齢の親の扶養や介護も大きな問題となってきている。

　そのようなななかにあって，人々は，これまでの各章でみたように，"仕事"の場や"生活"の場における"こころのゆとり"を志向するようになってきた。

　本章ではそれらの背景について，現代日本の労働者の生活を"機械文明"が始まった18～19世紀の「産業革命」による労働者の生活と比較して，21世紀における産業心理学の方向を探る。

1節 現代日本社会と労働者

「過労死」とか「単身赴任」といったことばが，TVや新聞でよく報道される。また，海外勤務者や海外出張者が仕事先の国で事故にあったり，死亡したりするケースもよく報道される。管理職になって，仕事が思うようにいかず自殺したケースもみかける。これらは中高年労働者に多くみられるが，何が背景にあるのであろうか。本節では，現代労働者の仕事と生活において生じている問題を概観し，その背景にある要因を探る。

● 1 現代労働者に生じていること

近年の産業界では，夜勤・交代勤務の職場が第2次産業や病院，福祉施設，警察，消防などの公的機関だけでなく，金融業やコンビニエンスストアなどの第3次産業においても増えている。男女雇用機会均等法によって夜勤等の女子保護規定が撤廃され，女性が就労する夜勤・交代勤務の職場も職種も増加している。民間の鉄道・運輸会社や，福祉施設などである。女性のフルタイム労働者の増加に加えて，パートタイム労働者の増加が著しい。

健康面では，生活習慣病（以前の成人病）の増加やこころの病の増加がみられ，それらの病気が中高年労働者だけでなく低年齢化している。生活習慣病の原因は，生活習慣のゆがみにあるが，健康を保持する生活習慣を保とうとしても，週休2日制とはいうものの勤務日は残業（超過勤務）してノルマをこなさなければならず，個人の努力による健康保持（病気予防）は限界にきている。

"こころの病"については，「心身症」「ノイローゼ」や「出社拒否症」「帰宅恐怖症」，さらには「職場不適応症」といった症状に苦しみ悩む労働者が増えている（5，6章参照）。同じような状況が「不登校」「いじめ」「自殺」など，子どもにも生じている。また，老親の介護や健康を害した配偶者の職場復帰のリハビリなどに時間をさいている中高年の男女労働者が増えている。

これらの状況は表13-1にまとめたが，これらは健康破壊・家庭生活の破壊の現状と背景である。欧米に並ぶ高度の文明社会を実現した日本社会で，なぜこのような"人として生まれた価値"を否定される状況が生じているのであろうか。

表13-1　現代日本社会と産業革命後の労働者生活と社会情勢

	現代日本社会と産業界（20世紀終盤）	産業革命とその後（18～19世紀）
労働者と健康	生活安定化とこころのゆとり志向 ＊過労死，職場不適応 ＊単身赴任，海外勤務 ＊夜勤・交代勤務者の増加（女性も） ＊女性労働者の増加（フルタイム・パートタイム） 　家庭生活崩壊の危機 ＊生活習慣病の増加と低年齢化 ＊こころの病の増加と低年齢化 　ノイローゼ・心身症・出社拒否 　不登校・いじめ・自殺 ＊高学歴化，労働者の高齢化，リストラ ＊派遣労働　　＊住宅ローン ＊老親の介護　＊教育費 ＊週休2日制の普及（教育界も）週40時間 　QWL，QOL	生活水準向上とからだの健康志向 ＊賃金労働者の増加 　生理的欲求（生きる）←→安全の欲求 ＊女性・子どもの労働 ＊長時間労働（12～16時間） 　工場法（1847年，10時間に） ＊家庭生活の崩壊 　（夫婦，子；すれ違い勤務） ＊人間が機械に従属 　（職務に人を合わせる） ＊貧富の差の拡大（資本家と労働者）
社会情勢と産業界	新産業革命；人間らしい労働希求 ＊国際化・情報化・高齢化とその高度化 　24時間社会・車社会 ＊情報革命（パソコン，CD-ROM，マルチメディア，インターネット，モバイル） ＊通信革命（ISDN，マルチメディア） ＊流通革命（インターネット） ＊第3次産業化；サービス，通信 ＊行・財政改革，金融再編 ＊高学歴化，労働者の高齢化，リストラ ＊女性労働者の増加（フルタイム・パートタイム） 　24時間保育，介護労働，老親の介護 ＊夜勤・交代勤務職場の増加 ＊「労働の人間化」；QWL，QOL 　職務再設計，職場再編成	生産革命；生産効率優先 ＊機械の出現（1733年ジョン・ケイ，飛び杼）フライイング・シャトル 　機械化始まる，生産効率を求める ＊動力革命（1769年ジェームス・ワット，蒸気機関） ＊交通革命（1807年フルトン，汽船；1829年スティーブンス，蒸気機関車） ＊第2次産業の機械化；分業 ＊資本主義とその発展 　生産効率
前提となった要因	第2次大戦後の復興 　（新しい自由主義，新憲法制定） ＊工業化（第2次産業発展） 　追いつき，追い越せ ＊産業構造変化（賃金労働者増＝サラリーマン） 　若者の都市集中，購買力増大 ＊家電品の普及→生活向上 ＊「公害」の発生＝労働者が最初に被害 ＊電算機→パソコン＝精神労働増大 　「工場の事務所化，事務所の工場化」 　労働者が最初に受難＝家庭生活変容	中世から近世への転換期 　（絶対主義から「人間の自由」求める） 　（封建社会から民主主義社会へ） ＊（イギリス）17世紀の市民革命 　工業規制一掃，産業の自由確保 ＊18世紀　農村工業発展 　（マニュファクチャー経営進展，巨大民間資本蓄積，賃金労働者の購買力増大，国内外で需要増大，原料・燃料の産出増，地域的・社会的分業成立，飛躍的な生産増が必要）

● 2　社会情勢と産業界

　人の生活と労働は，その人の生きている時代の社会情勢に大きく左右される。現代社会は，国際化・情報化・高齢化社会といわれるが，とりわけ大きな影響を与えたのが，マイクロエレクトロニクス（ME）技術と通信技術の発達である。ME 化が本格化し始めた1970年代から，労働環境・労働態様が大きく変化し始めた。コンピュータが労働のさまざまな部署に導入され，FA 化，OA 化が進み，重筋労働が少なくなった。これらの状況は「工場の事務所化，事務所の工場化」といわれている。近年はパソコンとして，事務所や工場だけでなく家庭でも机上に置かれ活用されている。これらの ME 化の進展によって，流通面でも通信面でも革命といっても過言ではない状況が現出されており，第 2 の産業革命とか新産業革命といわれている。この ME 化は情報化と相まって，国際化をいっそう進める要因となっている。しかし，情報化と国際化の進展は，一方で24時間社会を現出し，夜勤・交代勤務職場を広げ，労働者の生活と健康をゆがめる原因のひとつともなっている（表13－1 参照）。

　ME 化による技術革新に先立って，第 2 次世界大戦後の復興期に「工業化」が進められ，1960年代から経済の高度成長政策として，生産性向上・効率第一主義が導入された。そして，その後の成長はすさまじく，欧米先進国が100年かかって到達した技術水準をたった20年ほどで達成してしまい，経済面で GDP 世界第 2 位という驚異的な成長をもたらした。しかし，生産効率を高めるための大量生産・大量処理方式がとられ，作業の分業化と高密度化が進められ，労働者は機械に従属させられ，しばしば働く意欲を失っていった。1970年代より，労働者が主体的・自主的に働ける作業組織づくり，すなわち，「労働の人間化」が世界各国で模索され始めた（奥林，1981）。

　しかしながら，経済成長の停滞にともない，近年は，リストラ等により人員削減が行われるようになってきた。また，週休 2 日制・時短が進むなかで，超過勤務による長時間労働も常態化している。そういったなかで従来の仕事観を見直し，労働者男女が人として生まれた価値を発揮できるゆとりある仕事と生活を求める情勢が強まっている。

　このような現代社会における労働者の生活と健康の問題と同様の問題が，18～19世紀の「産業革命」時とその後の労働者にすでに生じていた。そこで次に，「産業革命」とその後の労働者の生活と健康についてみる。

2節 産業革命と労働者

表13-1に「産業革命」とその後の労働者生活に関して，当時の社会情勢や前提となった要因を，現代の労働者の健康と生活の問題とならべて示した。

「産業革命」は，中世の封建主義から「人間の自由」を求める人々による"市民革命"をへて，近代社会に入りつつある時期に，技術上の変革から起こった経済的，社会的変化である。それはまずイギリスで始まり，各国へ広がるとともに，"資本主義"が確立されていった。以下では，とくに労働者の健康と生活に関する問題を中心にみていく。

1 機械の出現と工場制度の変化

「産業革命」は，「生産革命」ともいわれ，1733年のイギリスのジョン・ケイによる織機の"飛び杼（フライング・シャトル）"の発明がその発端である。これは従来の織機が緯糸（ヨコイト）を張るのに手の長さの限度に制約されていた欠点を"杼"の自動化により取り除いたもので，大幅の織物の製造を可能にした。その後さらに改良されて1人の生産額は3倍になり，紡績のほうが追いつかず，糸飢饉・糸価の暴騰を招いたという。その後，紡績のほうでは1767年にハーグリーヴスによるジェニー機，1768年にはアークライトの水力紡績機ができ，1779年にクロンプトンが走垂紡績機（ミュール機）を完成させ，近代の紡績機の基礎を作っている。

これらの織機や紡績機は，人類史上はじめての"機械"とみることができる。"機械"は，それまで人類が長い間用いてきた"道具"や"器具"をはじめて人の筋肉から完全に独立させ，機械自体の運動体系であるメカニズムのなかに移した。つまり，何千年来の"器具文明"を根本的に変革した文化史的意義のきわめて大きな発明である（山崎，1956）。

機械の発明が木綿工業において早かったのは，綿織物の需要の増大とインドからの原料供給があったことによる。機械の発明は，次に，機械動力面で1781年にワットが複動式蒸気機関を完成させて作業機械の発達を助け，重工業部門における工場制度を成立させる基となった。それは機械生産に関係して，金属工業の発展をもたらした。そして，生産の増大と市場の拡大と相まって，交通機関につい

ても，1807年にアメリカのフルトンが蒸気船を，1814年にスティーヴンソンが蒸気機関車を発明し，それら水陸の交通機関がやがて実用化されて社会生活に大きな影響を与え，産業革命を一段と飛躍させた（中屋ほか，1992；藤井，1992）。

● 2　労働者の生活と健康

　このような人類史上はじめての"機械文明"が始まって，当時の労働と生活はどのように変わったであろうか。

　"機械"の出現によって"生産方式"が，それまでの織物屋は織物だけ，靴屋は靴だけ作る「社会的分業」によるものから，機械技術が高度に発達したことにより「技術的分業」に移った。つまり，生産過程を全体として組織するという新方式が採用され始めている。それは部品の互換性の原理にもとづく大量生産である。その方式では，製品の組み立てには熟練組立工は不要となり，半熟練工や非熟練工に置き換えられ，安価な"女性や子どもの雇用"が増加した。

　一方，企業は新しく導入した機械設備の償却を早めるため，設備の稼働率を高めようとして労働時間を延長した。1日12〜13時間の労働は普通であり，16〜17時間を超える長時間労働もあった。成人男性においてさえ過長・加重な労働であり，女性や子どもにおいてはいっそう，健康破壊につながりやすい。また，年長の子どもも含め家族のほとんどが別の所で働いていたから，家族が顔を合わせるのは朝と晩だけであり，そのうえ，夫はアルコールを常飲する状況であった。子どもの教育どころか，家庭生活が破壊されるケースが頻発した（遠藤，1996）。つまり，人間社会の営みのなかで個々人が人のため，また自分のために行う行為であった労働が，機械に従属させられ，人から人らしさを奪ってしまったといえよう。

　"人間には体力という生理的限界がある"が，"機械"にはそれがない。機械は，24時間の連続稼働も可能で，資本と労働搾取に好都合であった。そして，資本主義が急速に発展し，資本家と労働者の2階級ができて貧富の差が広がっていった。労働者は団結して労働運動を起こすようになり，1811年のノッチンガムに起こったラッダイト運動などの機械破壊運動を起こした。その後，貧困の原因が"社会制度"にあることに気づき，選挙権獲得の運動，1839年に人民憲章を議会へ請願したが拒否され，以後約10年にわたり大規模な労働運動（チャーチスト運動など）を展開した。労働者に影響を与えたのがイギリスのロバート・オーエン，フ

ランスのサン・シモンやフーリエで，初期社会主義といわれ，マルクスとエンゲルスが，「人間の歴史は矛盾と対立にもとづく階級闘争の歴史である」とする社会主義思想を理論的にまとめ上げた。

　これらの情勢から，イギリスでは労働保護の立場から1833年に労働時間が12時間に制限され，1847年の工場法の制定によって10時間に短縮され，就業年齢の制限も行われた。

‖3節‖ 産業心理学の出発

　1847年の工場法の制定の頃に，医学の立場から労働についての実証的な研究が始まっている。心理学に関係する研究は，20世紀初めに，クレペリン（Kraepelin, E.）らによる練習や疲労などの経過を分析した作業心理学研究，ビネー（Binet, A.）の学校における知的疲労の触覚計による測定，ブライアンとハーター（Bryan, W. L. & Harter, N.）による電信作業に関する研究，ブック（Book, W. F.）のタイプライターを打つ技術に関する研究などが発表され，"労働"が医学的・心理学的に検討され始めている（今田，1962；森清ほか，1986）。

　産業心理学に関しては，その体系化をはじめて試みたのが，20世紀初めのミュンスターベルク（Münsterberg, H.）である。1912年に『心理学と経済生活』を出版し，翌1913年にこれを多少改訂した『心理学と産業効率』と題する著作を発表している。この書は，第1部「最適の人」，第2部「最良の仕事」，第3部「最高の効果」の3部からなっており，実験心理学と経済・産業の問題に橋渡しをするような新しい考えを示そうとした。この書の構成が，産業心理学の研究の枠組みとして，その後の産業心理学に強い影響を及ぼしている。

　また，労働科学的な立場からは，1911年にテーラー（Taylor, F. W.）が『科学的管理の原理』を発表しているし，1924～1932年にかけてシカゴのホーソン工場で産業労働に関する実験と調査が行われ，働く人間の側の要因にスポットが当てられ始めた。しかしながら，これらは労働者に常に最高能力を発揮させ"生産性の向上"をめざしたもので，"労務管理"の側面にも主眼がおかれ，資本家・企業がこぞって取り入れることとなった（森清ほか，1986）。

　テーラーの科学的管理法は，作業を客観的に観測・記録して，作業者の選抜，作業方法の標準化，訓練方法の確立のための資料を得，労使関係の緊密化をめざ

したものであった．しかしながらその内実は，労働効率をいかにして高めるかの方法であった．労働者の生理的限界や心理特性は必ずしも十分に考えられてはいなかった．この方法を取り入れた20世紀初期のアメリカにおいて，中年以降の男女は仕事が続けられずに失業し，国全体の購買力が低下して生産された物は売れず，恐慌，価格破壊，企業の倒産や合併，賃金低下などが起き，経済の混乱を招いた．

20世紀初期のテーラーの非人間的合理主義によって生じた労働問題をきっかけにして，"労働"に関連する問題を科学的に研究する気運がヨーロッパを中心に高まり，医学・生理学・心理学・社会科学などの応用が考えられ始めた．1921年にイギリスに国立産業心理研究所ができ，日本でも同年に倉敷労働科学研究所ができ，"労働者の心理"の研究が始まっている．

4節 21世紀の労働と人間——人にやさしい社会をめざして

"機械の出現"から250年余り，「人間らしい労働」を求めつつ，20世紀の物質文明をへて，近年は労働者全体の学歴が高くなり，また女性が自らの意志によって就労するケースが増えてきた．さらに，肉体労働が減少したことや新技術の適用によって，障害者や高齢者の就労も増加している．このように，生活と労働に対する価値観が変化し，ヒトはヒトとして生まれた価値ある生活と労働，他人に対するやさしさや愛情に価値を感じる「こころのゆとり」や「こころの豊かさ」を求めるようになってきた．

産業心理学や産業医学，あるいはそれらを含めた労働科学において，これまでは疲労や危険などヒトの基本的な生理的欲求や安全（危険回避）の欲求を満たす方策を研究し，労働者や企業に提起してきた．それらは，人間社会が続く限り，また技術の革新とともに続いていくが，その考え方や技法はある程度確立されてきている．

現代社会における労働者は，それらの欲求が欠乏することが少なくなり，新たに，ヒトとヒトのふれあいや自分の属する集団への所属性の欲求（社会的・親和的欲求），また自己の存在を認識する自我・自尊・他者からの尊敬の欲求を強くもつようになってきた．さらに，ヒトとして生まれた値打ち，働きがいや生きがいを自ら定めた目標の実現に求める「自己実現の欲求」も志向し始めている．こ

れらの欲求に関して、マズロー(Maslow, A. H.)は、ヒトの欲求は図13-1のように5段階の層をなしており、生物学的により基本的な欲求（強い欲求）が充足されないうちは、より高い欲求が行動を支配することはできないという欲求5段階説を提起している（村田、1987；本書9章参照）。

人類の歴史をふり返ると、穴居生活時代は身の危険をかえりみず空腹を満たすために野生動物を追う狩猟・漁労・採集の生活であり、次いで農耕・飼育の安定した生活に移り、小集団の安全と大集団への所属の欲求から部族や種族間の戦争の時代が続いた。そして、20世紀後半になってそれらの欲求が一応満たされると、個人としての"自己"が芽生え、人間優先の「人間らしい労働」と「こころのゆとり・こころの豊かさ」を求め始めてきた。

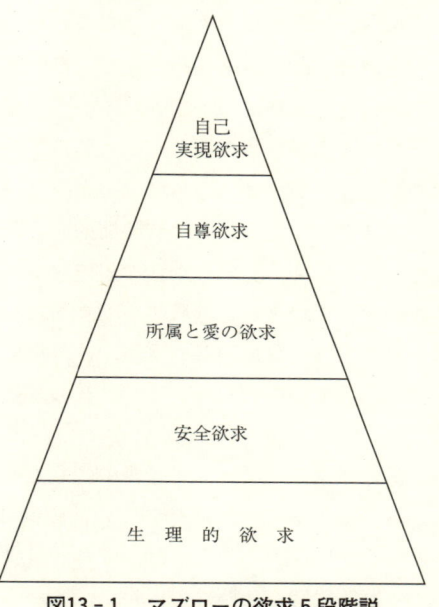

図13-1　マズローの欲求5段階説

（ピラミッド図：下から 生理的欲求／安全欲求／所属と愛の欲求／自尊欲求／自己実現欲求）

21世紀は、欲求5段階説の最上層の「自己実現」に向かう時代と考えられるが、第3・4層の安定化がまず求められる。産業心理学は、これまでの各章でみ、また筆者らが他でも提起してきたように（NIP研究会、1990；1995）、労働者のライフ・スタイルの"原点"である「生活の場」における余暇・自由の価値と心理的役割を重視する姿勢をもつべきではなかろうか（12章参照）。

日本は欧米に先んじて「超高齢社会」になることが確実であるし、高齢労働者と女性労働者が増加する。障害者や高齢者の介護にかかわるさまざまな職種の労働者、要介護老人をかかえる中高年労働者も増加する。さらに24時間保育と保育労働なども増加しよう。それら労働者の心身の健康と生活が大きな問題として、今後、大きくクローズアップされることは必定である。労働者のライフ・スタイルの"原点"が、ますます重要になる（5・12章参照）。

さらに、社会が高速化し24時間社会・ストレス社会が進行しているので、ストレス・コントロールやセルフ・コントロールに関して産業心理学および産業臨床

心理学の果たす役割も大になろう（6章参照）。

　労働者の教育水準が高くなり，自らの意志で就労する女性が増え，障害者や高齢者の就労も増加が予測されるので，企業・経営者は，それらさまざまな労働者の多様な労働意欲を満たし，人間らしい快適な生活が送れるよう，これまで以上の配慮が必要である。少なくとも，自社の労働者が「自己実現」に向けたライフ・スタイルがつくれる「時間的・心理的ゆとり」を与える責任と義務を果たしてもらいたい。労働基準法で規定する週40時間労働と，労働安全衛生法にある健康の保持・増進と快適職場づくりを強力に進めてもらいたい。これら企業側のバックアップや厚生慰楽の充実が，21世紀の企業の存続のカギを握っているといっても過言ではなかろう。また，社会や行政はそのバックアップを惜しむべきでない。

　労働者はライフ・スタイルの"原点"と接する「社会の場」にもこころを向け，からだを使って，地域社会での活動機会を増やし，「こころの豊かさ」を身につける心がけが大切であるし，それが21世紀の超高齢社会における人生を豊かにしてくれる（12章参照）。

　「人間らしい労働づくり」こそ，すべての人が幸せな一生を送れる真の福祉社会実現のベースになる。日本国憲法の第25条「生存権」と第27条「労働権」の保障とその水準向上のためには，国と企業の責任は大であるし，労働者ひとりひとりが負う義務と責任も大きい。

　20世紀最後の年，2000年4月にスタートした公的介護保険の適正な運用こそが，"人にやさしい社会"につながっている。それは，要介護者にとっても，その家族にとっても，さらに介護にかかわる各種労働者にとっても，「こころ豊か」に暮らすことができ仕事ができることではなかろうか。

　このように，大きく変貌する社会において，労働とその意味に科学の光を当てて，「人間らしい労働のあり方」を模索し提言していく産業心理学の役割は，これまで以上に重い。

引用・参考文献

1章

Kabanoff, B. 1980 Work and nonwork : A review of models, methods, and findings. *Psychological Bulletin*, **88**(1), 60-77.
Kando, T. & Summers, W. 1971 The impact of work on leisure. *Pacific Sociological Review*, **14**, 310-327.
経済企画庁国民生活局(編) 1990 豊かな時を創るために 大蔵省印刷局
Kelly, J. R. 1972 Work and leisure: A simplified paradigm. *Journal of Leisure Research*, **4**, 50-62.
Kelly, J. R 1978 A revised paradigm of leisure choice. *Leisure Science*, **1**(4), 345-363.
Neulinger, J. 1974 *The psychology of leisure*. Charles C. Thomas.
Neulinger, J. 1981 Leisure and mental health : A study in a program of leisure research. *Pacific Sociological Review*, **14**, 288-300.
日本労働研究機構 1998 リストラの実態に関する調査
西川一廉 1984 職務満足の心理学的研究 勁草書房
Parker, S. 1971 *The future of work and leisure*. McGibbon & Kee. 野沢 浩・高橋祐吉(訳) 1975 労働と余暇 TBS出版会
Rice, R. W., Near, J. P. & Hunt, R. G. 1979 Unique variance in job and life satisfaction associated with work-related and extra-work place variables. *Human Relations*, **32**(7), 605-623.
労働大臣官房政策調査部(編) 2000 労働統計要覧 大蔵省印刷局
労働省(編) 1998 労働白書 平成10年版 日本労働研究機構
労働省労政局勤労者福祉部(編) 1995 勤労者福祉研究会報告：ゆとり，安心，活力ある生活をめざして 日本労働研究機構
シニアプラン開発機構(編) 1993 現代サラリーマンの生活と生きがい ミネルヴァ書房
シニアプラン開発機構 1996 第2回サラリーマンの生活と生きがいに関する調査
社会経済生産性本部 2000 働くことの意識調査報告書 社会経済生産性本部
総理府 1998 国民生活に関する世論調査
総理府 2000a 余暇時間の活用と旅行に関する世論調査
総理府 2000b 国民生活に関する世論調査
ホワイトカラーの生産性研究委員会 1997 ホワイトカラーのインセンティブとモティベーション 社会経済生産性本部, p. 9
余暇開発センター 2000 レジャー白書2000 余暇開発センター

2章

朝日新聞 2000年4月22日朝刊
朝日新聞 2000年9月23日朝刊
経済企画庁総合計画局(編) 1989 1800労働時間社会の創造 大蔵省印刷局
経済企画庁総合計画局(編) 1998 国民生活選好度調査 大蔵省印刷局
週間労働ニュース1999年11月29日 霞ヶ関官庁街の残業実態調査 日本労働研究機構
国際協調のための経済構造調整研究会 1986 前川レポート
日本労働研究機構 2000 国際労働比較 日本労働研究機構
労働大臣官房政策調査部(編) 2000 労働統計要覧 大蔵省印刷局
労働省(編) 1991 こうして減らす残業・休日労働 大蔵省印刷局
労働省 1998 平成10年度賃金労働時間等総合調査 余暇開発センター レジャー白書2000より
労働省労働基準局監督課 2000 改訂5版労働基準法早わかり 労働調査会
三和総合研究所 2000 長期休暇に関する労使の意識調査
社会経済生産性本部 1999 労働時間短縮の雇用効果に関する調査研究 朝日新聞 1999.5.27
総務庁 1997 就業構造基本調査
総理府 1992 労働時間・週休2日制に関する調査 月刊世論調査
総理府 1996 今後の新しい働き方に関する調査 月刊世論調査
矢野眞和(編著) 1995 生活時間の社会学 東京大学出版会
余暇開発センター(編) 1999 時間とは幸せとは——自由時間政策ビジョン 通産省産業調査会
余暇開発センター 2000 レジャー白書2000 余暇開発センター

3章

Amndson, N. 1995 異文化社会でのキャリア・カウンセリング——そのモデルとプログラム 進路ジャーナル No. 423 1996 実務教育出版
Crites, J. O. 1969 *Vocational psychology : The study of vocational behavior and development*. McGraw-Hill.
Gekoski, N. 1964 *Psychological testing*. Charles C. Thomas.
Goldenson, R. *et. al.* 1984 *Longman dictionary of psychology and psychiatry*. Longman.
Holland, J. L. (日本版：武田正信・森下高治) 1980 SDS 職業適性自己診断テスト 日本文化科学社

Hollnad, J. L.（日本版：日本労働研究機構）　1985　VPI 職業興味検査手引　雇用問題研究会　日本文化科学社
森下高治　1983　職業行動の心理学　ナカニシヤ出版
森下高治　2001　A study on life-styles among workers (1), (2)　流通科学大学研究論集 流通・経営編, **13**(2), 17-46.
新村　出（編）　1991　広辞苑〔第4版〕(1955, 第1版)　岩波書店
日本労働研究機構　1992　大卒社員の初期キャリア管理──採用・配置・定着の実態（資料シリーズ No. 20）　日本労働研究機構
日本労働研究機構　1994　望まれる海外派遣勤務者支援のための総合的雇用管理システムの確立──海外派遣勤務者の職業と生活に関する調査結果　日本労働研究機構
日本労働研究機構　1995　労働市場・労働社会の長期展望──労働市場の計量的予測（資料シリーズ No. 47）　日本労働研究機構
日本労働研究機構　1999　第3回海外派遣勤務者の職業と生活に関する調査結果　日本労働研究機構
日本労働研究機構　2000　進路決定をめぐる高校生の意識と行動──高卒「フリーター」増加の実態と背景　調査研究報告書 No.138　日本労働研究機構
日本労働研究機構　2000　日本の労働事情2000　日本労働研究機構
日本職業指導協会　1969　職業指導研究セミナー報告書　日本職業指導協会
NIP 研究会　1990　新しい産業心理──21世紀のライフ・スタイルを求めて　福村出版
NIP 研究会　1995　現代ライフ・スタイルの分析──新しい労働と余暇の心理　信山社
NIP 研究会　1997　21世紀の産業心理学──人にやさしい社会をめざして　福村出版
文部省　2000　平成12年度学校基本調査報告書（高等教育機関編）　大蔵省印刷局
労働大臣官房政策調査部（編）　1996　労働統計要覧　大蔵省印刷局
労働省婦人局（編）　1995　働く女性の実状　平成7年版　㈶21世紀職業財団
労働省（編）　2000　平成12年版　労働白書　日本労働研究機構
労働省女性局（編）　2000　平成11年版　女性労働白書──働く女性の実情　㈶21世紀職業財団
労働省労働基準局・労働省職業安定局　1993　外国人雇用・労働条件指針の解説　労働新聞社
労働省職業安定局　1987　労働省編一般職業適性検査（事業所用）手引　雇用問題研究会
流通科学大学就職課　2000　2001年度就職ガイダンス資料（マニュアル編）　流通科学大学
総務庁行政監察局（編）　1996　障害者雇用対策の現状と課題──完全参加と平等を目指して　大蔵省印刷局
総務庁統計局　2000　労働力調査年報 平成11年　㈶日本統計協会
総理府編　2000　障害者白書（平成12年版）　バリアフリー社会を実現するもの作り　大蔵省印刷局
Super, D. E. & Bohn, Jr. M. J.　1971　*Occupational psychology*. Tavistock. 藤本喜八・大沢武志（訳）　1973　職業の心理　ダイヤモンド社
若林之矩　1993　障害者雇用対策の新展開──重度障害者の雇用対策の推進　労務行政研究所

4章
Gutek, B. A.　1993　Changing the status of women in management. *Applied Psychology : International Review*, **42**, 301-311.
Hochshild, A.　1989　*The Second Shift*. Penguin Books. 田中和子（訳）　1990　セカンド・シフト　朝日新聞社
長坂寿久　2000　オランダモデル　日本経済新聞社
NHK 放送文化研究所　1994　生活時間の国際比較　大空社
Nieva, V. E. & Gutek, B. A.　1981　Approaches to change. In V. E. Nieva & B. A. Gutek, *Women and work : A psychological perspective*, Praeger, Chapter 10.
日本的雇用制度研究会，1994，日本的雇用制度アンケート調査
日本労働研究機構　1997　女性と仕事に関するアンケート
21世紀職業財団　2000　総合職女性の就業実態調査
大淵　寛　1995　女性労働の諸問題──分析の視角　大淵　寛（編）　女性のライフサイクルと就業行動　大蔵省印刷局
労働省　1999　賃金労働時間制度等総合調査
労働省　2000　労働統計要覧　大蔵省印刷局
労働省女性局（編）　2000　女性労働白書 平成11年版　21世紀職業財団
労働問題リサーチセンター，1990，転勤と勤労者生活に関する調査
総務庁　1999　労働力調査　労働大臣官房政策調査部（編）　労働統計要覧　大蔵省印刷局
総理府（編）　2000　男女共同参画白書 平成12年版　大蔵省印刷局
総理府　1996　今後の新しい働き方に関する調査　月刊世論調査
竹中恵美子ほか（編）　1994　労働力の女性化　有斐閣
東京女性財団　1998　大卒女性のキャリアパターンと就業環境

5章
藤村　隆　1995　老人ホームにおける介護作業の問題点と腰痛対策　労働の科学　**50**(9), 13-16.
石橋富和　1988　高齢者労働を考える視点　細川　汀（編）　新労働科学論　労働経済社，pp. 945-965.
経済企画庁（編）　1995　国民生活白書 平成7年版　大蔵省印刷局
経済企画庁（編）　1999　国民生活白書 平成11年版　大蔵省印刷局
北川睦彦　1983　高齢者の働きやすい新技術社会をめざして──高齢者の作業能力の特性　大阪府ニューテクノロジー・シンポジュウム　人間工学分科会合同発表会講演集

北川睦彦　1990　高齢化社会と労働　NIP研究会　新しい産業心理──21世紀のライフ・スタイルを求めて　福村出版
北川睦彦　1991　心身の状態と運動の実状　エイジレス社会の生活保健的条件に関する調査報告書　大阪府立公衆衛生研究所
北川睦彦　1992　事故と人間特性(事故の生理心理)　NIP研究会　安全の行動科学──人がまもる安全・人がおかす事故　学文社
北川睦彦・石橋富和　1983　自己評価による中・高齢者の心身能力　交通科学　**12**(1), 1-12.
厚生省(監修)　2000　厚生白書 平成12年版　ぎょうせい
厚生統計協会　1996　国民衛生の動向
厚生省保健医療局疾病対策課(監修)　1995　成人病のしおり　社会保険出版会
厚生省保健医療局疾病対策課(監修)　1996　成人病のしおり '96　社会保険出版会
越河六郎　1988　老人医療と介護労働　労働の科学　**43**(3), 9-12.
長町三生　1988　高齢者のための職場改善　日本労働協会
永田久雄・李　善永　1999　労働科学　**75**(12, 459-469.
沼尻幸吉　1983　中高年者の生理機能　斉藤　一(監修)　年齢と機能(労働科学叢書66)　労働科学研究所出版部
労働省(編)　2000　労働白書 平成12年版　日本労働研究機構
斉藤　一・遠藤幸男　1980　高齢者の労働能力(労働科学叢書53)　労働科学研究所出版部
生活習慣病予防研究会(編)　2000　生活習慣病のしおり　社会保険出版会
柴田　博　1994　元気に長生き 元気に死のう　保健同人社
重田博正　1999　ホームヘルパーの健康問題──イギリスグラスゴー大学の調査とGMB憲章から学ぶ　賃金と社会保障　No. **1261**, 30-63.
全国シルバー人材センター協会　1995　シルバー人材センター案内
若林之矩　1990　高齢化と労働政策　労務行政研究所
山脇文子　1994　姥捨て山をつくるな──離れて暮らす親の老後　AERA 1994.9.15　朝日新聞社
矢富直美　1996　介護ストレスと仕事のコントロール　労働の科学　**51**(9), 13-16.

6章

朝日新聞　1992年5月2日朝刊　女も飲む20～30歳代の3割
Bartrop, R. W. et al.　1977　Depressed lymphocyte function after bereavement. *Lancet*, **16**, 834-836.
Cannon, W. B.　舘ちかし・舘　澄江(訳)　1932　からだの知恵──この不思議なはたらき　講談社
Cooper, G. L. & Marshall, J.　1976　Occupational sources of stress : A review of the literature relating to coronary heart disease and mental ill health. *Journal of Occupational Psychology*, **49**, 11-28.
土井正徳　1957　職場の精神健康管理の方法　精神衛生普及協会
Figley, C. R.　1996　*Burnout in families : Secondary stress in everyday living.* CRC. Press
春原千秋・梶谷哲男　1971　職場の精神衛生　医学書院
橋本　明　1992　東京都下──生活保護施設における「ホームレス」精神障害者の研究　日本公衆衛生雑誌　**39**, 467-478.
飯田英男・西原哲三・野田一雄・安井義之　1985　ストレス関連疾病の状況　労働衛生　**26**(10), 42-46.
Karasek, R. et al.　1981　Job decision latitude, job demands and cardiovascular disease : A prospective study of Swedish men. *Am. J Public Health*, **71**(7), 694-705.
小沼十寸穂　1981　職場の精神健康管理の実際　労働科学研究所
厚生省大臣官房統計情報部　1990　昭和63年保健福祉動向調査──心身の健康　厚生統計協会
厚生省保健医療局精神保健課　1989　我が国の精神保健 平成元年度版　厚生出版, p. 185.
Levy, S. M. et al.　1985　Prognostic risk assessment in primary breast cancer by behavioral and immunological parameters. *Health Psychol.*, **4**, 99-113.
丸山康則　1990　いきいき安全学　中央労働災害防止協会, pp. 232-234.
三戸秀樹・田尾雅夫・田井中秀嗣・島田　修・北川睦彦・森下高治・西川一廉　1995　現代勤労者のライフ・スタイルに関する研究(19)──残業時間のライフ・スタイルにおよぼす影響　第59回日本心理学会(沖縄)
三戸秀樹　1991　火災による死傷者防止に関する調査研究──火災時の行動・心理実態調査　神戸市消防局
三戸秀樹　1992　第1章 4節 家庭の解体　新井節男ほか　現代ストレス学──その実状とマネジメント　信山社, pp. 23-33.
三戸秀樹　1993　第10章 ストレスと家庭──家庭とストレス耐性　八田武志・三戸秀樹・中迫　勝・田尾雅夫　ストレスとつきあう法──心理学からのアドバイス　有斐閣, pp. 165-181.
三戸秀樹　1994　新しいライフ・スタイルへのヒント　西川一廉(編)　ミドルエイジの自分探し　二瓶社, pp. 207-221.
三戸秀樹(訳)　1995　第4章 職業ストレッサー　ストレス・マネジメント──原因と結果, その対処法　信山社, pp. 51-68.
三戸秀樹　1997a　ストレスと事故の関係──これからの安全活動にストレス対策を　電気評論　**82**(5), 26-30.
三戸秀樹　1997b　第8章 職業性ストレスとその緩和──見落とされている心理学的検討　千田忠男・三戸秀樹ほか　労働科学論入門　北大路書房, pp. 154-170.
三戸秀樹　1998　職業ストレスとその緩和機能──管理者が見落としがちな視点　TRI VIEW　**12**(2), 18-23.
三戸秀樹　1999　ストレスと事故の関係──これからの事故・災害対策　安全衛生のひろば　**40**(2), 58-62.
日本ヒーブ協議会　1990　働く女性の労働意識とストレス　安全衛生通信, **381**, 2-3.

NIP 研究会　1990　新しい産業心理学——21世紀のライフ・スタイルを求めて　福村出版
NIP 研究会　1995　現代ライフ・スタイルの分析——新しい労働と余暇の心理　信山社
森　温理　1987　産業精神医学の実際　新興学術出版
野村俊六郎・植村　哲・喜多川浩　1990　企業におけるメンタルヘルスに対する意識と対策　日本医事新報, 3455, 43-48.
小此木啓吾・坂本　弘・祖父江逸郎　1981　産業精神医学　医学書院
大道　明　1967　職場の精神衛生　創元社
Patel, C.　1991　*The complete guide to stress management.* Plenum Press.
Schleifer, S. J. et al.　1983　Suppression of lymphocyte stimulation following bereavement. *JAMA*, **250**, 374-377.
Selye, H.　1956　Stress and disease. McGraw-Hill.
Shinar, D.　1985　*Psychology on the road : The human factor in traffic safety.* MacMillan. 野口　薫・山下　昇 (訳)　1987　交通心理学入門——道路交通安全における人間要因　サイエンス社
Sklar, L. S.　1981　Stress and cancer. *Psychol. Bull.*, **89**, 869-406.
田中正敏　1987　ストレス——そのとき脳は　講談社, p. 89.
張念中, 河合祥雄, 岡田了三　1987　本邦の石油ショック期における職業に由来する精神ストレスと急性心筋梗塞発症の関連について——全国剖検例を用いた統計学的研究　動脈硬化, **15**(5)：28-34.
内山道明　1968　安全運転の心理学　黎明書房
上野　厚　1982a　都市型放火の犯罪学(上)　近代消防　**20**(6), 35-42.
上野　厚　1982b　都市型放火の犯罪学(中)　近代消防　**20**(7), 61-69.
上野　厚　1982c　都市型放火の犯罪学(下)　近代消防　**20**(8), 39-46.
労働省　1987　労働者の健康状況の実態　労働省
八田武志　1988　ストレス——理論と測定　細川　汀 (編)　新労働科学論　労働経済社, pp. 708-729.

7章

Brod, C.　1984　*Technostress.* Addison-Wesley. 池　央耿・高見　浩 (訳)　1984　テクノストレス　新潮社
コンピュータ労働研究会 (編)　1983　コンピュータ技術者によるコンピュータ労働白書　技術と人間
CQ 出版 (編)　1989　あいつぐ大規模オンライン・システム事故の教訓　インターフェース, **15**(11), 312.
De Groot, J. P. & Kamphuis, A.　1983　Eyestrain in VDU users : Physical correlates and long-term effects. *Human Factors*, **25**(4), 409-413.
電機労連・全電通　1983　電算機・電子交換機関連職場の労働と意識　電機労連調査部
古瀬幸広　1996　インターネット活用法　講談社
Gould, J. D. & Grischkowsky, N.　1984　Doing the same work with hard copy and with cathode-ray tube (CRT) computer terminal. *Human Factors*, **26**(3), 323-337.
畑中生稔・細川　汀　1983　頸肩腕障害の医療と回復　労働経済社
細川　汀・西山勝夫・中迫　勝・田井中秀嗣　1984　VDT 労働入門　労働基準調査会
ILO　1976　*Making work more human : Working conditions and environment.* International Labour Office.
石垣辰男　1986　生産現場におけるマイクロエレクトロニクスの影響　小内山博 (編)　ME 化と VDT 労働　労働科学研究所出版部, pp. 48-61.
梶原三郎 (監修)　1984　VDT 職場の労働と健康　労働安全衛生研修所
Knave, B. G., Wibom, R. I., Voss, M., Hedstrom, L. D. & Bergqvist, U. O.　1985　Work with video display terminals among office employees. *Scaniavian Journal of Work Environmental Health*, **11**, 457-474.
小木和孝　1986　細分化作業の単調と作業負荷　小内山博 (編)　ME 化と VDT 労働　労働科学研究所出版部, pp. 9-21.
国民春闘共闘会議　1983　労働時間短縮
Kruk, R. S. & Muter, P.　1984　Reading of continuous text on video screens. *Human Factors*, **26**(3), 339-345.
レーダ, J.　日本能率協会 (訳)　1981　ILO レポート：マイクロエレクトロニクスの衝撃——社会と労働に与える影響　日本能率協会
三澤哲夫・吉野賢治・重田定義　1984　VDT 作業の一連続時間に関する実験的研究　産業医学　**26**(4), 296-302.
夏目　誠・白石純三・藤井久和　1987　テクノストレス症候群について　システムと制御　**31**(10), 712-718.
長田公平・古橋康一　1983　初めて明らかになったディスプレイ端末ユーザーの健康障害　日経コンピュータ　**5**, 57-77.
日本情報処理開発協会 (編)　1989　情報化白書　日本情報処理開発協会
日本労働組合総評議会マイコン調査委員会　1984　むしばまれるからだと心——VDT 労働と健康調査 (中間報告)
日本産業衛生学会 VDT 作業に関する検討委員会　1985　VDT 作業に関する検討委員会報告　産業医学　**27**(3), 172-194.
NIP 研究会　1990　新しい産業心理——21世紀のライフ・スタイルを求めて　福村出版
奥林康司　1981　労働の人間化——その世界的動向　有斐閣
大町隆生　1988　県立病院のコンピュータ化をめぐるトラブルから　VDT 労働研究会 (編)　VDT 労働と健康　労働基準調査会, pp. 217-222.
大西徳明　1986　VDT 作業における疲労の特徴　小山内博 (編)　ME 化と VDT 労働　労働科学研究所出版部, pp. 62-81.
大阪府　1988　VDT 作業のための労働衛生管理基準
小山内博 (編)　1986　ME 化と VDT 労働　労働科学研究所出版部
労働省　1983a　労働安全衛生規則 (1983年改正, 労働省令第18号)

労働省　1983b　産業用ロボットの使用等の安全基準に関する技術上の指針(技術上の指針公示第13号)
労働省(編)　1984　労働白書：ライフサイクルからみた勤労者生活の実態　日本労働協会
労働省(編)　1985a　労働白書：技術革新下の労働と能力開発　日本労働協会
労働省　1985b　VDT作業のための労働衛生上の指針　中央災害防止協会
労働省(編)　1986　労働白書：雇用の多様化と労働時間短縮　日本労働協会
労働省(編)　1987　労働白書：経済構造調整と労働経済の課題　日本労働協会
労働省(編)　1988　労働白書：構造調整下と雇用安定と勤労者生活　日本労働協会
労働省(編)　1995　労働白書：雇用創出を通じた労働市場の構造変化への対応　日本労働研究機構
労働省(編)　1996　労働白書：人材育成と能力発揮を通じた経済社会の構造変化への対応　日本労働研究機構
労働省　2000　労働白書 平成12年版労働経済の分析(要約)　インターネット版
労働省労政局勤労者福祉部　1999　テレワーク導入マニュアルの作成について
労働省在宅就労問題研究会　2000　在宅ワークの現状と課題(最終報告)
労働省労働基準局　1982　産業用ロボットの労働災害等に関する実態調査
労働省労働基準局　1983　通達(基発第339号・340号，1983.6.28)
酒井一博　1989　労働の人間化の展望　鷲谷　徹ほか(編)　技術革新と労働の人間化　労働科学研究所出版部，pp. 115-180.
Smith, M. J.　1984　Health issues in VDT work. In J. Bennett, D. Case & M. Smith (Eds.), *Visual display terminals : Usability issues and health concerns*, Prentice-Hall, pp. 193-228.
Smith, S. L. & Mosier, J. N.　1986　*Guidelines for designing user interface software*. Mitre.
社団法人日本テレワーク協会テレワーク白書編集委員会(編)　2000　テレワーク白書2000
田井中秀嗣　1988a　VDT作業の視覚負担と疲労　日本産業衛生学会疲労研究会(編)　産業疲労ハンドブック　労働基準調査会，pp. 353-366.
田井中秀嗣　1988b　VDT労働の心理精神的ストレスの概要と取り扱い　VDT労働研究会(編)　VDT労働と健康　労働基準調査会，pp. 149-159.
田井中秀嗣・中迫　勝　1984　ゴム産業におけるVDT労働・健康調査報告
田尾雅夫・吉川肇子・高木浩人　1996　コンピュータ化の経営管理　白桃書房
郵政省　1998　平成10年度版通信白書
郵政省　1999　平成11年度版通信白書

8章

Broad, C.　1984　Technostress. Addison-Wesley. 池　央耿・高見　浩(訳)　1984　テクノストレス　新潮社
厚生統計協会(編)　1993　国民衛生の動向　厚生の指標　**40**(9).
厚生統計協会(編)　1996　国民衛生の動向　厚生の指標(臨時増刊)　**43**(9).
夏目　誠・太田義隆・浅尾博一・藤井久和　1982　職場不適応症について――受診状況調査――発症要因と治療を中心として　産業医学　**24**，455-464.
森田敬信・三戸秀樹　1997　職場の安全とヒューマンファクター　NIP研究会　21世紀の産業心理学――人にやさしい社会をめざして　福村出版
西原哲三　1992　メンタルヘルスケアの実際　瀬尾　攝(監)・高田　勗・野見山一正(編)　産業医活動マニアル　医学書院
労働大臣官房政策調査部(編)　1996　企業における健康対策の実態(平成4年)　労務行政研究所
労働省中央労働災害防止協会(編)　1995　心理相談員養成研修テキスト　中央労働災害防止協会

9章

Argyris, C.　1957　*Personality and organization*. Harper & Row. 伊吹山太郎・中村　実(訳)　1970　組織とパーソナリティ(新訳)　日本能率協会
Bandura, A.　1986　*Social foundations of thought and action : A social cognitive theory*. Prentice-Hall.
Beach, L. R. & Mitchell, T. R.　1987　Image theory : Principles, goals and plans in decision making. *Acta Psychologica*, **66**, 201-220.
Carver, C. S. & Scheier, M. F.　1981　*Attention and self-regulation : A control theory approach to human behavior*. Springer-Verlag.
Deci, E. L.　1975　*Intrinsic motivation*. Plenum. 安藤延男・石田梅男(訳)　1980　内発的動機づけ――実験社会心理学的アプローチ　誠信書房
Hackman, J. R. & Oldham, G. R.　1975　Development of the job diagnostic survey. *Journal of Applied Psychology*, **60**, 159-170.
Herzberg, F., Mausner, B. & Snyderman, B. B.　1959　*The motivation to work*. Wiley.
鹿毛雅治　1994　内発的動機づけ研究の展望　教育心理学研究　**42**，345-359.
Kanfer, R.　1992　Work motivation : New directions in theory and research. In C. L. Cooper & I. T. Robertson (Eds.), *International reviw of industrial and organizational psychology*, Vol. **7**, Wiley, pp. 1-53.
Lawler, E. E. III　1973　*Motivation in work organizations*. Brooks/Cole.
Locke, E. A.　1968　Toward a theory of task motivation and incentives. *Organizational Behavior and Human Performance*, **3**, 157-189.

Locke, E. A. & Henne, D.　1986　Work motivation theories. In C. L. Cooper & I. T. Robertson (Eds.), *International review of industrial and organizational psychology*, Vol. **1**,　Wiley, pp. 1-35.
Maslow, A. H.　1954　*Motivation and personality.* Harper & Row.
McClelland, D. C.　1961　*The achieving society.* Van Nostrand.
McGregor, D.　1960　*The human side of enterprise.* McGraw-Hill. 高橋達男(訳)　1966　企業の人間的側面　産業能率短期大学出版部
Vroom, V. H.　1964　*Work and motivation.* Wiley.

10章

足立明久　1994　スキーマの自主的な再構成を支援する構成主義的学習指導の理論と実際――教授学習理論に対する客観主義，構成主義，およびスキーマ理論の示唆　京都教育大学紀要　**A-85**, 1-28.
Jackson, S. E. & Schuler, R. S.　1995　Understanding human resource management in the context of organizations and their environments. *Annual Review of Psychology*, **46**, 237-264.
草野隆光　1985　職業教育の基礎理論(序説)　北海道大学教育学部紀要　**46**, 97-148.
労務行政研究所　1995　労組が提起する「新しい働き方」の方向性　労政時報　**3237**(1995.12.15), 26-33.
労務行政研究所　1996　これからの人事管理――新秩序の構築に向けて　労政時報　**3264**(1996.7.12), 26-49.
労務行政研究所　2000　転換期における人事管理の方向と問題点　労政時報　**3427**(2000.1.7), 2-64.
産能大学　1995　キャリア開発支援策に関する報告書　企業と人材　**28**(637), 24-29　産労総合研究所
産労総合研究所　1996　第8回産能訓練実態調査(日経連・日産訓)　企業と人材　**29**(651), 32-40.
Super, D. E.　1980　A life-span, life-space approach to career development. *Journal of Vocational Behavior*, **16**, 282-298.
Tannenbaum, S. I. & Yukl, G.　1992　Training and development in work organizations. *Annual Review of Psychology*, **43**, 399-441.
田代　空・梅島みよ　1995　HRM をめぐって人事・教育の在り方を探る　企業と人材　**28**(638), 46-51　産労総合研究所

11章

Argyis, C. 1957 *Personality and organization.* Harper & Row. 伊吹山太郎・中村　実(訳)　1970　組織とパーソナリティ(新訳)　日本能率協会
Bales, R. F.　1950　*Interaction process analysis : A method for the study of small groups.* Addison-Wesley.
Bales, R. F. & Slater, P. E.　1995　Role differentiation in small decision-making groups. In T. Parsons *et al.* (Ed.), *Family, socialization and interaction process,* Free Press.
Barnard, C. I.　1938　*The functions of the executive.* Harvard University. Press. 山本安次郎・田杉　競・飯野春樹(訳)　1968　経営者の役割(新訳)　ダイヤモンド社
Blake, R. R. & Mouton, J. S.　1964　*The managerial grid.* Gulf Publishing. 上野一郎(監訳)　1964　期待される管理者像――マネジリアル・グリッド　産能大学出版部
Burke, P. J.　1967　The development of task and social-emotional role differentiation. *Sociometry*, **30**, 379-392.
Burke, R. J.　1970　Methods of resolving superior-subordinate conflict : The constructive use of subordinate differences and disagreements. *Organizational Behavior and Human Performance*, **5**, 393-411.
Cartwright, D. & Zander, A. (Eds.)　1960　*Group dynamics : Research and theory* (2nd ed.). Row Peterson. 三隅二不二・佐々木薫(訳編)　1969　グループダイナミックス(Ⅰ・Ⅱ)　誠信書房
Coser, L. A.　1956　*The functions of social conflict.* Free Press. 新　睦人(訳)　1978　社会闘争の機能　新曜社
Crozier, M.　1964　*The bureaucratic phenomenon.* University. of Chicago Press.
Dubin, R.　1956　Industrial workers' worlds : A study of the 'central life interests' of industrial workers. *Social Problems*, **3**, 131-142.
Festinger, L., Schachter, S. & Back, K.　1950　*Social pressures in formal groups.* Harper.
Fiedler, F.　1967　*A theory of leadership effectiveness.* McGraw-Hill.
French, J. R. P. & Raven, B.　1959　The bases of social power. In D. Cartwright (Ed.), *Studies in social power*, University. of Michigan.
古川久敬　1988　集団の硬直および再構造化過程　組織科学　**21**(4), 67-76.
古川久敬　1989　ネットワーク退化と職場集団の硬直　組織科学　**23**(1), 27-38.
Gouldner, A. W.　1957　Cosmopolitans and locals : Toward an analysis of latent social roles Ⅰ. *Administrative Science Quarterly*, **2**, 281-306.
Gouldner, A. W.　1958　Cosmopolitans and locals : Toward an analysis of latent social roles Ⅱ. *Administrative Science Quarterly*, **3**, 444-480.
Halpin, A. W.　1954　The leadership behavior and combat performance of airplane commanders. *Journal of Abnormal and Social Psychology*, **49**, 19-22.
Halpin, A. W.　1957　The leader behavior and effectiveness of aircraft commanders. In R. M. Stogdill & A. E. Coons (Eds.), *Leader behavior : Its description and measurement,* Ohio State University, Bureau of Business Research.
Halpin, A. W. & Winer, B., J.　1957　A factorial study of leader behavior description. In R. M. Stogdill & A. E. Coons (Eds.), *Leader behavior : Its description and measurement,* Ohio State University., Bureau of Business Research.
Hamblin, R. L.　1958　Leadership and crisis. *Sociometry,* **21**, 322-335.

House, R. J.　1971　A path goal theory of leadership effectiveness. *Administrative Science Quarterly*, **16**, 321-338.
Janis, I. L.　1972　Victims of Groupthink. Houghton-Mifflin.
Kelman, H. C.　1961　Processes of opinion change. *Public Quarterly*, **25**, 57-78.
Kerr, S. & Jermier, J. M.　1978　Substitutes for leadership : Their meaning and measurement. *Organizational Behavior and Human Performance*, **22**, 375-403.
Likert, R.　1967　*New patterns of management*. McGraw-Hill. 三隅二不二(訳)　1968　経営の行動科学――新しいマネジメントの探求　ダイヤモンド社
Pondy, L. R.　1967　Organizational conflict : Concepts and models. *Administrative Science Quarterly*, **12**, 296-320.
Robbins, S. P.　1974　*Managing organizational conflict : A nontraditional approach*. Prentice-Hall.
Roethlisberger, F. J. & Dickson, W. J.　1939　*Management and the worker*. Harvard University Press.
Schachter, S.　1951　Deviation, rejection and communication. *Journal of Abnormal and Social Psychology*, **46**, 190-207.
Schein, E. H.　1971　The individual, the organization and the career : A conceptional scheme. *Journal of Applied Behavioral Science*, **7**, 401-426.
Schein. E. H.　1980　*Organizational psychology (3rd ed.)*. Prentice-Hall. 松井賚夫(訳)　1981　組織心理学(原書第3版)　岩波書店
Stogdill, R. M.　1974　*Handbook of leadership : A survey of theory and research*. Free Press.
Thomas, K.　1976　Conflict and conflict management. In M. D. Dunnette (Ed.), *Handbook of industrial and organizational psychology*, Rand Mcnally.

12章

森下高治・柏　樹群　1999　労働，非労働を軸にした現代勤労者のライフ・スタイル分析　流通科学大学論集――流通・経営編　**11**(2), 57-73.
NIP研究会　1990　新しい産業心理――21世紀のライフ・スタイルを求めて　福村出版
NIP研究会　1995　勤労者のライフ・スタイル分析――新しい労働と余暇の心理　信山社
NIP研究会　1997　21世紀の産業心理学――人にやさしい社会をめざして　福村出版
西川一廉・北川睦彦・島田　修・三戸秀樹・森下高治・田井中秀嗣・田尾雅友　1995　現代日本における勤労者のライフ・スタイルに関する研究――ライフ・スタイル診断尺度(簡易法)の開発　明治生命厚生事業団　研究助成論文集　**1**, 86-96.

13章

安藤瑞夫　1986　新版　産業心理学　有斐閣
遠藤幸男　1996　就業構造の変化と労働者の生活――労働科学の諸問題として(労働科学叢書103)　労働科学研究所出版部
現代労働衛生ハンドブック　1988　労働科学研究所出版部
藤井千之助(監)　1992　総合世界史図表　第一学習社
藤永　保(編集委員会代表)　1981　新版心理学事典　平凡社
今田　恵　1962　心理学史　岩波書店
正田　亘　1982　産業心理　恒星社厚生閣
森清善行・長山泰久(編)　1986　産業心理(心理学8)　有斐閣
村田孝次　1987　四訂版 教養の心理学　培風館
中屋健一・松　俊夫・栗原　純　1992　世界史　三省堂
NIP研究会　1990　新しい産業心理――21世紀のライフ・スタイルを求めて　福村出版
NIP研究会　1992　安全の行動科学――人が守る安全, 人がおかす事故　学文社
NIP研究会　1995　現代ライフ・スタイルの分析――新しい労働と余暇の心理　信山社
奥林康司　1981　労働の人間化――その世界的動向　有斐閣
山崎　宏(編)　1956　資料 世界史　清水書院

人名索引

ア行

アージリス，C. 189,213
足立明久 197
アムンドソン，N. 58
石垣辰男 136
ウイナー，B.J. 219
ウィルヒョウ，R. 110
ウェクスラー，D. 47
臼井伸之介 156
内山道明 105
ヴルーム，V.H. 179
エドワード，A.L. 50
江守一郎 161
大西徳明 144
大淵 寛 67
大町隆生 147
オーダム，G.R. 191

カ行

カー，S. 221
カートライト，D. 212
カバノフ，B. 18
河島康子 161
カラセック，R. 116,117
カンドー，T. 16
北川睦彦 82
キャッテル，R.B. 50
キャノン，W.B. 110
グテック，B.A. 72
クレペリン，A. 249
グールドナー，A.W. 210
クロジェ，M. 213
ケリー，J.R. 16,17
ケルマン，H.C. 214
コーザー，L.A. 217
ゴールデンソン，R. 45

サ行

酒井一博 153

サーストン，L.L. 47
ザンダー，A. 212
シェイン，E.H. 187,208,215
ジェコスキー，N. 45
ジェルミア，J.M. 221
シモン，T. 47
シャクター，S. 213
ジャニス，I.L. 216
スキナー，B.F. 176
スタジル，R.M. 219
スチュワート，N. 47
スーパー，D.E. 45
スミス，S.L. 150
スレータ，P.E. 220
セリエ，H. 110

タ・ナ行

ディクソン，W.J. 211
デシ，E.L. 179
デューピン，R. 209
テーラー，F.W. 186
トーマス，K. 217
夏目 誠 146
野村俊六郎 114,115
ニーバ，V.E. 72

ハ行

ハウス，R.J. 221
パーカー，S 15
バーク，P.J. 220
バーク，R.J. 218
ハーズバーグ，F. 179,189
ハーター，N. 249
ハックマン，J.R. 191
バーナード，C.I. 215
ハル，C.L. 176
ハルピン，A.W. 219
バンデューラ，A. 196
ハンブリン，R.L. 219
ビネー，A. 46,249

広井 甫 45
フィグレイ，C.R. 118
フィードラー，F. 221
フェスティンガー，L. 213
藤原喜悦 50
藤村 隆 96
ブック，W.F. 249
古川久敬 215
ブライアン，W.L. 249
ブレーク，R.R. 221
フレンチ，J.R.P. 214
ブロード，C. 146
ベールズ，R.F. 220
ベルナール，C. 110
ホックシルド，A. 74
ホランド，J.L. 50,51
ボンディ，L.R. 217

マ行

マグレガー，D. 188
マクレランド，D.C. 179
正田 亘 161
マズロー，A.H. 9,179,186,251
丸山康則 105
三戸秀樹 118,127,169
ミュンスターベルク，H. 249
ムートン，J.S. 221
メーヨ，E. 211
森下高治 44,237

ヤ・ラ・ワ行

ライス，R.W. 18
ラザラス，R.S. 111
ラベン，B. 214
リッカート，R. 211
レヴィン，K. 212
レスリスバーガ，F.J. 211
ロウラー，E.E.Ⅲ 179
ロック，E.A. 181
ロビンス，S.P. 217

事項索引

ア行

IT（Information Technology）革命 130
アウトソーシング 33
アセスメント制度 194
あせり 109
アルコール依存(症) 106

安全運動 171
安全教育 169
安全態度 165
生きがい 10
育児休業制度 68
育児休業法 38,41
EPPS性格検査 50
イメージ理論 180

飲 酒 105
インターネット 130,131
WISC-R 47
VDT作業(症候群) 143
VPI職業興味検査 50
SDS職業適性自己診断テスト 51
SPI適性検査 50

事項索引

X理論―Y理論　188,189
M字型(曲線)　68
エントリーシート　55
エンパワーメント　192
O・J・T　195
OFF・J・T　195
オープンシステム　192
オフィス・オートメーション(OA)　132
オランダモデル　69

カ　行

海外勤務者　42,244
介護休業制度　68
介護労働　92
外国人労働者　40
会社人間(化社会)　10,66
改正労働基準法　69
科学的管理法　186,187,249
覚醒水準　161
家事時間　74
家事労働　67
過大負荷　136
価　値　178
家庭の外化　118,122
家庭の機能　118
CAB 職務適性テスト　51
過密労働　136
過労死　84,244
環境管理　151
完全失業者率　34
官庁業務合同説明会　57
機械文明　248
企業中心社会　11
企業内教育訓練　195
期　待　178
期待理論　179
帰宅恐怖症　244
帰宅拒否症　118,120
キャリア　63,198
キャリア開発計画(CDP)　200
キャリア・パス　200
キャリア発達　200
キャリア・モデル　208
休業給付金　38
教育訓練(の方法)　151,195
強化理論　176
業績給　194,205
業績主義　13
京大 NX15-知能検査　47
筋・骨格系の負担　144
経済のソフト化・サービス化　67
頸肩腕障害　144
KYT（危険予知トレーニング）　173
健康(管理)　151

後期高齢者　80
構成主義　197
構造―制度モデル　72
交通 KYT　173
行動科学的管理論　188
公務員への採用　57
高齢社会　14
高齢労働者　83,251
個人差　46
個人的欠陥モデル　72
コース別人事管理　70
個別面接　53
雇用調整　133
雇用納付金制度　41
雇用問題　132,133
コンティンジェンシー(状況適合)モデル　221
コンパニオン・アニマル　120
コンピテンシー(評価)　205
コンピュータ(化)　130,246

サ　行

再雇用制度　69
在宅ワーク　139,141
在宅ワーカー　142
サイバネティック・コントロール理論　181
採用試験　55
裁量労働(制)　29,194,202
作業管理(基準)　151
サラリーマン化社会　66
残　業　27,232
産業革命　246,247
産業構造　35
産業ストレス　104,126
産業用ロボット　147
視覚負担　143
自己実現(欲求)　186,252
自己申告制度　194
自己評価制度　194
自己調整　178,181,190,192
仕事人間　10
仕事の分かち合い(ワークシェアリング)　134
自　殺　90,104,244
システムの故障　147
下請型テレワーク　140
社会の場　226,252
社会的学習理論　181,196
週休2日制　26
従業員援助プログラム　126
就業構造　35
自由裁量　17
自由時間　16
集団面接　53
集団間モデル　73

就職行動　52
重度障害者雇用企業　42
重度障害者福祉工場　42
16PF 性格検査　50
熟練労働の解体　135
出社拒否症　244
準拠集団　209
準拠性　210
純粋余暇　17
障害者就職レディネス・チェックリスト　61
障害者の雇用の促進等に関する法律　41
障害者プラン　41
生涯の時間配分パターン　14
小集団　213
情　動　196
情報化　123
処　遇　194
職業差　47
職業適合性　45
職業適性　44
職能給　194,205
職能資格(制度)　194,200
職場再編成　83,84
職場配置　51
職場不適応(症)　244
職務拡大　189,191
職務給　194,205
職務再設計　83,84
職務資格制度　194
職務充実　180,190,191
職務遂行能力　205
職務設計　191
職務特性説　180,191
職務満足　15
女性管理職(症候群)　72
女性労働(者)　66,91
所属集団　209
所定外(内)労働　26,27
自立支援　93,99,198
シルバー人材センター　86
新規学卒就職率　35
新技術による雇用影響　134
人事管理　194
人事考課制度　194
人事情報システム　194
心身症　244
心身障害者対策基本法　40
人的資源管理(論)　197,198
スキーマ　196
ストレス関連疾病　104
ストレス社会　251
ストレス性愁訴　106
ストレッサー　110
成員性　210

生活時間　73
生活習慣病　87,244
成果主義　13
生活の質(クオリティ　オブ　ライフ)　15
生活の場　226
生活の満足　15
性役割分業　68
性役割モデル　73
セカンドシフト　74
前期高齢者　80
全身適応症候群　111
全般的生活満足　20
早期退職優遇制度　12
総合職　70
ソフトウェア労働　137
SOHO(small office, home office)　140

タ 行

対人葛藤　216,217
代替性モデル　221
達成動機　179
単純反復作業　132
男女雇用機会均等法　37,65,69,244
単身赴任　74,244
注意配分　158
中央労働災害防止協会　104,170
中高年管理職　12
長期休暇(L休暇)　31
長期雇用慣行　12
超高齢社会　251
長寿社会　80,82
賃　金　194
提案制度　195
DPI 職場適応性テスト　51
適性検査　45
テクノ依存症　146
テクノストレス　146
テクノ不安症　146
テレワーク(の効果)　139,140,141
同一労働同一賃金　205
動　因　183
動因低減説　176,183
動機づけ(モチベーション)　182,186
動機づけ—衛生理論(二要因説)　179,180,189
統合モデル　188
同　調　214-216
特殊適性検査　49
特性要因理論　45

特別休暇制度　30
トータル・ヘルス・プロモーション・プラン(THP)　126

ナ 行

内的モチベーション　17
内発的動機づけ　63,177
内発的動機づけ理論　176
24時間社会　246
人間観　187
人間関係(論)　188
認　知　196
認知的理論　176
年棒制　194
ノイローゼ　244
ノーマライゼーション(7ヵ年計画)　41,61
能力開発　195
能力的適性　47
ノルマ(目標)管理　190

ハ 行

派遣事業　39
派遣労働者　39
パス・ゴール仮説　221
パートタイマー　69
パートタイム労働者　244
パートタイム労働法　38
ビジネス・キャリア制度　202
非能力的適性　47,49
ヒト関係ストレス　125
ビネー式知能検査　47
ヒューマンエラー　156
ヒューマンファクター　156
評　価　194,205
疲　労　161
ファクトリー・オートメーション(FA：Factory Automation)　132
フォロワーシップ　219
福祉工場　59
複数型キャリア制度　194
福利厚生　194
不法外国人残留者　40
フリーター　43
フレックスタイム制　28,194
変形労働時間(制)　28
法定労働時間　23
ボランティア活動　90,233

マ・ヤ 行

マイクロエレクトロニクス(ME)化(技術)　130,246
前川レポート　23

未成熟—成熟理論　189
みなし労働　29
無業者比率　35
メンタルヘルス　113
目　標　178
目標設定理論　180,181
目標(による)管理(制度)　190
モデリング　196
モノ関係ストレス　125
モバイル(移動型)テレワーク　140
誘　因　176,182,183
有給休暇　23
豊かさ　10,236,250
ゆとり　10,23,106,236,250
要　求　161
欲求5段階説(欲求階層説)　179,186,251
欲求理論　176,179

ラ・ワ 行

ライフ・キャリア　198
ライフ・スタイル　227,234,237
ライフ・プラン　14
リクルーター制度　53
リストラクチャリング　12,33
リーダーシップ　218,219
リハビリ　93,244
リフレッシュ休暇(制度)　30
連結ピン・モデル　211
連続休暇　30
老親の介護　90,244
労働価値観　180
労働基準法　22
労働時間(短縮)　22,23
労働者派遣法　39
労働省編一般職業適性検査　48,51
労働生産性　194
労働と余暇　15
労働の人間化　99,152,185,192,198
労働の場　226
労働の変容　135
労働・非労働(ワーク・ノンワーク)　18
労働力人口　34
労働力の女性化　67
YG 性格検査(矢田部・ギルフォード性格検査)　50
ワークシェアリング　84
ワークモチベーション　176

執筆者（執筆順，（ ）内は執筆担当箇所）

西川　一廉（1・2・4章）　桃山学院大学社会学部
森下　高治（3章・12章3節）　帝塚山大学大学院
北川　睦彦（5章・12章1・2節・13章）　京都光華女子大学人間関係学部
三戸　秀樹（6章・8章3節）　関西福祉科学大学健康福祉学部
島田　修（6章）　龍谷大学文学部
田井中　秀嗣（7章）　前大阪府立大学看護学部
森田　敬信（8章1・2節）　京都学園大学経済学部
足立　明久（9・10章）　京都教育大学名誉教授
田尾　雅夫（11章）　京都大学公共政策大学院

仕事とライフ・スタイルの心理学

2001年4月20日　初版発行
2008年3月20日　第6刷発行

著　者　　西川 一廉・森下 高治・北川 睦彦
　　　　　三戸 秀樹・島田 修・田井中 秀嗣
　　　　　森田 敬信・足立 明久・田尾 雅夫
発行者　　石井 昭男
発行所　　福村出版株式会社
　　　　　〒113-0033　東京都文京区本郷4-24-8
　　　　　電話03-3813-3981

広研印刷　　協栄製本

Ⓒ K. Nishikawa, T. Morishita *et al.* 2001
Printed in Japan
ISBN978-4-571-25035-4　C3011
定価はカバーに表示してあります。

福村出版 ◆ 好評図書

小川一夫編著
新・くらしの社会心理学
◎2,200円　ISBN978-4-571-25015-6　C3011
「心理学が好きになる」をコンセプトとして各方面で好評を博してきた『くらしの社会心理学』がリニューアル。

堀　洋道・山本眞理子・吉田富二雄編著
新編 社会心理学
◎2,800円　ISBN978-4-571-25029-3　C3011
社会心理学の代表的な理論・実験を厳選してとりあげ，豊富な図表とともに丁寧な説明を加えた入門書。

宗方比佐子・佐野幸子・金井篤子編著
女性が学ぶ社会心理学
◎2,400円　ISBN978-4-571-25020-0　C3011
女性に対する偏見や差別を社会心理学から解き明かす。はじめての女性のための社会心理学入門。

水田恵三・西道　実編著
図とイラストでよむ人間関係
◎2,300円　ISBN978-4-571-25034-7　C3011
人は社会において何を想い，アクションを起こすのか。人間関係の基本を豊富な図とイラストで解説する。

岡村一成編著
産業・組織心理学入門〔第2版〕
◎2,400円　ISBN978-4-571-25013-2　C3011
会社集団の中の人間関係，人材育成，モチベーション，ストレスから消費者行動・企業福祉までを心理学的に解説。

向井希宏・蓮花一己編著
現代社会の産業心理学
◎2,800円　ISBN978-4-571-25030-9　C3011
作業環境，インターフェイス，エラーと事故，リスク，消費者行動などに焦点をあてて，最新の知見を紹介。

杉本徹雄編著
消費者理解のための心理学
◎2,600円　ISBN978-4-571-25025-5　C3011
マーケティングにかかせない消費者の心理学的理解。意思決定のプロセスや変容，個人差や広告の影響も解明。

◎価格は本体価格です。